第一信托丛书

DI YI XIN TUO CONG SHU

信托漫话

勾亦军 著

中国财政经济出版社

图书在版编目（CIP）数据

信托漫话／勾亦军著. —北京：中国财政经济出版社，2008.9
（第一信托丛书）
ISBN 978－7－5095－0920－3

Ⅰ. 信…　Ⅱ. 勾…　Ⅲ. 信托－基本知识　Ⅳ. F830.8

中国版本图书馆 CIP 数据核字（2008）第 131002 号

责任编辑：张立宪　　责任校对：李　丽
封面设计：郁　佳　　版式设计：兰　波

中国财政经济出版社出版

URL：http：//www.cfeph.cn

E－mail：cfeph@cfeph.cn

社址：北京市海淀区阜成路甲 28 号　邮政编码：100142
发行处电话：88190406　财经书店电话：64033436
北京富生印刷厂印刷　各地新华书店经销
787×960 毫米　16 开　17 印张　267 000 字
2008 年 9 月第 1 版　2008 年 9 月北京第 1 次印刷
印数：1—5000　定价：34.00 元
ISBN 978－7－5095－0920－3/F·0761
（图书出现印装问题，本社负责调换）
本社质量投诉电话：010－88190744

总序

从历史的角度讲，信托业引入中国已近百年，但是信托作为一种制度被引入我国却是在信托业历经了几度风雨、几番沉浮之后。2001 年 10 月，《中华人民共和国信托法》的生效，标志着信托制度在中国的真正扎根。至今七载已过，我们欣喜地看到，中国信托业基本走上了“受人之托、代人理财”的正途，这棵金融业的“常青之树”正在神州大地上健康、茁壮地成长。事实表明，中国的土壤是适合信托业和信托制度生存与发展的。而且，随着国内社会财富积累程度的不断提高，社会公众和机构对信托产品的需求也将不断增长，信托业的发展空间将越来越广阔。信托具有信托财产独立、管理方式灵活、运用范围多样等特点，这使得信托制度必然在中国的经济社会发展中扮演越来越重要的角色，并将发挥越来越突出的作用。

同样需要正视的是，中国正式接受信托制度的时间还很短，就总体而言，社会大众对信托的认知度仍然比较低。因此，中国发展信托业不仅面临着向社会大众宣扬信托理念、普及信托知识的艰巨任务，还需要不断提高信托从业人员的素质以及提高信托公司受托管理信托财产的水平。

抓住机遇、应对挑战以发展信托业和信托制度，这需要理论和实践的有机结合与互动发展。在我国当前努力发展信托业和信托制度的大背景下，信托理论亟需创新和发展。回顾过去 20 多年的历史，部分信托实务人士和理论人士一直坚持研究信托理论，但由于种种原因，信托理论的创新和发展一直是金融、法律等研究领域中最为薄弱的环节之一，信托理论研究以及信托知识普及的水平已远远落后于信托业实践的步伐，这种理论与实践的脱节问题值得每一位关心和热爱信托的人士深刻警醒。

"第一信托丛书"是信托业界自发组织和自觉创新的信托研究丛书，其中包括普及信托知识、总结信托实践、提炼升华信托理论的一系列分册。该丛书无论从宣传、普及和推广信托知识的角度看，还是从推进信托实践和信托理论研究的角度看，均堪称是信托业界的第一套大型系列丛书。丛书的编撰出版是我国信托业界乃至金融界的一件大事，对于进一步促进信托业的规范和健康发展具有重大现实意义。

我们诚挚地希望《第一信托丛书》能够得到大家的关注和批评，并引发各方有识之士不断为信托业界和社会大众奉献出更多高质量的信托研究著作，同时衷心地祝愿中国信托业一路走好、不断发展壮大。

是为序。

丛书编辑委员会

2007 年 5 月

主编致辞

2001年《中华人民共和国信托法》的颁布，标志着一个新时代的开始，业者们和学者们称之为："新信托时代"。随后，中国人民银行《信托投资公司管理办法》（2002年6月5日）和《信托投资公司资金信托管理暂行办法》（2002年6月26日）的陆续颁布实施，初步构成了中国信托业"一法两规"的基本法律法规平台，结束了中国引入现代信托业至今一个世纪以来无法可依的历史。而中国银行业监督管理委员会2006年12月颁布的《信托公司管理办法》和《信托公司集合资金信托计划管理办法》（2007年3月1日生效）进一步重构了这一基本法律法规体系，把信托公司从"融资平台"向"受人之托、代人理财"的专业化机构的转型推上了制度轨道。中国信托业在新的"一法两规"体系下将会涌现出一大批风险可控、守法合规、创新不断、具有核心竞争力的专业化金融机构，中国信托业焕然一新、持续健康发展的时代已经拉开序幕。

人们或许并不熟悉现代信托自20世纪初叶被引入中国后的漫长发展历史，但对1979年我国第二次引入现代信托业——即以1979年中国国际信托投资公司成立为标志的行业恢复和发展的历史，都有着比较深刻的印象。但遗憾的是，不仅一般社会公众，就连一些经济学者甚至专门研究金融的学者对于信托制度、信托业务、信托功能及其定位，包括信托机构应该和能够做什么也缺乏全面了解，甚至还有不少谬见和误解，即便在我们的信托机构从业人员中，也存在不少的“信托盲”。当然，这不仅是我国信托法规滞后造成的，也与20多年来信托业的错误定位、信托本原业务荒废和信托从业人员岗位培训不足的情况因果相循。从另外一个角度来说，无论对于社会公众和私人投资者，还是对于企业和各类社会团体，甚或对于政府和行业领导机构而言，认识和学会运用信托这一现代金融工具，都具有特别重要的意义。所以，作为资深的从业人员，我们感到了应该为普及信托知识和信托法规做些什么的责任感和使命感。于是，在许许多多业者、学者甚至包括一些已经离开信托业的老同事们的鼓励下，有了组织编撰这样一套信托丛书的想法。

过去10多年中，曾经有不少信托书籍问世，不同程度地介绍和宣传了这一舶来的事物。但由于它们多为《中华人民共和国信托法》颁行前的过去时态，所以无疑需要结合新信托时代的法律法规进行更新。另外，由于这些读物多以单册刊行，往往不能顾及专业与普及的不同水平、无法满足精进与入门的不同需求，所以，存在对不同学术水平读者群体无法兼顾的缺憾。对此，我们决定采用丛书方式解决。

作为一套丛书，我们设计了6本不同分工的著述，分别是：《信托漫话》、《信托法基础理论研究》、《海外信托发展史》、《信托产品概述》、《信托产品的开发创新》、《信托业监管法律问题研究》。这些著作从不同的角度论述了信托制度、信托业和信托产品，基本上涵盖了与信托直接相关的理论和实务问题，比较系统、全面地介绍和宣传了信托制度、营业性信托业务和中国的信托公司群体。

自最初动议编纂丛书以来，至今已历时7年。时光荏苒、人事变迁，最早参与丛书编纂的团队已有不少变动，加之大家多处在信托实践的第一线，所以筹备编写的速度自然无法保障。

而由于政策、环境的变动屡屡发生，更使丛书的编写进程延宕再三。随着“新信托时代”信托行业的迅猛发展，信托公司业已初步地实现了作为专业理财机构的转型，产品品种、业务规模均增长迅速，在金融领域比较效益十分明显。但另一方面，行业规范发展也不断对制度体系的完善甚至重新构建提出要求，所以信托监管的法律法规也需要与时俱进。而无论是政策法规的不断微调，还是最具代表性的2007年中国银行业监督管理委员会新的“一法两规”的出台，都必然导致丛书计划的变动与修订。好在编辑一套由浅及深，体系较为完整、完善的信托理论著作已经成为信托发展共同的需求和愿望，所以，自我们2005年再次的提议此事，就有幸得到了多家信托公司的大力支持，还在中国信托业协会的帮助和召集下，专门召开了2005年10月份的青岛会议，并进而组成了专家委员会和编辑委员会。近3年来，在编辑委员会诸贤的努力工作下，不仅积极调整了出书计划与步骤，为了延揽业界内外一流人选、保证编撰质量，还特别设计了竞争机制，通过招标等方式产生了各个分册的作者。目前，各分册的编撰均在稳步推进、进展顺利，其中4册已经完成初稿，丛书将在一年之内陆续出齐。

相较于国内10多年来许多版本的信托读物，丛书编委会无论是从礼请各信托公司、行业监管部门负责人及著名专家学者组成专家团队，还是最广泛地集合业界、学界人才优势、业务创新和研究成果；无论是用不同分册来解决普及与专业矛盾，还是采用竞标方式确定最佳执笔人，由于诸多作法在中国信托理论研究界都是开创性的，因此，我们在2005年接受建议将这套筹备多年的丛书定名为《第一信托丛书》。

如果仅自1979年我国重新引入信托制度为起点来看，中国信托业在经历了20多年跌宕起伏的时光之后，可以说目前正处在一个前所未有的良好的法律和经济环境中。我们殷切地希望我们的

《第一信托丛书》能够成为无愧改革开放时代、反映太阳光芒的微小水滴，为信托业发扬光大时期的到来谱就序曲。

诚挚敬意予我们的读者、编者和作者。

2008年5月于北京

目录

DI YI XIN TUO CONG SHU

第一信托丛书

信 托 漫 话

第一部分

导言

信托是一种古老而富有生命力的理财制度。它历经数世纪而愈演愈烈，跨越几大洲而通行四海，究竟因为什么？

信托在笔者眼里简直就是一片博大精深的海洋——也许是因为浸淫其间太久太久的缘故。

本书试图用“去专业化”的语言，写给对信托有兴趣的业外人士和希望入门的朋友。读者尽可以跳过没有引起阅读兴趣的章节。

如果你不是偶尔的“信海拾贝”者，如果你明白第 8 章的术语、概念，你就算入门了。

说到信托，社会公众对它的一般印象是：频繁见报、被新闻界广为传播的数十家信托投资公司，以及这些信托投资公司发行的数千个“信托（理财）产品”。这些产品遍及全国，资金投放涉及基础设施、房地产等多个领域。事实上，经过 2002 年以来信托投资公司群体围绕信托本原业务的不断创新，信托理念正在为大众所接受，信托业的社会影响正在不断扩大。从各类风险投资品种的收益率来看，信托产品 2004 年的平均收益率高于 4%，2005 年达到了 5%~6%，2006 年和 2007 年更上层楼。数年来无论股市、汇市低迷还是高涨，其历史均值远远高于股票、基金、保险投资类或银行理财类产品，因而越来越为市场所青睐。

让我们回顾一下中国信托业这次变革、崛起的历程。作为现代金融四大支柱行业之一的信托业由于 2001 年 4 月《中华人民共和国信托法》的正式颁行，一改其多年来因屡次被整顿而陷入沉寂落寞的境遇。其后，随着中国人民银行《信托投资公司管理办法》（2002 年 6 月 5 日）和《信托投资公司资金信托管理暂行办法》（2002 年 6 月 26 日）的陆续颁布实施，中国信托业的基本法律法规平台初具规模，结束了自 1913 年中国首次引入现代信托业至今近一个世纪无法可依的历史，开始了划时代的转折。有业者甚至称之为“新信托时代”。2003 年初，随着中国银行业监督管理委员会（简称“中国银监会”）正式成立和与中国人民银行实现分工，加上此前脱胎于中央银行的中国证监会（1992 年）和中国保监会（1998 年），构成了中国金融业监管的三驾马车。而由中国银监会统一监管全国银行、金融资产管理公司、信托投资公司及其他存款类金融机构的监管结构模式也基本形成，为信托业乃至金融业的健康发展奠定了坚实的基础。2007 年新年伊始，随着中国银监会以 2007 年第 2 号主席令颁行新的《信托公司管理办法》和《信托公司集合资金信托计划管理办法》（以下简称“新两规”），并规定“新两规”从 2007 年 3 月 1 日起正式实施，以信托业回归本原定位为特色的“信托新政”更是引起了国内外的广泛关注。

如果仅自我国第二次引入现代信托业（即以 1979 年中国国际信托投资公司成立为标志的行业恢复）为起点来看，中国信托业在经历了二十多年跌宕起伏的时光之后，可以说目前正处在一个前所未有的良好的法律和经济环境中。我们可以看到，一方面是二十多年的改革开放使社会、也使林林总总的企业和团体拥有了大量资产积累，个人储蓄居高不下甚至连创新高，根据中国人民银行发布的 2007 年 1 月份金融统计数据表明，我国居民储蓄额已达 16.2 万亿元，同比增长 9.3%；另一方面是前几年银行连续 8 次降息、股市数年的持续低迷，以及社会投资渠道匮乏；第三方面是国家投资体制改革，希望能够迅速形成强大的非政府的企业界及其他民间投资能力，继续推动“后国家干预”时期的经济持续高速发展。于是，这一切都使得刚刚经过整顿、大幅度裁减和重新登记的信托投资公司 2002 年甫一亮相就引起了公众瞩目。几年来，虽然也曾风风雨雨，但曲折向上的良好势头依然保持。自 2002 年仲夏上海爱建信托投资公司和上海国际信托投资公司就建设“外环过江隧道项目”和“新上海国际大厦项目”向社会公众募集集合资金信托（资金信托计划）之后，许多当时刚刚获得中国人民银行及有关机构批准完成重新登记的信托投资公司，就纷纷公布了各式各样“准公开”募集的集合资金信托和单一资金信托。这股源自黄浦江畔的劲风很快就化作了迄今为止遍及全国的数千个向社会募集的集合资金信托及各类其他信托产品的骤雨。五年来，购买信托产品理财的方式已经从萌芽长成了参天大树。据中国信托业协会的不完全统计数据，仅2005年国内共计50家信托公司参与发行了477个集合资金信托计划，合计发行规模为499.04亿元，实际成立的信托产品475个，信托资金成立规模为485.84亿元。发行数量和规模与2004年同期相比，分别增长24.54%和30.8%。而全行业信托资产总额已经接近3000亿元。而随着中国股市的强劲复苏，2006年的信托投资公司群体又是百尺竿头更进一步。可以说，信托及信托产品所涉猎范围之广、社会影响之大，都为中国信托业之前所未见。

长期以来，直接融资比重较小一直是我国投融资机制中的一大痼疾，而许多信托投资公司正是利用自身连接资本市场和资金市场的优势，为弥补这一缺陷作出了初具规模但意义深远的尝试。虽然2004年中期以来，市场环境变幻莫测、国家宏观调整剧烈，金融业面临着前所未有的压力和挑战，且资本市场自2002年之后长期萎靡不振、股票指数连创新低，给证券投资业带来了极大的冲击，但新生的信托投资公司群体基本承受住了政策和市场的惊涛骇浪，交出了一份成绩优良的答卷：截至2005年3月，中国银监会首批指定信息披露的30家信托投资公司陆续亮相，仅这30家信托公司2004年就实现净利润70327万元，与连续3年全行业亏损的证券公司、苦苦支撑的证券基金管理公司和年度亏损额达数十亿元人民币的个别商业银行等金融机构形成鲜明对照。这30家信托投资公司反映出的整个信托业的经营状况当时确实令人耳目一新，也使金融监管当局乃至社会大众都为之一振，无疑成为中国金融业健康运行的一道靓丽风景线。而自2006年起中国银监会要求披露年报的信托企业群体已经扩大为47家，连同2家上市的股份有限公司，几乎涵盖了国内所有投入运营的信托投资公司，应当说已经可以全面地反映出信托业的现状。2005年5月初，经中国银监会和国家民政部批准的中国信托业协会正式成立，2005年5月14日协会成立大会在人民大会堂高调登场。全国政协副主席李贵鲜以及国务院和中国银监会、民政部等国家机关领导人到会祝贺，国家发展和改革委员会、中国人民银行等相关领导参加了会议，在金融业诸协会成立大会的历史上，达到了前所未有的高规格。国务院和金融监管部门领导在致辞中指出，信托的制度优势决定了信托业在我国经济发展中的重要地位，信托业协会的成立将是信托业发展的重要机遇。

回顾“一法两规”颁行五年来的历程，信托业不仅在股市低迷时期的业绩卓尔不凡，根据刚刚发布的年报数据2006年的资本市场火暴行情中多数信托投资公司更是赚得盆满画圆。据统计，2006年平均每家信托投资公司实现净利润8169万元，较2005年的2847万元大幅上涨。其中，9家公司的净利润超过1亿元，而排在2005年净利润前三位的几家，净利润同比增长都超过了100%。深圳国际信托投资公司2006年实现净利润5.28亿元，同比增长了约300%；上海国际信托投资公司2006年实现的净利润3.94亿元，在2005年1.6亿元净利润基础上增长了近150%；华宝信托投资公司2006年净利润突破2亿元，净利润增幅也超过了100%。新科状元更是实现了利润5.76亿元。其他公布信息的信托投资公司净利润也有显著增长。合肥兴泰信托投资公司和湖南信托投资公司2006年利润都有长足的增长；联华信托投资公司2006年利润同比增长了30%；东莞信托投资公司2006年净利润同比增长了近20%。令信托投资公司骄傲的是人均利润这个指标，2006年信托公司的人均净利润也较2005年有较大提高。其中，人均净利润最高的为深圳国投，达866万元，上海国投和华宝信托人均利润也超过了百万元。而就在2005年，最高人均净利润仅为133万元的信托公司群体就已经在金融界笑傲江湖了。这与2006年“痛打翻身仗”的其他金融机构相比，优秀信托投资公司在人均利润方面也是不相伯仲，甚或名列前茅。几年来，在各种媒体竞相报道披露下，信托投资公司和信托业的这些新举措不仅引起了业内、国内乃至国际的广泛关注，而且给国内社会和公众个人资金缺乏投资渠道的沉闷局面、给投融资机制改革带来了一线生机。

其实，论及信托，虽然字面上简简单单，但理解上却因人而异、各国有别，英美法系、大陆法系等不同的法律体系更是对其描述得形形色色、各有说辞。究其学术定义、立论基础，各国学者们更是久有争论，著书立说，研讨不休。所以，已历经5个世纪风云的信托业，居然到今天也没有一个“放之四海而皆准”的统一定义和说法。

对于历来以诚信为行事、做人和立国之本的中华泱泱大国，由“信”而致以财产相“托”的事早就有之。如果选取考据者早已落实的发现，盛唐时期中国就有相当发达的“柜坊”业与信托业相近，甚或上溯到南北朝时期就有民事信托的萌芽。即使仅仅从1913年中国现代商事信托业萌生算起，也已经有近一个世纪的历史。但遗憾的是，不仅一般社会公众，就连一些经济学者甚至专门研究金融的学者对于信托概念、信托制度、信托业务分类、信托产品及其定位，还有诸如信托机构应该和能够做什么也缺乏全面了解，甚至还有不少谬见和误解，甚至我们的信托机构从业人员中也存在不少的“信托盲”。当然，这不仅是我国信托法规滞后造成的，也与二十多年来信托业的错误定位、信托本原业务荒废和信托从业人员岗位培训不足因果相循。更有论者认为：自上世纪初叶以来，我国先后以信托投资公司形式从英美等国引入信托制度，但结果往往只是行信托之名而无信托之实。

从另外一个角度来说，无论对于社会公众和私人投资者，还是对于企业和各类社会团体，甚或对于政府和行业领导机构而言，认识和学会运用信托这一现代金融工具，都具有特别重要的意义。首先，二十余年的改革开放，不仅使我国的综合国力有了长足发展，而且随着经济总量的提升，企业和个人财富的积累也不断增加，理财的需求随之增强。其次，随着科技革命和信息技术的广泛普及和应用，现代经济正以前所未有的速度和方式发展着，同时也不可避免地带来了愈演愈烈的竞争和空前的经营风险，经济活动日趋复杂化、专业化，进一步运用信托工具来进行财产管理和资产运营就显得十分重要。同时，信托不仅在个人理财，而且在企业资产运筹，甚至在社会公益事业方面的独特作用也逐渐得到社会各界认知。因而我们甚至可以说，在信托法颁行五年后的今天，信托和信托业务虽然已经蔚然壮观，但在国内社会经济的发展中还有着极其广阔的空间。

基于以上原因，本书无意做理论研讨，也不准备为“舶来”的和“土产”的信托查凭考据、寻根溯源，只想以简明扼要的回顾和浅显易懂的手法写成一部给社会公众的现代信托普及读本，以针对社会公众就财产管理和资本运营的空前的知识需求，而满足他们迫切需要对信托知识、信托产品以及现代信托业有所了解的愿望。当然，也可以作为信托行业入门人员的基础业务知识读本。笔者除了希望借助这本小册子普及信托知识，使社会公众了解信托，使信托行业入门人员跨入门槛，也希望为信托机构和信托从业人员多一个宣介信托的工具。

本书介绍了信托的起源、现代信托的概念、信托理论和法律基础知识。在结合《中华人民共和国信托法》和中国人民银行《信托投资公司管理办法》以及《信托投资公司资金信托管理暂行办法》颁行实施以来，特别是2007年1月23日中国银监会颁行新的《信托公司管理办法》和《信托公司集合资金信托计划管理办法》及2007年3月1日起正式实施以来的“信托新政”的基础上，参考其他有关法律法规并联系信托业重新登记注册以来的实际，联系中国新信托业近三十年的历程和笔者本人十多年的信托从业实践，在普及信托知识和业务、探索中国信托业发展路径等方面做了一些尝试，以期为普及信托理论尽一份力。并与各界交流、探讨使用信托和选择信托的路径以及信托业操作实务方面的一些问题。

本书除导言外，共分8章。

第1章“林林总总话信托”分为几个部分：第一部分：旨在开宗明义，白描信托，介绍各国信托的种种定义，重点宣介我国信托法对于信托的定义，同时把重心放在揭示信托以及金融信托的基本含义、信托特征及与其他财产管理形式的区别上；第二部分：从以信托事项为内容、以信托业务为依据、以信托关系为依据三个角度简要地介绍了信托的分类、功能及其作用，为后面第4章信托公司应该做什么和第6章如何使用信托作了铺垫，以满足不同读者分析比较、选择使用以及业务管理上的不同需要。

第2章“信托的过去和现在”：白话信托历史回溯、理论渊源和不同观点；另外介绍信托与中国，告诉你现在谁在中国做信托。

第3章“信托法告诉了我们什么”：重点论述信托的法律实质和基础，信托法律沿革和与习惯的差异；从信托法释义而涉及信托法应用方面的一些实务；同时扼要介绍形形色色的外国信托立法。

第4章“信托公司应该做什么”：对中国人民银行、中国银监会等行业监管部门规定的信托公司各项业务进行分别介绍，其中包括：信托业务、基金信托业务、居间业务、租赁业务、咨询业务等中间业务，以及投资银行业务，重点表述当前社会公众关注的焦点——资金信托业务。

第5章“信托机构导游”：根据中国银监会的有关规定，对信托公司的机构设置和管理循环流程以及业务管理、财务管理、会计管理分别予以介绍；同时从信托公司的管理层面就其经营管理作出一些实证与探索，重点是从社会公众的角度，尝试提供对信托业务（特别是资金信托业务）的发行主体——信托公司及其运行质量的研判手段。

第6章“如何使用信托”：首先通过介绍金融信托分类，提示读者不要被资金信托一叶障目；再分别从政府、企业和公众的角度，分别介绍信托工具的使用；同时，介绍其他形形色色的潜在信托产品。

第7章“如何选择资金信托”：针对目前社会公众关注的重点——资金信托，首先介绍问世的资金信托的方方面面；然后逐层剥笋，提示读者选信托公司重于选品种以及如何选信托公司、选品种重在选品质以及如何考量品质、选品种如何考虑地域等，从而提供面对形形色色的信托产品的一些评价办法。

第8章“漫话信托概念回览”：鉴于本书是面向对信托有兴趣的业外和希望入门的读者群体，运用“去专业化”的语言所作出的一种普及性尝试，所以鼓励读者采用泛读办法来鸟瞰一下信托和中国信托业。而对于希望进一步了解信托的读者，只要随着第8章的术语、概念作一回览，对本书的内容就有一个入门级的理解了。

第1章 林林总总话信托

信托，常见于经济生活、社会往来中，尤频频出现在金融活动中。初看起来，似乎言简意赅：因信（任）而（将财产委）托与人，但因法律不同、传统不同以及各国背景迥异，居然没有一种放之四海而皆准的公认定义，不过仁者智者都认可的是：信托既是一种金融制度，又是一种法律制度，但说到底是一种特定的理财制度。

本章以《中华人民共和国信托法》为依据，兼及各国特色，介绍我国对信托的法律意义上的理解和定义，揭示金融信托的基本含义、分类、特征、功能及其作用。

1.1 白描信托

“信托”是人们日常生活中并不陌生的字眼，不过被人们提及最多的不是信托公司，而是信托商店或者寄售商行——它是金融专业术语中称之为实物信托的最常见的一种。而在我国目前只能以信托公司出面从事的、并且也是国际国内信托业主流的却是与实物信托同根所生的另外一枝：金融信托。2001年以来，我国的金融信托和信托公司在长期沉沦之后，又重出江湖并频繁见诸各种媒体，本节乃至本书的重点就是以浅显白话的语言描述金融信托，所以此章之后出现的“信托”及“金融信托”，未经特别说明所指的都是同一内容。

国内国外形形色色论及信托的著述之中，都不约而同地把现代信托和信托制度的源头追溯于工业革命的故乡英国。大家也都众口一词地转述道，这种原本基于义务的无偿管理财产的制度大约在200年前大规模地传到了最富商业氛围的美国，成为不再提供免费午餐的商业活动后又倒流回英国，并且在英美法系的土壤里反复“震荡”强化之后再传到了大陆法系的日本和其他发达国家。但与这种一致性的观点形成绝妙对比的是，时至今日人们不仅对信托的定义各执一词，甚至连古代信托的发祥地到底在哪里也同样争论不休，有古罗马、古埃及论者，有阿拉伯论者、日耳曼论者，也许还会有论者从未来的考古新发现中找到古印度甚或古代中国的例证。不过，无心考据和探讨理论的人们透过这些纷纷扬扬的探讨，也不难得出一个简单的脉络。那么，就让我们一起……

1.1.1　走近信托

信托，常见于经济生活、社会往来中，更频频出现在金融活动中，不仅国外司空见惯，在国内的使用也日见增多。特别是近年来，更是成了经济生活中的热点话题，成了理财投资领域最受关注的焦点。

从字面上来看，“信托”似乎言简意赅：因信（任）而（将财产委）托与人。如果进一步地概括，就是：“获人之信，受人之托；遵人之嘱，代人理财”。或者“获信——受托——遵嘱——理财”，而把“信”“托”二字连而为一，白话就是“受人相信而得到委托，根据人家的本意去管理其财产”。财产，自然可以简单分为金钱和非金钱的实物资产以及其他资产，非金钱资产又有物质形态和非物质形态的，后者的特例就是无形资产。我们在开头提到的实物信托和它的特例信托商店，也有人称之为商贸信托或者贸易信托，其标的物主要是商品或者实物形态的，与代人管理最具有财富表现力的钱财的金融信托业相比，这类只从事旧货和小额积压货品信托业务的信托商店或者寄卖商行绝不可能是现代信托业的主流（况且它们的委托与受托关系里，往往缺乏真正构成信托的要件，这一点我们看完本章及这本小册子的第3章后自然就有所领会）。

当然，信托的含义并非如此简单。

从社会学角度来看，信托是一种社会行为。具体说来，信托涉及以信任为基础的一种委托行为。即对当事人而言，有需求由他人代管财产的一方通过认真考量而相信另外一方是诚实可信的，至少必须是能够遵从自己的意愿的，同时对理财有需求的一方还必须是出于真意而将自己的财产予以托付的，否则信托行为不会产生。

从经济学角度来看，信托是一种特殊的社会经济行为。它特指“在获得他人的信任和接受委托后，代为经营管理财产和/或代为办理经济事务，为事先指定的人或群体谋求利益”这样一种经济行为。

从法律角度来看，信托是一种特殊的法律关系，是基于当事人之间相互信任的一种涉及权利与义务授受的特殊关系。

综上所述，信托的基础是“信”——恪守信用。信托的实质，是一种以为特定的人或群体谋利为目的，接受财产所有人的托付为其管理处置财产的制度。我们知道，信托的发展必然是与社会经济的发展相联系的，生产力的发展，物质的丰富，财产管理的进化，社会分工的专业化，都会影响人们对信托自身的理解和对信托的应用，何况还有富于各国特色的经济发展具体水平、缤纷多彩的文化背景、因时而异的体制选择的影响呢？这样一看，也就不难理解为什么不同法律体系下人们的“信托定义”会因国因时因文化背景而异了。当然，我们也可以理解为，人们对信托定义的差异，并非针对于信用本身，而只是对这种行为发生的法律性质的理解而已。

1.1.2　信托定义种种

既然对信托理解不同、定义各异，我们就分别说起。

不能不令人遗憾的是，公认的现代信托起源地英国虽然早在 19 世纪末就有了关于受托人甚至信托公司的法律（1893 年英国《受托人法》），但反倒是没有一个专门称之为《信托法》的基本法律为信托定义。同样，美国虽然一面因循英国传统，一面又创立了富有新大陆特色的信托法律体系，但也没有发现专门定义信托的法律概念。因此，我们只能够引用一些权威学者的定义。英国学者普遍认为：信托一词是指一种法律关系，在此关系中，一人拥有财产权，但同时负有受托人的义务，为另一人的利益而运用此财产。美国一些学者认为：“信托是一种使用和控制财产的方式。按照这一方式，财产拥有人负有法律上的义务去为他人的利益而处理财产。”公认的美国信托法权威鲍格特集各家之大成，总结得出：“信托是指当事人间的一种信任关系，一方享有财产的所有权，并负衡平法上为另一人的利益管理和处分该财产的义务”（他所指的“衡平法”和“衡平法义务”，涉及的是英国历史上曾经与普通法律裁判的法院同时并存的一种叫做衡平法院的特殊法院，衡平法的许多重要部分都与信托制度有关。我们会在第2章中专门介绍这种被誉为“信托之母”的法律的故事）。

现在的信托，早已不为英美法系所专有，更不再处于受衡平法“公平正义良知”的羽翼保护的弱势地位了，而是以它在经济生活中显示出来的强大的生命力和影响力，不可阻挡地渐次波及了大陆法系的国家和地区。德国、法国、日本、韩国等大陆法系国家也都以立法的形式确立了自己的信托制度和信托法。较早引进信托并取得相当成就的日本，在其《信托法》中的第一条对信托下的定义是：“本法所称信托，是指办理财产权的转移或其他处理，使他人遵循一定的目的，对其财产加以管理和处理。”韩国《信托法》所下的信托定义为：“本法中的信托，是指以信托指定人（以下称信托人）与信托接受人（以下称受托人）之间特别信托关系为基础，信托人将特定的财产转移给受托人，或经过其他手续，请受托人为指定的人（以下称受益人）的利益或特定的目的，管理或处理其财产的法律关系。”我国台湾地区的“信托法”也在第一条中规定：“称信托者，谓委托人将财产权移转或为其他处分，使受托人依信托本旨，为受益人之利益或为特定之目的，管理或处分信托财产之关系。”

显而易见，上述关于信托的各种定义，在内容上存在着一定的差异。作为我们理解和应用信托的基础，《中华人民共和国信托法》第二条规定：“本法所称信托，是指委托人基于对受托人的信任，将其财产权委托给受托人，由受托人按委托人的意愿以自己的名义，为受益人的利益或者特定目的，进行管理或者处分的行为。”据此，我们可以从以下七个方面来理解信托定义的基本概念：

1. 信托行为发生在委托人、受托人和受益人之间；

2. 信托是一种由他人代行管理财产、运用处分财产的财产管理制度；

3. 信托是以信任为前提的，就是说委托人与受托人之间有着充分的信任关系，前者认为后者忠诚可靠，这是信托关系的基石；

4. 遵照信托法律法规的规定，受托人在信托发生期内以自身的名义拥有信托资产，但信托资产具有的特殊性使之必须区别对待于受托人管理的和拥有的一切其他资产；

5. 按照信托文件的约定，受托人行使对信托资产的管理、运用和处分权，并就此承担相应责任；

6. 受托人在对信托资产行使管理、运用和处分权之中产生的与第三人之间的权利义务，仅仅属于受托人而不直接归属于委托人和受益人；

7. 信托期内，受托人虽然拥有信托财产权，但最终和实质上的信托财产所有权依然属于委托人指定的受益人（信托终止时，如果信托文件没有特别约定，信托财产归属于受益人），并且在信托发生期内受托人对信托资产的管理、运用和处分权还必须受到信托文件中所述约定的限定和约束。

1.1.3　信托与其他财产管理形式的区别

如前所述，信托按照财产形式的不同，可以分为实物信托和金融信托。但无论哪种信托，都是一种代人理财的财产管理制度。世界上最早出现的信托是土地信托，而现代信托业中把包括土地信托在内的房产、地产信托称做不动产信托，与动产信托一道划归实物信托范畴，无疑金融信托是在实物信托的基础上演变和发展起来的。尽管，金融信托较之实物信托具有特殊性，但它们依然具有许多共同性和延伸性。在现代社会经济运行中作为信托资产而被受托人管理的财产形式往往是以资金、证券和其他与资金相关的形式为主的，所以现代信托的绝大部分是金融信托，有人统计金融信托甚至达到所有信托总量的90%。当然，说到底，金融信托虽然具有一些特有的表征，但也理所当然地具有信托的一般性特征。我们还可以看到，金融信托的特征还涉及它所体现的经济关系及对当事人的约束力。它体现一种更为紧密的合作关系。这种紧密的合作关系源于金融信托的当事人往往不是按照预先规定的比率分配，而是按照信托财产的实际运用结果进行收益分配。与此形成对照的是，商业代理中的商业信用仅仅是一种商品的赊销和预付，借贷关系中的银行信用也仅仅反映了一种简单的债权债务关系。由此可见，金融信托确实比银行信用和商业信用要复杂、广泛和深入得多。

具体而言，我们从以下八个方面讲述金融信托与实物信托的异同，进而重点涉及金融信托与银行信用存在的显著区别。

一、信托财产的确认

如上所述，无论是实物信托还是金融信托，都是建立在信托关系基础上管理处置他人财产的一种法律制度，而金融信托只不过是一种特别针对金融形态财产的管理制度。所以金融信托与所有信托一样，必然关乎信托财产的三项特性：

1. 确定性

确定性，即信托财产必须是确定的和真实存在的。因为没有财产的确定和真实存在，就没有构筑在其之上的委托管理的法律关系——信托。

2. 合法性

合法性，即设立信托的财产必须是委托人合法拥有的。

3. 自主性

自主性，即委托人必须在信托发生（存续）期内对这种财产拥有所有权。

同时委托人或者委托人的代理人还必须是思维健全的人，或者称做完全行为能力的人，这样他才能对受托人提出具体运用这种财产的要求。

二、财产所有权的转移

信托的特殊性在于，它必须以财产权的转移作为信托形成的基本前提，这是所有信托形式与委托形式及其他财产代理形式的根本区别。就是说没有信托财产的财产权由委托人到受托人的转移，就没有信托当事人关系的确定；而没有这种转移，所涉及的资产也就不成其为信托资产，因而也不会有信托财产的运用。所以，一旦签订信托合同，在信托有效期内财产权即转移给了受托人。而与此相对应的是，委托形式只转移全部或者部分支配权，仅以在委托文件中列明的委托人（被代理人）授予代理人的权力为限。至于其他形式的代理则完全不必涉及资产权及其转移的问题，例如，信托商店中“信托商品”的权利授受关系主要就是“代理”关系，因为信托商店大多是代卖他人物品而不是以自有物资形式销售的，财产所有权的转移没有发生，所以不符合《中华人民共和国信托法》规定的“信托”定义。再例如，寄存保管关系中，保管人只是在保管期内占有寄存财产，财产所有关系并不发生变化。而与此对应的是，如果信托财产是债权，则受托人在信托有效期之内就是债权人，拥有和行使委托人转移给他的债权。这种以财产使用权、支配权为表征的财产权的转移，不仅促使受托人必须全部承担起管理资产的责任，同时保证了该信托及时、灵活和高效地运行，还赋予了信托比其他代理形式更强有力的生命力和更大的周转余地。

当然，需要特别说明的是，这种财产权的转移不但要终结于信托期的结束点，而且还必须在信托存续期内受到信托文件有关约定的限制。这就是信托的第三个特征——限定运用。

三、信托财产的限定运用

信托机构作为委托人绝对不能随心所欲地处置信托资产，只能在信托文件和相关法律规定的范围内运用。银行信用与金融信托则恰恰不同，存款人没有权利更没有必要提出对自己存款如何运用的要求，而完全是由银行根据其自身的意旨去自主运用存款人的存款。

1. 银行信用财产运用特点

这里先以在银行为主体的金融服务中的信用活动为例说明。第一，存款人选择。准备存款的人首先在不同银行中进行比较、选择，然后决定把存款存入一家银行，由其受托管理并全权支配。第二，银行处置。存款一旦形成，银行无论怎样运用这笔存款，存款人都不得干涉，也就是说，银行既可以把众多存款人的钱财汇聚一起而统筹运用，也可以把某存款人的钱财拆解而分散用于多处。

2. 信托信用财产运用特点

与银行信用财产运用完全不同的信托行为中，信托财产虽然交付给了委托人，但委托人必须继续遵循“获人之信”的诚信原则而忠实于他人委托的财产营运。显而易见，在信托过程中的三方当事人（委托人、受托人和受益人）里，受托人的角色和表现最为关键，它不仅获得所有权，而且拥有支配权，委托人最初设定的信托目的能否实现，受益人能否充分获得信托收益，都要靠它的经营活动和经营业绩来保证。既然如此重要，受托人及其经营活动就不能不受到制度上的制约和规范。

3. 金融信托的特殊限定

与实物信托相比，作为信托特例的金融信托具有明显的特征，即当金融信托终结时，受益人所得到的必须仍然是钱财而不能是其他形态的财产，除非信托合同另有约定。

具体说来，当委托人把他合法所有的信托财产转移给受托人（目前在我国只能由信托公司担任）时，就要依法提出对这些财产具体管理和运用的要求。一旦信托公司接受并且与委托人签订了信托合同，信托公司作为受托人就必须按照信托合同或者其他信托文件列明的委托人约定要求去作。否则，就视为信托公司违约并将受到中国银监会或其他管理机关的惩处。这就是说，信托财产具有限定性，并且这种限定必须遵从信托合同或者其他信托文件列明的委托人意愿。

四、信托财产的分离经营

与银行信用中“银行处置”原则完全不同的是信托财产必须分离经营，这主要表现在以下两点：

1. 信托财产的特殊性

受托人不能将自己本身的固有资产与信托财产混淆在一起经营，我们将在第2章中详细介绍《中华人民共和国信托法》的有关规定。简而言之，法律不仅明确反对这种受托人固有资产与信托资产的“混合”经营，而且还严格限制两者之间的交易发生。

2. 信托业务体现受托经营的性质

信托业务必须体现受托经营的性质，它要“遵人之嘱”即受委托人指定的特定目的或要求制约，这也决定了必须把不同的信托资产严格区分开来。

这种不同程度的“占有”和对不同类型的财产权利之下的财产的分离处置是信托也是金融信托的重要特征。

五、信托财产权与收益权的分离

在信托行为发生时，虽然受托人获得了信托的财产权，可以在信托文件的约定下支配和处分信托资产，但受托者不是为了自己的利益，而是为了他人（受益人）的利益去处置信托财产的。受托者并不直接占有信托财产所产生的收益，由管理、处理受托资财而产生的损失最终也是由受益者承担。这种财产权与收益权的分离，即信托机构只按信托文件约定收取信托佣金报酬的做法，是信托的根本原则和最突出的特征。《中华人民共和国信托法》规定，信托关系中受托人可以作为受益人之一，但不能够作为唯一受益人。这主要是因为一旦成为唯一受益人，收益归已，就与代人理财的初衷有违，自然难免为一些不正常的信托行为留下隐患，所以法律予以禁止。

六、信托收益的不确定性

我们还是以银行信用为例，当存款人在他的存款到期时，银行无条件按照规定的利率支付利息。作为信贷经营主体的银行承担一切资金运营风险，即不论这些存款运用的收益如何，即使是亏损也必须如此。当然，除非银行破产。在信托行为发生时，是信托公司作为受托人接受了信托财产，并且按照委托人的要求进行运用和管理。当然，信托公司必须尽力去管理这些财产。但只要是在信托文件的约定下尽职尽责地进行了管理，那么这些信托财产的收益如何，甚至本金受到损失，则由委托人或受益人自行承担。从另外一方面看，与银行信用中也完全不同的是，银行在运用存款中的收益除去存款利息的部分其余全部属于银行，存款人无法企及。而信托财产的运营收益则是完全归受益人享有，受托人只能按照约定的比例或办法收取手续费或代理费。

由于信托收益应该根据信托财产运营的实际绩效水平进行分配，因而委托者付给受托者的收益就不会固定，而是根据信托公司的经营实绩“潮涨潮落”。因不可抗拒的客观原因引起信托财产亏损时，法律并未规定受托者一定要付给委托者收益的义务。在实际运营中，如果信托公司完全按照信托文件的约定（委托者的意愿）行事，即使经营结果没有获得任何收益时，受托者仍然依信托文件规定而取得佣金收入。这种不良后果也要由委托人或受益人自行承担。许多国家还都规定，只要按信托文件行事，其结果即使是信托财产本身受到损失时，受托者依然有权按信托文件约定提取佣金后再交还剩余本金。在这方面，国内的证券投资基金作为公募的专门投资于证券市场的一种集合资金信托，完全体现了信托收益和分配的这一特点和准则。即无论基金净值上升还是下降、盈利还是亏损，投资人都必须按约定承受佣金等项费用，更遑论要求补偿亏损和损失了。

总之，信托不是银行存款，所以收益是不能够事先确定的。作为诚信的信托从业者，我们必须如此说明。

七、金融信托是现代信用经济的必然产物

信托具有融物和融资两大功能，而金融信托只是在此共同基础上强化了融通资金的职能而已，故有论者称金融信托是一种具有流通资金，融资与融物相结合以及融资与财产管理相结合的金融性质的信托业务。它与实物信托最根本的区别在于不受实物形态使用价值的限制，因而“放大”了信托的融资性，具备了强大的融通资金的能力。这也是金融信托与银行信用的不同之处。

虽然金融信托三方当事人所体现的还是一种本质上的信用关系，具有与商品信用和银行信用一样的财产支配权的让渡，但在财产权的阶段性转移上有较大区别。当然，这种不同程度上的受托差异也引起了最终收益分配和要支付报酬的不同。例如金融信托除了按照资金运用的方式不同区分为投资信托和贷款信托外，在国外还按照受托人和受益人的权利和义务不同而区分为特定信托和无定向委托两大类。两者的根本区别是，前者指定这些货币资金的用途、方式，信托机构必须严格依此办理，而资金运用的结果如何则与受托机构无关；后者则完全不同，委托人将这些资金如何运用全权委托信托机构，信托机构则必须保证委托人的本金不受损失并按照约定获得收益。

应该说金融信托是现代信用经济高度发达的产物，是现代信托的主流和主要发展方向。

八、信托是丰富多彩的长期性的社会金融服务方式

有人戏称，银行的代客理财不过是储蓄所多了一个装有花花绿绿纸片的服务介绍品架子，最近也仅仅是多了一点略略高于基准利率的、从不能经常供应向经常化供应过渡的“理财产品”而已。与此形成鲜明对照的是信托特别是金融信托具有多元化服务和形式灵活多样的特征。2002 年 8 月以来，虽然信托公司重新登记刚刚完成一半，那些登记完毕的公司就推出了形形色色的金融信托产品。参考国外同业来看，我国的信托产品或称服务品种将远远不会局限于目前最热门的集合资金信托，虽然集合资金信托本身也是五花八门、琳琅满目的，陆续还会有典型的信托存贷款、融资性租赁、各类代理业务、债务担保和见证、经济咨询和有价证券信托等等相继出现。当然，信托特别是金融信托的受托通常是以中长期信用为主的。金融信托一般以社会

经济运行中较长期的呆滞资金为工作对象，在获得不同于银行贷款的较长时间的资金融通中，进行较长期较稳定的债权和产权投入而取得较高收益。例如与我们同属大陆法系的日本，信托银行业就是作为长期金融机构而存在的，经营主要涉及年金信托、财产形成信托和证券投资信托等业务，都体现长期信用职能。日本信托银行业在战后发展中发挥了不可忽视的积极作用。这一点，对我们今天依然大有借鉴之处。

如上可见，信托业可以从事的业务非常丰富、多元，还可以担当中长期金融的独到职能。另外，信托涉及的社会层面十分广泛。在国外，信托业务已涉及经济生活的各个领域。所以，相对银行而言，信托业务可以满足不同企业和个人对金融服务的不同层次的要求，况且信托以及金融信托的经营品种和服务方式日新月异，不断的金融创新使金融信托充满活力。所以，称信托是“金融百货公司”也是颇有几分道理的。

1.2 五花八门的信托

信托特别是金融信托产品的丰富性、多元性以及不断创新带来的增量效应，给了论者们从不同的角度对信托进行分类的广阔空间。但万变不离其宗，各色各样的分类标准无非是以信托事项内容为依据，或者是以信托关系、以信托业务为依据。下面我们依次予以介绍，以满足分析比较、选择使用以及管理上的不同需要。

1.2.1 以信托事项为依据的分类

一、按信托关系发生基础划分

1. 法定信托

依据法律规定由司法机关指定而成立的信托，称之为法定信托。法定信托多见于英美法系国家的情形中，又可分为鉴定信托和强制信托。

（1）鉴定信托。它是指信托关系的形成没有明确的信托文件，或者需要由司法机关从现实情况推定当事人之间的信托关系效力而成立的信托。当对委托人原来的意思给予鉴定认可后，法院确立信托财产为委托人的利益而存在，受托人最终应将信托财产返还给委托人或归属于委托人的遗产。

（2）强制信托。它是法院依据公平正义的原则和法律赋予的强制解释权，为制止以欺诈行为攫取他人财产的行为，断定有关当事人之间的信托关系，而以判决方式（非自愿形成）强制设立的一种信托。这种情况往往是在司法机关迫使不当或不法取得他人财产的一方放弃财产权，从而令其强制接受的一种信托。这类情况多发生在因该笔资产无法直接收回、应该受益的方面又无力或无法自行处置打理时，由法律指定的受托人代行管理，并且让本应享有权益的方面作为受益人获得信托收益。

2. 自由信托

自由信托，又称任意信托。相对于法定信托而言，是指完全以各方当事人的自由意思表示为依据，不受外力干预而成立的信托关系。这种信托又因其意思完全表述于信托当事人订立的信托合同或者其他信托文件上，也称为"明示信托"。事实上，我们所论及的信托主要是这一种。

二、按信托目的划分

1. 担保信托

担保信托是指受托人掌握信托财产产权的目的，在于保护受益人的合法权益的信托。这种信托主要从保证信托财产的确实与安全着眼，重点并不在于此信托财产的有效管理和增值上。例如附担保公司债信托就是典型的一种，即把需要融资公司的债券担保品（一般是不可分割的整体财产）的产权移转于信托机构，有时还包括债券本身都交由受托人保管，以期保护持券人（受益人）分别拥有的（但又无法分割的）担保品权利的一种信托。在国内近几年的信托实践中，许多信托投资公司开发的以上市公司股权（如法人股）作资产担保的信托就是属于这一类型的信托产品。而更多的是商业银行以承诺回购其贷款债权为担保手段的信托产品也同样属于这一范畴。

2. 管理信托

管理信托，又称财产管理信托。其信托目的是保护信托财产的完整和维护其现状，受托人不可改变信托财产的方式或形态。典型的例子就是一些不动产信托，受托人负有管理此笔不动产之责和维护维修之责，但除非另有约定而无权改变其形态或自行确定改造、翻建或重建。

3. 处分信托

处分信托，又称财产处分信托，其信托目的是为了受益人利益最大化或者说是为了信托财产本身价值的最大增殖，而授予受托人财产形态的处置权。与管理信托形成对照的是受托人可以自行决定改变信托财产的方式或形态。典型的例子就是把不动产转化为有价证券，把有价证券售出转化为资金甚或不动产。

三、按信托财产划分

1. 资金信托

资金信托在日本等国称之为金钱信托。现今最热门的集合资金信托，或曰资金信托计划就是其例。它通常分为公募型或私募型、有或无资金特定投向型、债权型或产权型的资金信托，也包括其他基金类信托、证券投资信托、年金信托，等等。总之，它是一种以货币形态为标的物，信托终了时必须以货币形态付回的信托。它在信托品种里占据主要地位。

2. 实物信托

实物信托也称非货币信托，狭义的实物信托一般包括动产与不动产信托，而广义的实物信托包含一切拥有财产权的非货币财产的信托。

（1）狭义的非货币信托多以动产、不动产等形态作为信托财产。动产信托常常以商品货物、设备设施、车辆船舶等形式出现，对于我们这个具有10000 亿元商品库存的社会，动产信托市场广阔；而不动产信托涵盖一切不能移动的财产，即移动后就会引起性质、形态变化的财产。针对不动产的信托又可细分为不动产管理信托、不动产处分信托和不动产债券信托等。在国内近几年的信托实践中，许多信托投资公司针对不能发行地方债且地方财政紧张的情况，以代为筹措资金开发为代表的不动产处分信托，以及针对社会巨额不良资产的各类不动产信托都产生了不错的市场响应。

（2）广义上的非货币信托涵盖非实物的商标、专利及知识产权等无形资产（但信托业界也经常将这类信托另外列为一类，称之为“权利信托”，按照这种分类，权利信托的信托财产是各种收益权、股权及其表决权、债权、专利权）。随着信息时代的到来，随着各行各业的知识精英们的创业高潮的兴起，可以预期的是这类广义的非货币信托将占据越来越重要的地位。

四、按信托行为的本质划分

1. 民事信托

民事信托又称非营业性信托，即非商业行为的一类信托，其法律性质是以民事法律为依据，调整财产关系和人身关系的信托事项，例如执行遗嘱等等。

2. 商事信托

商事信托又称营业性信托，即以商业经营为目的的一类信托。此类信托的性质从法律立场上讲，是属于在社会经济交往中引起的诉讼范围之内的信托，也有论者称凡涉及商事法的信托皆为商事信托。

1.2.2　以信托业务为依据的分类

目前，作为信托业的核心组成部分，我国法律法规唯一明确允许进行商事信托的是信托公司，它以受托人的主体地位可以经营的信托业务较为广泛。狭义的业务仅仅指信托类业务本身，广义的还包括代理业务甚至金融租赁等类型的业务。按业务涉及范围可以分为国内信托与国际信托业务，也可以根据业务对象作出如下细分。

一、个人信托业务

以个人为服务对象而经办的各种信托业务，包括生前信托和身后信托。即个人出于添置产业、保护财产、理财增益、处理财产的目的，与信托机构订立契约，都属于个人特约信托的范围。

1. 生前信托

生前信托是指委托人生前与信托机构订立契约而成立的一种信托关系。(1) 这种信托的信托行为，多产生于委托人年老退休，个人不想或不会理财；(2) 委托人远道出门，忙于其他事务，没有善于理事的可靠的亲属好友代为料理其财产，而以信托形式委托给信托机构代为管理或处置。首先，这种信托的第一要素在于委托人生前订立的信托文件一定是其在世时就具有法律效力；其次，生前信托必须由信托文件而产生，并且委托人必定是个人。

2. 身后信托

委托人生前订立但其信托效力发生在委托人去世之后的信托称之为身后信托。即由受托人在委托人去世以后代为办理各种事务的信托，也可以由死者的亲属和司法机关为委托人，与信托机构订立信托文件，委托其办理死者身后的各种事务。这种信托的第一要素是信托文件订立在委托人生前，但其信托效力却开始于委托人去世；第二要素是，身后信托的受益人只能是委托人生前指定的第三者。主要的身后信托业务有执行遗嘱信托、管理遗产信托、未成年人监护信托、禁治产人（指心志不正常的精神病患者或其他丧失行为能力的人）监护信托、人寿保险信托等。

二、法人信托业务

法人信托又称公司信托或者社团信托，即信托机构作为受托人，以公司商社、事业单位或团体为业务对象而成立的信托。在市场经济和信托业发达的西方国家，这类业务是信托机构的业务支柱，虽然法人信托业务以资金信托为主，但也包括证券发行、保管信托及表决权管理信托、企业重组信托等等雨后春笋般衍生的各类商务信托。

1. 资金信托

如前所述，资金信托是货币形态的一种信托业务，也称为金钱信托。资金信托根据是否将多个委托人的信托资金集合运用，分为单一资金信托和集合资金信托；根据资金的运用方式分为贷款类资金信托、投资类资金信托、租赁类资金信托、资产交易型资金信托、组合运用形态的资金信托等等。其中投资类的资金信托又分为股权投资类、债权投资类、权益投资类等等；根据信托资金是否划分为标准的份额，集合资金信托又可以分为基金类型的信托及非基金信托。

2. 实物类信托

实物类信托称非货币信托，在日本等国也称之为物品信托，即由公司或社团法人以有形资产和无形资产形态为信托标的物的信托。还可以根据两种路径再进行细分为：（1）以经办目的分为融资性财产信托和服务性财产信托；（2）以信托财产处置方式分为财产处理信托、财产管理信托或者财产“管理＋处理”信托。

3. 发行附担保债券信托

主要针对不同所有制的企业单位，在其发行企业债券中，委托由信托机构代为向社会宣介和筹集资金、办理将来还本付息等事务。附担保企业债券信托是在信托机构对发债方尽职调查和充分了解的基础上，保证委托人（债券购买者）债权和担保权的特种信托。由于作为发债方的担保物往往无法分割为与债券面值相应的份额，而且委托人也未必愿意、未必能够自行担任担保物的保管人，因此改由信托机构作为受托（保管）人，负责担保物的财产管理。如果出现发债方无力还本付息的不良局面，信托机构要负责处理作为信托资产的担保品以抵偿、赔付委托人（债券购买者）权益。

4. 表决权信托

同样针对不同所有制的企业单位，在其全部或者部分股东同意选择一家信托机构为委托人，然后把计划中的股票过户到该机构名下并换得其签发的表决权信托收据，并与之订立信托文件后，表决权信托成立。此时，原股东对于该企业失去投票表决权，但仍保有股东应享受的其他一切权益。在国外，此种信托业务开办的目的是为了改善公司的治理结构，提高经营效率，增进公司的行政效能。在国内上市公司一股独大，法人治理结构和现代企业制度远远没有引入到位的情况下，这种集中中小股东的行政权的做法，对于监督甚至规范企业经营，以及防止股东权益受到不良经营的影响而遭受损失，具有相当重要的意义。显而易见，表决权信托可以有效地保障企业管理上的稳定发展，保障股东权益，保障债权人贷款的偿还，并制约企业不当经营和协助企业进行整顿。在现代企业制度发达的国家里，还可防止其他互相竞争的企业获得本企业的控制权。

5. 企业并购重组信托

近年来，一股企业并购重组的浪潮又遍及国内国外。无论是收购还是被收购、合并还是分离，也无论是改组经营还是破产清算，当企业进行重组时，一般都要把股权与债权集中起来，这样才能保证重组工作顺利进行。首先难以想象董事会能够代表企业所有股东的利益；其次就算是董事会整合了股东的“声音”，但它与由各种债权人组成的债权人委员会之间仍会有分歧，它们分别从保护各自利益的角度出发，难以形成统一意见，必然丧失重振企业雄风的良机。但若股票与债券集中信托于一家各方均信任的信托机构，话事权集中，办事效率提高，重组就会顺利完成，各方利益可以得到充分保障。更为繁杂的是企业的破产、解散引起的清算过程，如果选任信托机构行使清算人的角色，就能够由其提供专业的服务，代表各方面清理债权债务，收取债权，清偿债务，分派剩余财产。

三、个人和法人通用信托业务

信托机构办理的业务中对个人和法人都适用的称之为通用信托业务。在美国、日本和其他信托业发达国家，普遍开展的个人和法人通用的信托主要包括公益基金信托、雇员受益信托、个人储蓄信托等。

1. 公益基金信托

近年来，我国公益基金如青少年基金、妇女儿童基金、残疾人基金、见义勇为基金、自然科学基金等，由政府、社会团体、学术机构或个人共同资助、赞助和捐赠，开办的越来越广泛红火。但要求这些基金都能够有效地做到保值增值、具有相当水平的运营能力也是不现实的。信托公司作为公益基金信托的受托人，为不具备这一能力的基金和基金会提供专业化的理财服务具有广阔的市场潜力，对公益事业的发展也一定会大有助益。

2. 雇员受益信托

雇员受益信托是指企业为其所雇员工设立的种种福利信托，最普遍的是养老金信托，还有红利信托、节约储蓄信托、失业利益信托等。养老金信托是许多发达国家实行养老金计划的重要方式和途径。其特点是公司定期从公司经营收益中和雇员收入中各自提扣出一定比例的资金作为信托财产，选任信托机构作为受托人予以处置、管理。当参与此种信托的员工达到退休年龄或丧失工作能力时，由信托机构自信托财产中支付养老金。失业利益信托是企业为避免员工失业后生活无保障而由企业单方面或者企业和员工双方拿出一部分资金成立的信托。节约储蓄信托是为了奖励员工储蓄而成立的信托。这些信托都是以提高企业员工福利水平为目的的。

由于引进了信托投计，不仅可以利用税收优惠，还可以通过专业理财使得资金得到有效经营。虽然实行的企业不一定是以有助于社会安全和社会稳定为目的的，但上述种种信托的设立却确实具有提高员工的工作主动性，因而提高企业生命力的显著作用。这是无论何种所有制形式的企业所有权人都喜闻乐见的。

1.2.3 以信托关系为依据的分类

设立任何一个信托，都不可避免地要涉及委托人、受托人和受益人三个方面的关系，因此，可以从当事人的角度分别对信托关系细加分类。

一、从受益人角度划分的信托

从受益人角度细分的信托有：公益信托、私益信托（他益信托、自益信托）和宣示信托。

根据信托文件中列明的信托宗旨，首先可以区分公益信托和私益信托。

1. 公益信托

公益信托是以促进社会福利或者社会慈善事业，推动学术研究、科技进步、艺术或者教育发展等公共利益为目的而设立的信托。这类信托的受益人常常不确定，多为社会公众中符合信托文件规定的人士或团体。公益信托一般是拿出个人财产来为社会公众谋福利。

2. 私益信托

私益信托是为特定的他人或委托人自己的利益而设立的信托，一般都事先指定具体受益人，其受益人是固定的，或者是可以确定的（但可以根据信托文件变更），即信托利益归特定的个人、法人，或者特定的群体享受。私益信托包括自益信托和他益信托。自益信托是受益人自为委托人的信托；他益信托是受益人为第三者的信托。

3. 宣示信托

宣示信托是指委托人自为受托人的信托，又称宣言信托，属于一种特殊的他益信托。此时委托人与受托人处于同一方，也就是说财产所有人只需自行宣布自己为信托财产受托人就行了，信托财产本身并不转移但只需与其他财产分别进行管理。但宣示信托只能在以委托人以外的他人为受益人的情形下方能成立，其在英美等国得到广泛的承认。我国信托法规中尚未对其明确认可。

二、从委托人角度划分的信托

在信托关系中，主动提出设定信托的一方当事人称为委托人。从委托人角度细分的信托有：个人信托、法人信托（又称公司信托或者社团信托）、个人与法人通用信托和共同信托。

我们前面已经讨论了前三者，这里主要介绍共同信托。共同信托特指委托人不止一个的信托，也就是说信托财产属于多人所有并由他们共同提出设立的信托，也称为集合信托。其实个人与法人通用信托也算是一种所有人不仅仅是自然人的共同信托。另外，在法律上共同信托的委托人资格有一定的限制，无行为能力的人、未成年人或禁治产人（指心志不正常的精神病患者或其他丧失行为能力的人），不能参与或提出设立信托。

三、从受托人角度划分的信托

在信托关系中，受托人是接受委托并按信托文件约定的信托条件对信托财产进行管理或处分的信托机构（或个人）。虽然各国经济发展水平、信托业历史沿革、文化传统以及社会习惯大相径庭，但对受托人的诚信标准、信誉水平、经营管理能力以及资历均有严格要求。这一点，无论是过去由中国人民银行颁行的、还是最新由中国银监会颁行的等行政法规中都有严格限定。例如 2008 年 3 月份正式实行的《信托公司管理办法》中就明确指出："未经中国银行业监督管理委员会批准，任何单位和个人不得经营信托业务，任何经营单位不得在其名称中使用'信托公司'字样"。可见只有国家金融监管部门批准设立的信托公司才有权担任受托人开展信托业务。由此不难看出，受托人在各当事人中居于十分重要的关键地位。在美国与日本和大多数国家，只有法人才能够担当受托人从事信托。在英国虽然同时存在个人受托与法人受托，但法律依然限制或禁止无行为能力和限制行为能力的人承当个人受托人，如未成年人、禁治产人、宣告破产尚未复权的人等等。为防止舞弊，各国还一致地严格禁止受托人同时又是唯一受益人，从而切实地保障了受益人的利益。

从委托人角度细分的信托有：商事信托和民事信托、自由信托和法定信托以及鉴定信托和强制信托。

这些种类的信托我们在前面已经进行了讨论，此处不再赘述。

第2章 信托的过去和现在

哲人告诉我们，要真正了解一个事物就应该从它的历史开始。信托也不能例外。

研究信托的历史，追溯信托的起源就不可不提到古今中外原生态的种种信托行为。秉承这本小书的宗旨，这一章并不涉及信托流派的争论，只是以白描手法回溯信托的历史，讲讲现代信托如何从其原型“尤斯制”（USE）发展到完善的现代信托结构“托拉斯”（Trust）。另外介绍中国的信托，描述20世纪初叶信托在中国的登陆和前50年的潮起潮落，告诉你改革开放的今天，谁在中国做信托。

2.1 信托的起源与发展

从历史渊源考证，最初始状态的信托已经存在了数千年之久，但研究现代信托发展的历史，在探讨现代信托的起源上，专家们各执己见，存在许多不同看法。不过，大家在一些基本观念上，例如信托的雏形出现在中世纪，现代信托的原型是英国“尤斯制”（USE）等方面还是有着共识的。

2.1.1 信托的源头

一、为什么会有信托

随着原始氏族社会的崩溃，人类社会的发展不可避免地进入私有制阶段。私有财产的形成和随之而来的请人代为管理处置财产的需要也同样不可避免地引出了各式各样的代理理财制度，信托制度只是其中最具生命力和最具影响力的一种。因此，也可以说信托是人类社会私有制度的必然产物。最初的信托需求集中在私有财产带来的财产世代相续或遗产继承的过程中，所以说到底是遗产继承和遗嘱制度引出了信托形式的不尽源头，形成了现代信托和信托业的滚滚长河。

从不同论者提供的不同原生态信托的不同历史渊源上，我们也不难看出端倪。有的论者认为现代信托始源于 12 世纪诺曼民族征服英国以后带之而入的古日耳曼法的一种称之为 Salmann（受托人）或者 Treuhand 的信用制度；有的论者考据，信托“依现今有力之学说，并非渊源于罗马法之信托遗赠（Fideicommissum）；也有论者认为尤斯制（USE）的源头是伊斯兰法的 Wakf，指委托人将财产献给神祉而确定受益人或者公益的行为；但更多的论者倾向认为尤斯制“纯渊源罗马法之精神”，或者说是“引用罗马法使用权的‘用役权’及信托遗赠制度，而创为新制（尤斯制）”的。不过，如果抛却各家皓首穷经的理论性探索，大家公认无疑的是，信托植根于私有财产制度的土壤中，并且与遗产的继承及管理有着密不可分的因果关系。

遗产继承必须具有两个前提：一是财产的私有化形成制度；二是社会对继承人资格的确定。当人类的生产力还不能产生超出维持其本身生命需要的物质财富，或者新增加的物质财富还归原始氏族公有的时候，就没有私有的财产，也就当然的不存在继承与托人保管的问题。不过随着人类财富的迅速增加，形成了私有财产和家庭，财产的保存与继承问题就出现并紧迫起来了。这就产生了存立遗嘱以分配和处理财产的需要。遗嘱托孤，是保证私有财产代代相传的最适用的手段。这种形式一经出现就成功地流传开来，成了通行世界的古老制度，而其中就内涵了信托的雏形和萌芽，从而成为信托无可争议的起源。也许我们的考古学家们在某一天早晨会告诉我们，在我们国家发现了比古希腊或古罗马更久远年代的信托源头的佐证，在笔者看来，对于我们具有5000年文明史的泱泱古国来说，这是一点都不必奇怪的。

二、早期的信托雏形

在有据可查的历史上，古罗马是人类历史上最早出现私有制的国家之一，但私有财产最初是以土地逐步私有的形式形成的。从原始氏族全体共有一切土地，发展到部分流归个别农户所有，剩余土地依然归氏族所有。这种渐变的以土地为形式的财产私有化使得氏族成员之间互相继承成为惯例，并且逐步形成了财产保留在氏族内部的制度。自然，这种由习惯形成的制度是没有文字可以佐证的。与古罗马同样引领世界文明的古埃及，也在公元前就产生了财产私有制和因之而来的这种原生态的信托行为。学者们考据出，文字形式的最早信托遗嘱是在公元前2548年的古埃及，一个埃及人生前立约由其妻子继承他的财产，并为他的儿子指定了监护人。而人们发现最早的信托法律文献依据是在公元前5世纪中叶罗马共和国颁发的第一部成文的法典中。这部饱经岁月流逝和战火炙热、能够流传至今的法典相传是因为全文刻制在十二块铜板上面而闻名遐迩，并且因之得名为《十二铜表法》的。这部开罗马法学先河的法典不仅揭示了古罗马私有制的渊源是土地私有制度，而且印证了土地氏族共有和个别农户私有共存，以及通过氏族成员主要是男系亲属互相继承形成的财产保留在氏族内部的古老制度的全过程。无独有偶，在其他的早期罗马法文件中，“只有罗马市民才可享有罗马法赋予的权利”的规定更是屡见不鲜。特别是在财产继承方面，只有罗马市民才能成为遗嘱指定的遗产继承人的起码资格，而罗马市民以外即没有市民权的人（如外国人、异教徒、自由人、俘虏等）就既没有主动设立遗嘱的资格，也没有收受遗赠的资格。在这些俯拾即是的“古董”法律规定中，我们不难发现浓郁的“在任何情况下，财产都要保留在氏族以内”的古制氛围。

然而，不以古老法制体系的制定者的意志为转移的是社会发展和家庭结构及私有制度的多元化。社会产生了不可遏止的打破这种财产继承古老限制的需求。一些遗嘱人为了要规避这种限制，将其财产的一部或全部实行委托，让受托人代为第三人（受益人）行使管理和处分权，让原先没有机会获得遗产的人如非罗马市民的其亲属来继承和取得遗产。这种迅速流行起来的方式不仅动摇了已经成为社会发展桎梏的罗马古制，还形成了不少的法律纠纷。罗马帝国的第一位皇帝奥古斯都顺应这股潮流，颁布了有关信托理财的法律，打破了财产继承的限制。这位皇帝还专门设立了裁判官处理这类诉讼，因此，罗马法中的信托有时又被称为裁判官信托。

在罗马法发展过程中，关于财产的遗赠制度有两种规定：一种是有既定格式的遗赠（legatum），按照法律命令继承人将财产所有人的遗嘱财产直接赠与受赠人；一种是不用遗嘱的既定格式处分遗产的方式，被称为信托遗赠（Fideicommissa）。前者与本书无关，不再论及。后者是说，首先，财产所有人用遗嘱指定一个具有罗马法律效力资格的继承人，这位被指定的罗马市民承受遗嘱指定的信托财产；然后，再由此罗马市民把遗产赠予遗嘱订立者希望的和指明的最终获取财产的人。通常在这一过程中，即将被继承的财产的所有人在所立的遗嘱中明确指出，遗嘱所指定的合法继承人（罗马市民）受领遗产是为了在日后把遗产交付给被继承人指定的第三人。这样，一些本来无权按照罗马法律合法获得财产的非罗马市民，可以通过间接遗赠方式，从即将逝去的财产所有人那里间接地、合法地获取遗产，使得双方都能够如愿以偿。当然，这里就有了原生态的“信任”和“托付”的概念，当然，那时候受双方特别是遗嘱订立者认可的只能是一些身体健康、道德高尚的自然人（我们在前面第1章提到过，这属于个人受托性质）。不过，因为年代久远，无从查考他们的信用记录，但这种制度能够长期流传，可见还是相当成功的。由于这一过程中，遗嘱指定的继承人承受财产只是一个“虚名”，目的是为了按照遗嘱订立者的意愿，把财产转移给真正“应该”得到财产的人，所以这种利用信托的间接遗赠方式就被称为信托遗赠。虽然信托遗赠还远远不是现代意义上完全真正的信托，但作为古代早期信托的雏形，已经具有了现代信托的一些主要特征。所以，说信托遗赠制度及其所体现的基本原理对现代信托和信托业的形成起了非常重要的作用，是言之有据和恰如其分的。

2.1.2　现代信托的原型“尤斯制”（USE）

尤斯制是英国中世纪的一种法律制度，通常被用来代理私有财产的管理和遗嘱的执行，产生和发展于英国历史上“二重裁判制”的法律时空中。今天，虽然对于古代信托的起源还莫衷一是，但把尤斯制作为英国信托制度的基石和现代信托的原型，已经在海内外学术界达成了共识。

一、英国的衡平法和普通法

11 世纪，英国引用古罗马“信托遗赠”的做法，仿效和引用了罗马法中的使用权（即使用他人所有物的权利）、用役权（即使用他人所有物而获取收益的权利，又称为用益权）概念创设了“尤斯”制度，这是一种土地遗赠转让制度。这一制度的产生，与中世纪封建社会对于私人财产的继承、转移、遗赠和管理等权利从法律上处处加以约束和限制密切相关。由于这些法规大多陈旧落后，社会公众在遗赠转让过程中就会有不同的理解和做法，这必然会引起法律纷争和法律诉讼。当时英国封建社会秉承古罗马法制，订立了一个关于私人财产继承方面的法律，其中涉及私人财产转移的规定主要有三条：第一，土地作为遗嘱赠予受到限制；第二，长兄可以排除其他一个或者多个兄弟，使他们不得享受其父亲的财产；第三，妻子的财产在婚后即刻归属丈夫。以此为依据构成的法律在英国立法史上被称为《普通法》。

中世纪的英国虽然拥有了《普通法》及其司法机关“普通法裁判所”或者叫做“普通法法院”，但许多公众往往崇尚独裁权力很大的英国君王而不愿去普通法法院起诉。这是因为依据惯例和既往判例作出裁决的普通法法院无法适应社会和经济发展的多样性和复杂性，使得普通法体系当时已产生出种种不便和弊端。因而涉及私人财产纷争特别是遗嘱遗产的复杂案件，受害方往往不愿去普通法法院起诉，认为那里不能公正解决其财产问题。他们寄希望于向英明的君主上诉，请他指定的德高望重的达官贵人来分辨是非，求得“衡”量于公理与良知的公“平”裁决。由于这种诉讼制度能适应当时社会的需要，于是凭借君主的“英明”和最初由他指定的具有“公平、公理、良知、正义”的裁判官们，不仅形成了遍及全国的“衡平法法院”体系，还积累了许许多多的“衡平判例”，以至于早就两法合一的今日英美法系中，除了重视和依据判例裁决诉讼的规则外，律师还循循善诱地呼唤代表“公平、公理、良知、正义”的陪审团们对自己当事人给予支持，这种情形中就依然深深留有衡平法的烙印。

根据英国一些史料记载，早期在尤斯制初行时，经常发生土地的名义继承人背信弃义的事，使受益人受到损害（可见一定社会发展阶段上的信用缺失绝非仅仅属于哪一国的“特色”），但普通法无法依照既往法律文献和判例对新生的尤斯制度予以法律解释，受害人如诉诸普通法法院，权益自然就无法得到保障；但若诉诸于依据“公平、公理、良知、正义”和（似乎可有可无但事实上越来越多的）衡平判例裁决的衡平法法院，审判无需一味因循旧的判例，法官只需“凭良心”裁决，往往会得到应有权益的法律保障。因为当时这两种法律中任何一个法院的裁决，都具有法律效力。于是，有关涉及遗嘱遗产和信托原型的尤斯制的问题，就都源源不断地汇聚到了衡平法法院。笔者不是西方法律史专家，所以无法判定这种情况对衡平法乃至对19世纪两法合一之后称之为“盎格鲁—撒克逊”的英美法系的最后形成的贡献具体如何，但就作为信托原型的尤斯制度而言，其形成与发展确确实实是得益匪浅于衡平法的保护的。

英国的衡平法废止于1873年《司法条例》颁行之时，但许多合理的成分被纳入了普通法，这其中包括发展成熟了的现代信托法律关系。于是，现代信托法律关系终于成为受到英美普通法保护的正当权利。所以，可以毫不夸张地说，是衡平法和衡平法院“催生”和“哺育”了现代信托和信托业。

二、“尤斯制”（USE）是什么

在中世纪黑暗中的英国社会，宗教信仰十分普遍，一般臣民都是宗教徒。而作为虔诚的宗教徒一生都要对教会作出贡献。工业文明到来之前的英国，往往只有土地可以作为对宗教团体的重要贡献物，所以许多民众通常在死之将至之前留下遗嘱，死后把自己生前的私有土地和其他财产赠予教会，作为一个教徒对宗教的最后贡献。因此教堂的土地不断增多。由于封建贵族和国王对宗教团体的土地是免征役税的，这些遗赠行为就严重影响了封建王朝及其封建领主的收入。因为随着时间的推移，教堂获赠的土地不断增多，并且教会又不存在自然人那样的生命期，长此以往，封建领主和整个王朝用以课税的田亩以及役税收入必然越来越少。这使得教会与世俗统治者之间的矛盾日积月累、最终爆发了出来。

13世纪初叶，法兰西斯哥僧团的僧侣到英国布教。在这些僧侣所到之处，信徒们纷纷将土地贡献给该僧团，打破了教会与世俗统治者之间矛盾的微妙平衡。当时的国王亨利三世为维护其本身和封建领主阶级的利益，下令颁布了一个《没收条例》，规定要把土地赠予教会团体，必须得到君主或领主的许可，如果发现擅自出让或赠予者，就没收其土地。这个损害了整个教会利益的条例一经颁布，就引起了广大宗教徒的强烈不满，引发了许多民间活动和各式各样的对策。当时宗教势力已经相当强大，连时任的法官们也多是教徒，甚至是教会势力及其法律上的代理人。他们阳奉阴违地对抗国王法令，利用英国沿袭古罗马法统的背景，以古罗马信托遗赠制度为借鉴而创设了“尤斯制”（Use），使教会躲过了亨利三世的《没收条例》的严厉打击。其具体做法是：教徒在生前立下遗嘱，首先约定，直接把土地赠予第三者所有而不是赠予教会，但是遗嘱中还明示出土地赠予第三者的目的是要保障教会对土地拥有“用益权”（Use 的意译）。如此下来，同样是虔诚教徒的第三者拥有了土地名义上的所有权，教会依然获得了该土地的实际使用权和收益权。教会没有名义上的土地所有权，所以国王和封建领主均无从没收其土地，《没收条例》成了一纸空文。这既不与国王的法令公开对抗，又维护了教会的利益，还达到了教徒要为宗教多作贡献的心愿，自然赋予了这种制度强大的生命力。

在这种旨在逃避国王法令而进行的土地间接遗赠中，土地所有方及提出赠与的一方被称为 Donor，相当于现代信托中的委托人；实际享受收益的教会一方被称为 Cestuique Use，相当于现代信托中的受益人；而获得土地名义上的所有权的一方被称为 Feoffe to Uses，相当于现代信托中的受托人。这种由于土地的间接遗赠引发的三方当事人之间的财产法律关系，事实上构筑了现代信托关系的基础。而这种为规避《没收条例》而创设的“尤斯制”本身，也随着封建社会的衰落、资本主义和商品经济的逐渐兴起而有了很大发展，信托目的逐渐从宗教方面的应用转移到为社会公益、个人理财服务等方面，并且还被广泛运用于保障家庭财产的继承及遗嘱托孤、遗产管理等。对象也不仅局限于土地，还渐次发展到商品、物资以及货币。所以，各种流派的论者们都认可英国的尤斯制即用益权制度是现代信托“毋庸置疑的滥觞（源头）”。

2.1.3 完善的现代信托结构：“托拉斯”（Trust）

有效规避了国王亨利三世的《没收条例》，保护教会利益和土地不被封建领主和国家没收的“尤斯制”，印证了“魔高一尺，道高一丈”的东方古训，在英国一直沿用了200余年。这实在得益于英国两种法制对峙，因而得到了衡平法的保护，这一点是当初创设上诉法院——衡平法法院和选任衡平法官的王朝统治阶级所完全始料不及但又无可奈何的。但200多年后，一位强势的英国新国王亨利八世继位后情况发生了巨大变化。亨利八世深知身为教徒的英国法官们总是在明里暗里竭力维护宗教团体和整个教会的利益，在众多的衡平法裁判案例中利用尤斯制度伤及王室和领主们的利益。回溯“尤斯制”200年对王室和领主权益的严重影响，为了保障统治者的利益，亨利八世下决心非消灭“尤斯制”不可。于是在1535年，他不顾国会的强烈反对，径自强行颁布《尤斯条例》。其核心内容是从法律上规定土地的受益人就是法定的土地所有人，把拥有土地名义上的所有权的受托人剔除到这种法律制度之外。这就是说，原来实行的尤斯制，教徒在尤斯制契约中约定直接把土地赠予第三者所有而不是赠予教会。教会只是使用或取得土地的收益而没有名义上的土地所有权，所以国王和封建领主均无从没收其土地，《没收条例》成了一纸空文，但新的《尤斯条例》取消了尤斯制设置的屏障，依据条例可以清楚判定尤斯契约中教会因为取得了收益权而得到了所有权，因而形成了事实上的受赠。而未经王室和领主们事先认可的赠予正是应该按照200年前颁行的《没收条例》予以没收的。所以，这个新条例的颁行不能不使广大民众和宗教徒受到一次极大的震动和打击。

笔者和许多读者一样，曾经困惑于一些似乎十分牵强的说法。许多热衷于“传抄”和肤浅的“编写”的论者在玩弄辞藻和历史之余并未给我们描述出这一次英国的“道”们是如何拿出高于“魔”们的招数，从而继续了现代信托制度的航程的。幸而还有一些扎实考据的学者将我们导出了迷津。

故事是这样的：一位台湾地区信托法的资深学者与他的学生、另外一位学者考据到，英国1535年《尤斯条例》的颁行到1557年普通法院的一个判例之间，发生了一段极富戏剧性的司法转折。本来因《尤斯条例》的实施，在英国与《没收条例》相安无事200年之久的尤斯制即用益权制度必然招致全面土崩瓦解，而在受到重创的衡平法院也无暇顾及的情形下，一贯以墨守成规、食古不化，甚至被称为尤斯制“恶煞”的旧普通法院这回却救了用益权制度一命。原因是，其一贯奉行的严格引经据典的文义解释判定除了“动产尤斯”之外，还有三种土地用益权不适用于新颁行的称之为“尤斯制杀手”也不过分的《尤斯条例》。于是，尤斯制才得到了暂时的喘息空间。虽然“事事慢半拍”的普通法院终于在1557年的一个案例中判决“双重尤斯制”违法，“改正”并重新认定其在普通法上无效，但已经在20年时间中缓过劲儿来的衡平法院再度出手，从探求“当事人真实意思表示”的解释方法着力，承认了双重尤斯制的合法性，重新确认了用益权制度的地位，从而使得生命力强大的新机制得以重燃生机。

那三种经过两位学者考据的不适用于“杀手条例”而继续可以生效的用益权中，一种涉及今天应用最广泛的动产信托，一种具有今天不动产处置信托的萌芽，而另外一种就是后来演绎出现代信托基本结构的“双重尤斯制”。

“双重尤斯”简而言之就是“尤斯上的尤斯——用益权之上的用益权”。仍然以土地为例说明，拥有土地者也就是委托人（教徒本人）先把土地给予受托人（自己的儿女），这是第一层“尤斯”。其财产转移的目的仍然是为宗教团体的利益，并非为了儿女。然后由儿女再把土地赠予第三者，这是第二层“尤斯”。这样第三者成了第二受托人。如果只有第一层“尤斯”，根据《尤斯条例》教会因为直接获得收益权而被看成取得土地所有权，王室或领主可以将土地予以没收。由于采用双重尤斯，教会的收益不是直接从土地取得，而是第三者把其名义上拥有的土地产生的收益给予名义上的受益人——立约教徒的儿女，再由这些儿女把收益而不是用益权本身赠予教会，况且教会恰恰又是不被禁止接受捐赠的。并且这种捐赠还与土地用益权无关，所以自然不能认为教会取得了普通法法定的土地所有权，因而不能没收，从而完成了“不适用”新的《尤斯条例》的复杂逃避过程。其实，这并非是一种高明的解释，如果没有二十年后衡平法院的及时救助，现代信托的历史可能就得改写了。当然，一贯保守的普通法院的“贡献”也是应该予以承认的。因为毕竟是他们在二十多年的时间里判定了：新条例对第一层的“尤斯”有约束作用，对第二层的“尤斯”是不具有约束效力的。总之，1535年《尤斯条例》的颁布与其初衷相反，结果不仅没有消灭用益权制度，反而使原来长期流传于民间的用益权制度在普通法法律上实现了突破，为300年后两法合一形成新的英美法系时信托在普通法框架下的地位确认打下了基础。同时，更具历史意义的是，“双重尤斯制”的出现也使信托观念因此而更为广泛传播，使现代信托制度发展到了呼之欲出的边缘。

现在研究信托起源的多数学者普遍认为，现代采用的信托一词“Trust”，实际起源于英国16世纪的“双重尤斯”结构。而第二层的“尤斯”则为现代信托的真正结构，是信托结构的完善，是现代信托（Trust）真正之由来。可惜囿于20个世纪初叶政治经济学等学说传播渠道的历史原因，在音译现代信托“Trust”一词的时候，由于受到了浓重的斯拉夫语系卷舌音的影响，将其不太准确地译成了“托拉斯”。这就像因为经过界于两大国家之间的蒙古语系发音发声特点等因素影响的转译，把世界最辽阔国度的名字 Russia（“罗斯”），硬是加上了一个“俄”字而译成“俄罗斯”一样不够完美。当然这并不影响我们介绍的信托历史，或许还为我们的叙述增加了一点轻松的味道。

2.2
中国信托考

2.2.1　我国古代信托的萌芽阶段

关于我国古代固有法制中是否有过类似信托的制度，论者们同样是众说纷纭，但出现和存在过隶属于实物信托的信托商行和类似于动产甚或贵金属货币的处置信托却是有史可考的。不过十分可惜的是囿于封建体制的强大和商品经济的不发达，我国信托业特别是金融信托业的萌芽成了历史长河中名副其实的昙花一现。

有论者考据，早在公元5～6世纪我国就有信托业雏形初显端倪，当时处于南北朝时期。从东汉末年的半个多世纪的战乱到三国归晋之后，历史进入了一个历时100余年的统一和发展时期，从而积蓄了相当的社会财富。但随之而来的南北割据和持续多年的战乱，使刚刚引入中国的佛教寺庙成为躲避战火的绿洲。许多官宦和富商为了保全其自身财产，纷纷将其金银等贵金属货币形态的财产交由这些寺院里的僧尼代为保管，甚至代为放高利贷，出现了广义的非指定目的的债权型资金信托的萌芽。这种托付资产、代理钱财的需求，不但没有随着社会从动乱到稳定的发展而消失，反而日益增强了，到了公元7世纪初的唐朝时期，由于经济水平的高速发展，初始态的信托业也随之获得了进展。大唐帝国在当时世界经济和世界贸易中都处于举足轻重的地位，形成了长安、广州等一些世界著名的商业贸易大都市。来来往往的富商巨贾、频繁交替的买进卖出都产生了为其保管金银钱财或贵重物品的巨大需求。于是打破了南北朝之后200余年间，由寺院独占的委托保管和委托放贷业务，出现了以商业经营为目的的，具有专门从事商事信托业务的被称做“柜坊”的行业。这类大大小小的柜坊一般开办在那些著名的商贸大都市里，它们提供有各种“僦柜”，专门接受富商巨贾委托，为其保管金银钱财或贵重物品。作为信托业务，这可以说是我国古代信托业的萌芽。但是令人遗憾的是，我国历代封建王朝都实行“重农抑商”的政策，加之近代更加严厉的闭关锁国政策，使我国的商品经济一直处于压抑状态，这种本来可以领先于西方信托制度的柜坊业完全没能随着时代的发展而兴盛起来，延续到五代十国的惨淡经营到北宋后就逐渐趋于衰落，到元代以后就几近绝迹了，反而形成了20世纪初西方人和日本人的信托业“倒灌”进我们这个文明古国的不堪局面。

2.2.2 20世纪前半期的我国信托业

一、洋信托进入中国

20世纪初叶，现代信托业传入中国。但首先是外国人在华开办信托，过去一般认为以1913年日本人在大连设立大连取引所信托株式会社和1914年美国人在上海美国领馆注册登记而设立普益信托公司为初始。此后几年，各地先后设立了20多家信托公司，多为外国人独营或中外合营（实权掌握在外国人手中），没有一家是由中国金融商自己独立经营的。令人扼腕的是近年有论者考据出在清末（1911年前）的上海租界内，土地信托就已经行之已久。当时租界土地属于外国“永久租用”性质，外国人不满于中国老式的方单或田单，地方政府上海道只好发放“详载土地坐落地点及面积”的道契即“永租契”（即具备了类似于今天地产证书规定土地的“四至”等参数）。但崇洋媚外的官员们只发放道契给洋人，国人则求之不得。一些称作“挂号商”的洋人商号就利用信托制度在其间坐收厚利。他们要求想转换道契的国人先将其田单或方单办理委托手续给挂号商，以他们的名义申领道契。再将挂号商出具的称之为“权柄单”的受托凭证和道契一并交由业主持有。而日后如有过户转让发生，只需持权柄单向挂号商办理过户即可。他们这种名义持有产权，而业主仍然是实质所有人的赢利办法，可以说是完全意义上的现代不动产商事信托了。

二、我国私营信托业的发展

中国人独立经营金融信托业的历史开始于1917年，由民族资本家经营的上海商业储蓄银行成立保管部，通过出租保管箱给客户保管贵重物品。1922年，上海商业储蓄银行还将保管部正式改名为信托部，并开办个人信托存款业务。1918年，浙江兴业银行正式开办具有信托性质的出租保管箱业务。1919年12月，聚兴诚银行上海分行成立了首先使用"信托"名字命名的业务部门，但主要经营运输、仓库、报关和代客买卖有价证券业务。以上是我国最早的经营信托业务的三家金融机构，标志着中国现代信托业的开始。由于信托业是一个新兴的行业，所以当时没有专门的信托机构设立，而只是由这三家银行内部设立的信托部兼营信托业务。但不久，上海便刮起一股大设交易所和信托公司之风，最终导致了中国信托史上著名的"信交风潮"的爆发。在这个风潮中和风潮之后，私营信托业经历了一个"竞相设立——纷纷倒闭——稳健发展"的过程。

1. "信交风潮"前后的动荡期

第一次世界大战的爆发使得当时主要的帝国主义国家在欧洲老家集中精力忙于战事，为处于幼稚期的中国民族资本主义工商业提供了空前的大好机遇。国内及周边市场竞争强度降低、称霸国内市场的列强缺席，使它们迅速发展壮大起来并积累了充裕的资金。我们历史教科书里列举的著名民族资本家们大多强大甚至是发轫于这一时期。然而，随着各国列强战后陆续回到中国市场，中国民族工商业的上升势头又发生了逆转，由大繁荣转入了萧条期。同时，此前民族工商业在战时积累起来的大量资金也因渐入萧条而越来越找不到出路，逐渐汇集到投机市场成为游资。于是，比民族工商业更为幼稚、刚刚开始创业的民族信托业便受到这股"热钱"的冲击，承受了"资金、利得、投机与风险"的巨大诱惑与震撼。这股风潮于1920年夏天刮起，上海物品证券交易所成立于当年7月，由于巨量游资追捧和投资人、融资人不明就里，在不到半年时间里就获利50多万元（在当时这可是一笔令人瞩目的大钱!）。这种天上掉馅饼式的丰厚投机利润，不可能不诱发正在寻找出路的大量呆滞资金的投机狂热，于是争设交易所的狂潮全面掀起。到1921年夏秋之际仅仅一年的时间里，全国创办交易所的数量达到140多家。不但在战时全行业才扭亏为盈、迅速崛起为明星产业的产品面粉、棉花等分别有各自的交易所，连主要依靠进口的煤油等重要商品也都分门别类地开设了交易所。不仅是五花八门的“品种”交易所涵盖了各行各业，甚或还出现了在交易时间上“创新”的夜市交易所、星期天交易所等等。这些交易所虽然门类不同，但都千篇一律地是以股份公司的形式成立起来的。它们一面发行股票，吸收游资，一面又将股票上市，掀起股票市场投机的狂潮。

不仅如此，酿成此次风潮的另外一个主角——中国通商信托公司也于1921年8月21日在上海登场，它是中国成立的第一家专业信托公司。从此，成立信托公司作为一种可以通过虚增注册资本及从社会融集游资，而以前所未有的速度发财的形式为人竞相仿效，于是引发一股更迅速的设立信托公司的热潮。当时的信托业几乎不存在有效监管，成了社会大量闲散、呆滞资金最看好、最适当的目标。所以，在此后不到40天的时间里，又有11家信托公司在上海成立。分别是：上海运驳信托公司、大中华信托公司、中央信托公司、中华信托公司、中外信托公司、中易信托公司、通易信托公司、神州信托公司、上海信托公司、华盛信托公司等。其中由绍兴帮钱庄发起组织的中央信托公司影响最大。这些公司注册资本总额达8000余万元，远远超过了1920年全国银行的资本总额，成就了中国信托业空前绝后的虚假繁荣。受上海影响，北京、汉口等地也纷纷掀起信托热潮，一时间，全国似乎进入了“信（托公司和）交（易所）时代”。这12家信托公司除少数几家兼营商业银行存款、放款等业务外，多数从事以交易所的股票为质押的证券投机，进而形成了一种交易所与信托公司内部串通一气，两者业务相互交叉、相互利用，联手投机股票、肆意操纵股价和反复放大信用以牟取暴利的混乱局面。当这一“假信托交易之名，行投机牟利之实”的真相最终不可避免地被社会察觉后，银行和钱庄开始收缩资金并停止贷款。因而依赖融资进行股票投机者告贷无门，资金周转不灵，股票价格纷纷狂跌不止。交易所和信托公司的投机目标双双落空，贷款成为烂账而无法收回。加之赶潮流设立的信托公司多半是注册资本金虚增或者远远没有到位的，即便是影响最大并且拥有钱庄实力背景的中央信托公司，注册资本名为1200万元，但实收资本金也仅有300万元，不过相当于注册资本的1/4。加上信托公司、交易所两者之间联合投机、互相牵连，引致两败俱伤，最后触发了“多米诺骨牌”式的交易所和信托公司的接连倒闭，出现了中国现代金融史上第一次严重的金融风潮——“信交风潮”。因投机失败引起的“风潮”过后，全国仅存中央、通易两家信托公司。这一低潮局面一直延续到20世纪20年代末才慢慢爬出谷底。直到1926年，全国信托公司的数目仍没有增加。由此可见，在现代信托业引进之初，就出现过大量投机方面的问题。所以我们一些学者、专家和权威人士，重点防范这种现代英美法系下舶来的信托“怪物”，或许事出有因，但让我国《信托法》颁行后重新登记的信托公司来为历史“买单”的行为，则无疑是大谬特谬的。

2. 信托业的复苏和鼎盛发展期

自1928年起，随着社会经济逐渐向好，也由于现代信托独有的制度魅力，上海又重新开始设立信托公司，自此，我国的私营信托业才从“信交风潮”中渐次复苏，由低潮走向全面发展阶段。信托业的这一次的复苏和全面发展的原因有三个：第一，经济从战后萧条凋敝逐渐恢复发展，民族工商业的发展为信托业提供了坚实的基础；第二，因为又一次大战的阴影逐渐临近，在列强庇护下的租界似乎十分安全因而“繁荣”，导致了以房地产为主要内容的投机活跃；第三，当时国民党政府大发公债，1927～1931年五年间共发行公债25种，共计10.5亿元，高利公债曾一度带动银行金融畸形发展。这一年上海新开设9家信托公司，加上由天津开设于上海的久安信托公司，连同原来的中央、通易2家公司，共12家，总资本也超过“风潮”前的数额，突破了亿元大关。除此之外，各银行也先后设立机构，兼营信托业务。包括部分官商合办的银行也积极参与其中，当时全国银行兼营信托业务的达到42家。与此同时，这些信托公司和银行的信托部都纷纷在全国各地开设分支机构，成立了许多分公司和分部。到1937年抗日战争爆发前，随着专营和兼营的信托机构的纷纷设立，信托业经过复苏进而获得了全面的发展。

八年抗战期间，沿江沿海地区陷入战争状态，但战时的资源流动，使得信托业又获得了在全国范围内的新发展。尤其是一些原来没有信托机构的西南、西北地区也相继设立信托公司。到1945年8月，川、云、贵、桂、康、陕、甘、青、宁9省，共有信托公司总、分支机构61处。而信托业的传统中心上海因其租界特殊的“孤岛”地位，不仅没有受到影响反而又新增了30多家信托公司，还有10多家银行新成立了信托部，并有久安、中一等少数信托公司更名为银行。

抗战胜利后，信托业的中心仍然在上海。但由于当时国民党政府对上海在敌占期间成立的信托公司进行停业清理，整顿抗战期间新设金融机构，于是信托公司数量减少到战前规模。到 1947 年 10 月，全国信托公司仅剩 15 家，资本总额 91500 万元，其中上海为 86000 万元，占全国总数的 93.99%。1948 年，全国信托公司有 14 家，上海占 13 家，其中包括中央信托局和通易、中一（1936 年 1 月，因官僚资本的中央信托局成立，原中央信托改为中一信托）、上海、通汇等 12 家信托公司。银行兼营信托业务的也有数家。

三、旧中国的官办信托业

在中国私营信托初步稳定的基础上，为了满足国民党政府进行金融垄断的需要，官办信托业陆续登场。1933 年 10 月，上海市兴业信托社成立。这是第一家地方性的官办信托专营机构。整整两年之后，1935 年 10 月，一家隶属于国民党官僚资本金融体系的信托机构——中央信托局在上海开业，这家旧中国最大的官办信托机构甫经亮相，它的霸气就暴露无遗。不仅拥有巨无霸式的体量（实收资本等于当时民营信托业全部实收资本的一倍以上），而且具有飞扬跋扈的霸气——连名称都要取人而代之。让成立于 1921 年、历经 15 年风云和“信交风潮”都没有撼倒的中央信托公司在 3 个月内匆匆改换名称，像避皇帝名讳一样改名“中一信托”。所以说官办信托业的实质是国民党政府利用官僚资本控制国家金融，维护自己的统治地位，这就是一个典型的例证。随后同样属于官僚资本的中央、中国、交通、农民四大银行纷纷设立信托部，也开始了兼营信托业务，形成了“四行二局一库”均涉足信托业务的局面。

官办信托机构创办初期，其公开目的是办理公共事业信托业务，但从实际经营业务范围看，同样涉足私营信托机构的业务范围，办理其他的信托业务。这些官办信托机构不仅具有一般信托机构的职能，还享有政府给予的特权，如经营范围上的特权，因而可经营政府的特殊业务。这种官办信托业从创立到发展都依赖于国民党政府，其资金均来源于中央银行，因此资本实力都比较雄厚。凡此种种，都造成了其远远超过私营信托业的优势地位。官办信托业随着抗战结束得以迅速发展。1947 年，中央信托局从中央银行分立而成为独立的金融机构，其资本也从创办时的 1000 万元增至 5000 万元。其业务范围极广，是一个综合性的信托机构，并且在许多大中城市设立分局和分支机构，业务延伸到全国 17 个工商业发达的省市。1948 年 3 月，上海市兴业信托社改组为上海市银行信托部。中央、中国、交通、农民等官僚资本银行的信托业务也随着战时敌占区业务恢复得到迅速发展。

官办信托机构由于拥有种种特殊资源，信托业务开展得比较广泛。以中央信托局为例，国外以信托局命名的此类官办机构一般都以非盈利目的开设，照章收费、按实开支，但名称上与之类似、实为官办、官营的中央信托局，则是作为官僚资本集团金融垄断的工具直接与民争利。其业务种类有：

1. 特种信托业务

特种信托业务，即以公共机关和公共团体为对象的信托业务，包括信托存款业务、信托投资业务、基金信托业务、有价证券业务、保管业务和企业信托业务。具体为：（1）国民政府的国营或公用事业，或在国民政府注册的股份公司债券、股票的募集、发行、登记、保证及代付本息；（2）特约信托，办理国民政府“公有”财产的检查或整理、设计或清算，法院指定许可的信托业务，都属于专有业务，别人不得染指。

2. 特种储蓄业务

特种储蓄业务，包括公务员储蓄、军人储蓄、团体储蓄以及其他以普通民众为吸储对象的储蓄业务。前两种储蓄也是民营信托业不准办理的。开业不久后，该局又加设后面的普通储蓄存款等一般银行业务，与民营信托业及银行业争夺社会闲散资金。

3. 保险业务

保险业务，包括财产保险和人身保险。

4. 保管业务

保管业务，主要经办国民政府机关和其他团体等的文件、契据、证券及资料的保管。

5. 购料与易货贸易

主要是一些民营机构无法做的购料与易货贸易。

6. 房地产业务

房地产业务，主要是抗战胜利后接管的房产代保管、修建与估价等业务。

中国的信托业，虽然古代就初具萌芽，但由于“重农抑商”的传统思想和商品经济基础薄弱而最终招致毁灭。而在半封建半殖民地的社会经济环境里萌芽和成长的中国信托业虽然也曾风光一时，但总体说来，较长时间里游离于信托本原业务之外，设立动机左近投机，用其名而未行其实，走过了长长的弯路。首先先天不足，创设资本少、实力差导致经营范围小，受到很大的压抑，在金融业界无显要地位。同时，在发展中，还受到在其他国家少有的官办信托的控制、排挤、打击、限制，而得不到健康发展，一直挣扎在20世纪初叶的艰难环境中。总体而言，旧中国的信托业呈现出资本薄弱、先天不足，经营不稳健、投机性突出，畸形发展的特点。

2.2.3 建国初期的社会主义信托业

新中国成立之初，国家对旧金融业包括信托业实行了不同性质的改造，但由于当时实行的是前苏联模式计划经济体制下单一的、高度集中的金融体制，商品经济的活动领域大为缩小，因而为商品经济服务的信托业就无法充分发挥其应有职能，发展逐渐萎缩，对经济生活作用日益式微，最终导致停办多年。

一、对官僚资本信托业的改造

国民党政府的“四行二局一库”所属专营和兼营信托的机构属于官僚资本进行金融垄断的核心，对其实行坚决没收、逐个接管的政策，采用了接管、清理、停办、改组或改造的不同措施。首先对国民党官办信托业包括中央信托局、中央合作金库附设的信托部、中国农民银行附设的信托部及其在各地的分支机构、旧政权的各省市政府银行附设的信托部，采取坚决的没收政策，由中国人民银行代表人民政府接管，并进行清理后停办。对旧中国银行和交通银行的信托部，则随同对官僚资本银行的接管，由中国人民银行派代表接管后，实行改组和改造。允许继续办理某些代理业务、代保管业务、仓储业务和运输业务，以及一些房地产业务。

二、对民族资本主义的信托业进行改造

对民族资本主义信托业，采取了赎买政策和“限制、利用、改造”的方针。即对一部分资力不足和缺乏正常业务基础的民营信托机构，采取停业或转业办法予以淘汰。在经济建设快速恢复的宽松形势下，通过中国人民银行对保存下来的民营信托业采取严格管理和业务疏导相结合的方针，打击投机活动，严格监督业务经营范围，指导其陆续参加联营集团继续营业。经过

3 年以国家资本主义为形式的社会主义改造后，我国民族资本主义信托业于1952 年底前实现了社会主义国有化。

三、新中国成立初期信托业的试办与停办

在对旧中国信托业接管和改造的同时，以旧中国有信托基础的城市为试点，试办了一些专营的信托公司和兼营的银行信托部。中国人民银行上海分行信托部于1949 年11 月1 日成立，领了风气之先。1951 年6 月，天津市由地方集资成立了公私合营的天津市投资公司，1955 年3 月，广东省华侨投资公司成立，办理信托业务。此外，北京、武汉等地也曾成立过信托机构，办理信托业务。

但是从1953 年起，我国仿效前苏联模式实行第一个五年计划，进行较大规模的经济建设，开始对国民经济实行集中统一的计划管理体制，导致信用高度集中于国家银行，金融体制趋于单一化。由于国内经济形势的这种变化，必然引起信托公司和银行信托业务部的业务逐渐收缩，到20 世纪50 年代中期业务基本停止。中国信托业进入了一个漫漫长冬期。

2.3 新时期的中国信托业

20 世纪70 年代末期开始的改革开放不仅给中国经济带来了决定性的转折，也给沉寂多年的中国信托业带来了复苏和发展的机遇。在迅速适应了全国经济发展客观需要的基础上，信托业在促进经济的横向联系、打破传统的计划经济体制束缚、推动社会经济发展方面发挥了一定的积极作用。但由于我国市场经济发展的历史局限，特别是在理论上缺乏对信托制度性质的认识，在实践中缺乏运行和监管两方面的经验，新时期信托业在经历了风风火火的“二计委”、“二财政”，轰轰烈烈的“二银行”以及惨惨淡淡的“二证券”的重重挫折之后，在1982 年以来逐渐强化的第五次整顿中进入新的沉寂期。直到2001 年《中华人民共和国信托法》颁布实施以及一系列的配套法规出台，才使得信托业重新进入了发展的春天。

今天，我们回顾这20年来的经历，对于重新认识中国信托业和更好地运用信托工具都有非常重要的意义。

2.3.1　业务恢复探索时期

这一阶段历时3年多，是以业务恢复探索为主的时期。这是新时期信托业恢复的初始阶段，曾一度掀起全国性的开办信托公司热潮。一般认为自1979年末新信托机构问世始，至1983年初中国人民银行工作会议开始的第一次整顿结束止。

1979年10月，中国银行总行成立了信托咨询总部。同月，中国国际信托投资公司也在北京宣告成立。这两个信托机构的问世标志着停业20多年的中国信托业重出江湖，在中国信托史上意义重大。随后，1980年6月国务院下达《国务院关于推动经济联合的通知》，指出："银行要试办各种信托业务，融通资金，推动联合。"同时，中国人民银行又分别在经济较发达的上海市和浙江嘉兴地区重新试办信托业务。当年9月9日，中国人民银行对全国除西藏以外的省、市、自治区分别下达了《关于积极开办信托业务的通知》，指示各分行利用银行机构普遍、联系面广的有利因素，在有条件的地区积极开办信托业务。在各项政策推动下，截至1981年底，全国21个省、市、自治区，有241个市、县陆续开办信托业务，业务种类在最先的委托放款、委托投资的基础上，又增加了信托货款、投资性贷款、财产信托、设备贷款及代理服务等项目。据不完全统计，到1981年6月末，各地信托存款96400多万元，信托贷款86800多万元，存差9600多万元，初步达到了促进调整，推动联合，促进企业改善经营管理，增加商品生产等方面的预定目的。这一时期成立的面向国外资金的"窗口"型信托投资公司，也由于积极的运作和宣介活动，受到了国际国内、社会各界的重视。

在1981年末至1982年中，随着财政分成制度的实行和企业自主权的进一步扩大，许多地区、部门为了发展地区经济和部门经济，纷纷自行筹款集资，组成了各种形式的信托投资公司，加上银行所属的信托投资公司，金融信托机构在短期内迅速膨胀。据有关资料介绍，信托投资公司数量突破1000家。另据一些学者统计，如果把未经银行批准，而由地方政府和各企事业单位及其他组织开办的"信托"投资公司算上，总数甚至超过2000

家。这些机构不仅与银行抢资金、争业务，人为地制造一部分资金需要，加剧了资金供求矛盾，而且，常常超范围经营，或吸收短期存款用以发放长期贷款或投资，或用银行存款发放信托贷款、信托投资。再加上盲目融资之后的盲目投资，不仅助长了固定资产投资规模的膨胀，拉长了基本建设战线，也把信托业拖入了危险的边缘。为此，国务院于1982年4月发出了［1982］61号文件，决定整顿国内信托业务。由此开始的第一次信托业整顿，其重点是进行业务清理，旨在清理非银行金融信托机构，协调金融信托与宏观调控的关系。1983年1月，全国人民银行工作会议限定信托投资公司只能经办“委托、代理、租赁、咨询”四类业务，信托业自1979年恢复以来第一次明确其业务范围。此后，各地金融信托投资机构一边清理整顿，一边继续办理业务。由于改革开放的初步成果体现出来，各地各行业预算外资金增多，信托业务随之得到较大发展，但一些“窗口”型信托投资公司的国外融资却逐步归于沉寂。

2.3.2 全面发展时期

这一阶段指从1983年下半年信托业第一次整顿结束至1985年再次遭遇全国性整顿之前的第一次全面发展时期。

1984年国家提出了进一步搞活经济的方针政策。同年6~7月，中国人民银行连续召开全国支持技术改造信贷信托会议和全国银行改革座谈会，会议指出：“信托业务是金融的轻骑兵，也是金融百货公司，更侧重于金融的市场调节”，“凡有利于引进外资、引进先进技术，有利于发展生产、搞活经济的各种信托业务都可以办理”。同时会议肯定信托业务在搞活金融、加强沿海和内地的经济联系上起到了突出的作用。从今天的视角看来，由于当时我们对现代信托认识的偏差，以及进一步搞活经济政策导向的影响，对已经露出苗头的一些问题未能及时纠正。这种情况下对信托作用的肯定和对其金融活动的鼓励，就更使得信托投资公司偏离信托本原业务，加剧了经济发展过热的现象。由于整个经济过热，又导致了信贷失控和货币投放失控，二者相互作用。信托自然而然地被作为绕开国家固定资产投资控制的方便之门，于是自发或不自发地盲目发放了一些收效甚小的信托贷款与信托投资。这样的结果必然是进一步扩大了基建规模，使本来就缺口不小的国家物资供应计划更加失去平衡。当时基本属于国有性质、直接听命于各级政府或银行的信托投资公司，在这一次失控中起到了推波助澜的作用。

1985 年，根据国务院《关于进一步搞好银行贷款检查工作的通知》精神，中国人民银行决定再次清理整顿金融信托，并停发新的信托贷款与信托投资。此项整顿重点依然在于业务清理。随着整顿的持续进行，一大批以协助地方财政绕过国家固定资产投资规模控制为设立目的的信托公司渐次步入窘态，这些风风火火的“二计委”和“二财政”趋于式微。

2.3.3　震荡发展时期

1986~1989 年，是信托业以震荡发展为主的一个时期。第二次信托大整顿之后，各信托机构经过重新组建和调整，内部建设不断加强。1986 年 1 月，国务院颁布了《中华人民共和国银行管理暂行条例》，同年 4 月，中国人民银行又据此制定发布了《金融信托投资机构清理暂行规定》。这使金融信托业务方向和经营范围得到进一步的明确，结束了信托业恢复以来无章可循的局面。1988 年全国金融信托机构达到 745 家，已成为我国金融业的一支重要力量。

当时全社会普遍存在多年的“投资饥渴”症，使整个固定资产投资增幅居高不下，规模持续高速膨胀，1988 年较 1985 年上升了 69.64%。以加快经济增长速度为核心的经济过热现象加大了对资金的需求，而众多信托投资公司又一次起了推波助澜的作用。1988 年，信托投资业的资产规模较整顿后的 1986 年增长了 1.96 倍，其中委托贷款增长了 0.91 倍。一些公司超范围吸收存款，其间开始出现的高息揽储热的不良影响滞后发作，后来严重威胁到了整个信托业的健康运行。为了绕开信贷规模控制，有的信托投资公司发放假委托贷款（甚至有些机构和地方还堂而皇之地称之为“B 类委托贷款”），有的继续超比例发放固定资金贷款，给后来的多米诺式倒闭埋下了伏笔。这一切都使信托投资业在为社会提供新的金融信用方式的同时，也严重影响了整个社会的金融信用结构，使银行体系受到影响并且加剧了社会总供给与总需求的失衡。为此，国务院当时在治理经济环境、整顿经济秩序中，将清理整顿金融信托机构作为控制货币、稳定金融的重要措施。

1998 年，随着《中共中央、国务院关于清理整顿公司的决定》的发布，第三次金融信托机构的整顿开始了。1998 年 8 月，国务院责成中国人民银行组成信托投资机构清理整顿小组。同时还规定清理整顿期间一律不准新成立信托投资公司和非银行金融机构，并要求各信托投资机构一律实行“三停”，即停止发放信托贷款、停止信托投资和停止拆出资金。这次整顿重点不仅包括业务清理，还首次涉及行业整顿：一方面对信贷规模、固定资产比例及方向、存贷利率、业务操作等进行清理整顿；另一方面开始整顿机构，撤销合并了一批公司。

2.3.4　大力整顿时期

从1990～1998年，是信托业历时最久且不断加力的严厉整顿时期。虽然我们可以依据时间顺序描述出前三次整顿，但由于业界对清理整顿和信托本原业务的理解不深，整顿的震荡在这一阶段似乎就没有停止过。直到1991年7月中国人民银行颁布《信托投资公司验收标准》，对如何规范信托业务和规范信托投资公司运营才指出了方向。

1992年初国民经济开始新的一轮快速增长时，“股票热”、“开发区热”、“房地产热”陆续席卷全国。信托投资公司在这股“热潮”中为取得资金，掀起了一股“拆借热”，高进高出、短拆长贷成为信托投资公司赖以生存发展的主要途径。但随着“经济泡沫”的破灭，信托投资公司出现了大量不良资产，信托业发展过程中潜在的巨大金融风险开始显露，以违规拆借为重点的清理整顿开始了。1993年底，国务院《关于金融体制改革的决定》明确了“分业经营，分业管理”的原则：（1）明确银行业务与信托业务必须分业经营；（2）不再批准设立新的信托投资公司；（3）商业银行控股的信托投资公司必须撤并；（4）中央银行要对信托投资公司加强监管，并对一些高度风险状态的公司采取措施；（5）要制定《信托法》，以确定信托投资公司的市场定位和监管框架。1995年5月颁布的《中华人民共和国商业银行法》，从法律上规定了银行业与信托业实行分业管理、分业经营的方针。与此同时，《信托法》也在起草之中，但由于《信托法》立法争论较多，进展缓慢，信托定位的问题仍无明确的说法。

在这一阶段中，以高进高出、违规拆借为“特色”、甚至一度还十分热闹的“二银行”型的信托投资公司被查处。1995年10月间，业界颇有影响的中银信托投资公司被关闭。信托业的困境开始显露。其后由于投资和信贷业务收缩，几乎所有的信托投资公司都只能依赖其证券业务收入维持。这种情况越来越甚，开始了一个以“二证券”为行业特征的惨淡经营期。

2.3.5　徘徊困境和转折时期

几乎连续不断的四次整顿之后，信托投资公司虽然得到了一定程度的规范，但由于信托和信托业的“定位”长期没有得到彻底解决，整个行业进入徘徊和彷徨的极度困境之中。特别是以中国农村发展信托投资公司（1996年12月）、中国新技术创业投资公司（1998年6月）、广东国际信托投资公司（1998年10月）等著名信托投资公司因巨额债务到期不能偿还而宣布倒闭为标志，中国信托业的发展陷入了空前的困境。解决中国信托业定位，已成为中国信托业发展的关键。

1999年1月国务院办公厅转发了中国人民银行整顿信托投资公司的方案。该方案确定了整顿的基本原则和目标，重新规范了信托投资公司的业务范围，严格公司设立条件，并提出了整顿工作的主要内容和措施。整顿工作的目的是，通过整顿，实现信托业与银行业、证券业严格的分业经营、分业管理，保留少量规模较大、管理严格、真正从事受托理财业务的信托投资公司，规范运作、健全监管，切实化解信托业金融风险，进一步完善金融服务体系。

整顿后的信托投资公司，必须符合的条件是：经中国人民银行确认，在核销自身呆账和投资损失后，实收资本金不得低于3亿人民币；股东必须符合中国人民银行规定的入股资格；高级管理人员必须符合中国人民银行规定的任职资格；具有健全的组织机构、管理制度和内部风险控制制度。对原有信托投资公司分别按四种方式处置：第一，对严重资不抵债的信托投资公司予以关闭或者依法宣告破产；第二，对信托投资公司在核销自身呆账和投资损失的基础上，按其主要业务，分别转为证券公司、集团财务公司，或并入国有商业银行，以及变为工商企业；第三，对不符合信托投资公司设立条件的，若干个信托投资公司可合并为一个公司；第四，对符合有关设立条件的信托投资公司可予以保留。

第五次整顿把解决长期困扰信托投资公司发展的“定位”作为目标，要求把信托投资公司真正规范为从事受托理财业务的金融机构。这个痛苦的彻底整顿和转型期，为我国信托业进入一个规范健康发展的阶段打好了基础。

2.3.6 全面规范和复苏期的中国信托业

当时光进入到2001年，中国信托业迎来全面规范和复苏的开端。首先是2001年4月28日第九届全国人民代表大会常务委员会第二十一次会议正式通过和颁布《中华人民共和国信托法》，并自2001年10月1日正式实施。《中华人民共和国信托法》颁布，使中国大陆信托和信托业结束了长期以来无法可依的局面。随后《信托投资公司管理办法》和《信托投资公司资金信托业务管理暂行办法》陆续颁布实施，彻底结束了中国信托业多年的“沉寂”格局，为各信托投资公司跃出谷底步入规范运行铺就了上行轨道。2002年5月9日，时任行业监管主角的中国人民银行颁发［2002］第5号令，根据《中华人民共和国信托法》和《中华人民共和国银行法》等法律和国务院有关规定再次对《信托投资公司管理办法》进行修订，其内容较原《信托投资公司管理办法》对信托投资公司业务开展的可操作性方面进行了重大调整，使信托投资公司在发起设立投资基金、设立信托新业务品种的操作程序、受托经营各类债券承销等方面的展业空间有了实质性突破。随后《信托投资公司资金信托业务管理暂行办法》也于2002年6月13日正式颁发，并在7月18日正式实施，进而为信托投资公司开展资金集合信托业务提供了有力的政策支撑。

这个被许多业者称为“新信托时代”的发轫，开启了信托业向“受人之托，代人理财”本原业务回归的航程，达成了五年来我国信托业的基本格局。而经历了一系列重大的洗礼、重组和整合之后的信托和信托业，表现出了下述几个方面的特点。

1. 逐步完善的相关法规和巨大的市场需求

尽管与发达国家相比，我国信托法律体系尚不完善，市场环境也未尽如人意，但应当说当前我国信托业面临的外部环境比起信托业发展初期，已发生了明显改善。首先，是法律环境的改善。继《中华人民共和国信托法》为首的“一法两规”构建起来的信托公司规范展业的政策平台初具模样之后，中国人民银行和2003年起执掌监管大任的中国银监会相继发布了几十个相关的规定、通知和法律文件，形成了逐步完善的法律法规体系。其次，是社会经济环境的变化。全球一片衰退声中连续多年创造出经济增长率平均10%左右的中国奇迹，已经使我国自2001年度的GDP总值达到1万亿美元以来连年累进而突破2万亿元水平。财产积累和可支配主体的多样化，居民个人的货币拥有量及金融性财产的快速增长，国企改革和国有经济的战略性重组，也要求国有资产管理模式必须加以改革。而各家信托投资公司五年来陆续推出的数千个资金信托产品的热销甚至是供不应求就是不争的事实。

2. 核心竞争力空前提高的信托投资公司群体

在全国批准保留的数十家信托投资公司完成重新登记后，信托机构的行业竞争力出现了一个较大提升。所谓行业竞争力，主要表现在两个方面：首先是行业理念到位，通过二十多年来风风雨雨考验的中国信托业和中国信托人，在对信托理念的探索和对信托本原业务的回归方面的过渡正在逐步完成；其次是在信托企业的法人治理结构、内控制度、资产质量等方面，都较第五次整顿之前出现了较大程度地改进与提高。虽然也有少数几家信托投资公司痼疾复发，成了新形势下的“异类”，但有如“沉舟侧畔千帆过，病树前头万木春”，一大批观念超前、按市场化规则运营、法人治理结构比较到位的信托投资公司群体，已经和正在运用全新的金融信托理念，按照市场导向和社会需求开发出大量的信托产品，例如，各种独具中国特色的资金信托、公益信托、资产担保信托、职工持股信托、国有资产管理信托等等，从而使得获得新生的信托业热潮涌动，以连续几年的不俗业绩正在树立着全新的社会形象。

3. 巨大市场需求和数量有限的信托机构

经过这一轮整顿和重新登记之后，中国的信托机构目前只保留了59家，虽然数量上有了大幅度缩减，因而在表面上对业态的影响以及对社会经济发展的影响似乎有所减弱，但与之相伴而至的是信托机构作为一类可以提供多元化金融产品和服务的金融机构，同时又具有了资源的稀缺性质。面对中国巨大的市场需求，现存的信托机构无疑将继续面临着一次空前难得的发展机遇。而几年来几乎不绝于耳的国内外机构参股、并购和重组信托投资公司甚至是质地优良的公司的消息，更是证明了中国信托业的强大生命力和广阔前景。

4. 分业管理背景下的信托业务多元化

我国目前采取分业经营的金融体制，在对信托业规范管理的同时，也对信托作为“金融百货商店”的特色带来一定约束。但与银行和其他非银行金融机构如证券、保险等行业相比，信托业由于其经营范围的广泛性，产品种类的多样性，经营手段的灵活性和服务功能的独特性，可以针对不同种类的市场需求和服务对象，通过信托品种的创新设计、组合运用，对信托财产和自有资金采取租赁、出售、贷款、投资、同业拆放等多种方式，全方位满足各类市场需求，具有极明显的综合优势。

5. 信托投资公司经营目标错位依然有待调整

回顾信托业最近二十多年的历史，信托机构往往不被看作一个完全的自主经营、自负盈亏的企业实体，常常被控股股东当作一个获得资金的“融资平台”，这一点无论其股东性质如何，也不计其股东构成及占股比例。虽然在“一法两规”的构架下，信托投资公司群体已经开始了向本原定位的回归，但这种轻视盈利能力，追求融资规模和融资贡献的经营目标上的错位依然有待调整和改进。因此，可以说五年来的信托实践证明信托投资公司经营目标错位的问题，仅仅靠“一法两规”及其补充规定、通知和法律文件的约束还没有出现根本性改观。信托业还需要通过进一步颁行法律法规等全方位的调整。

6. 信托公司业务结构的两个不均衡依然存在

（1）虽然五年来作为信托机构本原的业务——信托业务已经广泛开展起来，但发展很不均衡。其中与银行贷款类似的中短期债权性融资业务占据了当前信托资金运用的绝大部分，也就是说信托业务还深陷过分依赖短期资金筹集与贷款的不利局面，投资管理业务还远远没有成为信托业务的主流。此外，在严格的监管制度下，面对普通投资者的信托本金和收益，实质上由信托投资公司而不是由信托财产承担了管理与运用的风险，这与银行间接融资并无本质区别。

（2）“一法两规”虽然从制度上严格限定了信托投资公司的固有资产业务和信托资产业务泾渭分明的运作模式，但五年来的统计数据说明，从大多数信托投资公司固有业务与信托业务的业绩贡献上来看，其信托业务的份额未能超过其固有财产的自营业务份额。甚至由于企业年金、境外理财等创新业务对资本金的要求还导致了其有所强化的趋势，这显然与信托机构业务定位有所偏颇，也是当初的制度设计和后来的对资本金的要求之时所没有料到的问题。因此，也需要从制度和法律法规层面予以调整、限定。

2.3.7 “信托新政”下的思辨与展望

应当说，2007 年 2 月 14 日颁布并于 3 月 1 日正式实施的中国银监会

《信托公司管理办法》和《信托公司集合资金信托计划管理办法》，集五年来信托实践和信托监管之大成，开辟了业界称之为“信托新政”的“新一法两规”新局，把我国信托法律体系的日臻完善又推进了一大步。

今天我们回过头来看，是“一法两规”构成了新时期金融信托的基本制度架构，结束了中国信托业长期无法可依、摸着石头过河的尴尬历史。在这个制度架构之下，中国信托业走过了积极向上的五个年头。不过，在这样一个不容否认也无法否认的重大改观后面，中国信托业也存在一些严重的问题。因此，为了信托和信托业的健康发展，在过去五年不断颁行的《通知》、《指引》和其他文件的基础上，中国银监会主持修订了2007年版《信托公司管理办法》与《信托公司集合资金信托计划管理办法》。随着这个被业内称之为“新两规”或“新办法”的正式颁布实施，引发了广泛关注的信托“新政”的热潮，有人甚至将此称之为信托行业的“第六次整顿”。其依据无非是涉及“由监管部门对整个行业主动发起的”要求现有信托投资公司清理固有资产业务、选择过渡期和立即更名为“信托公司”的选择。而业内已经有18家信托投资公司申请直接更名的报道更是使之热闹非凡。

笔者非常反对所谓重新“整顿”的说法，因为尽管信托业存在这样那样需要整改、清理业务的问题，但任何理智、清醒的论者都清楚地看到信托及信托业这些年来的长足进步和基本发展趋势，信托业务的巨大发展与创新，包括“一法两规”等法律法规所规定的信托概念较高程度地贯彻和落实。当然，首先从加强、规范和发展信托业务层面看，信托业在向“受人之托，代人理财”本原业务虽然已有较大进展，但真正意义上回归到位还任重道远，同时由于我国信托法律制度的规定不够完善，加之起步较晚，因此多数信托投资公司还存在主要业务定位和主要营利模式不清等方面的问题。特别是一些信托投资公司有沦为控股股东融资平台和关联利益输送者的倾向，违法违规经营现象无法杜绝，而监管部门又在很大程度上难以行使有效的监管手段，以致近些年诸如庆泰信托、金信信托等重大事件时有发生。其次，从完善立法的角度来看，2002年颁行的“两规”经过近五年的发展与实践，也逐渐无法适应信托业发展的需要。一方面是许多规定已落后于实践，如信托业开展企业年金基金业务、资产证券化业务等缺乏相应的规定；另一方面，信托监管法规与所有法律法规一样，也需要随着司法实践而渐次修补、修订。如中国银监会成立后，为满足信托业和信托业务发展需要以信托监管法规的补充陆续出台的数十个临时性通知或规范性文件，不仅数量多、而且许多内容重复，层次较低、效力不足，因而也急需进行清理和整合。此外，资金信托业务中关于每一集合资金信托不得超过200份、每份金额不得低于5万元的规定不仅与飞速发展的现实渐次脱节，而且也不利于进一步的资金信托风险监管与风险防范等。在此情况下，修改“两规”既是规范并发展信托业的需要，也是加强对信托业科学监管，鼓励并引导信托业快速、健康、科学发展的需要。所以把这样一个鼓励信托业整体向上，进一步提高信托公司群体素质的“善举”描述为信托“重整”，不是眼力问题，就是哗众取宠。

应该说，尽管在原有“一法两规”的架构下，随着作为信托机构本原的信托业务的蓬勃开展，信托公司群体也已经成长壮大并且积累了相当不错的业绩和社会影响。而“新两规”的颁行不仅不是“重整”这些已经与五年前旧有信托机构不可同日而语的信托公司群体，而大力发展机构投资人、合格投资人并限制普通个人投资者，就是要从本质上改变信托风险刚性的错误倾向，真正实现由信托财产承担其在运用中的风险，完成信托公司向财产管理业务模式的战略转移。

所以，笔者以为我们可以从积极的角度着眼，预言一个向企业法人、社会团体、社会公众以及公益事业提供金融投资和财产管理服务的庞大的信托市场体系正在形成，市场呼唤一个专业化、高素质的信托公司群体和理财专家队伍，因为中国经济的健康发展需要一个提供种类齐全、多元化兼具安全性和收益性的信托品种和相关服务的金融信托行业。

第3章

信托法告诉了我们什么

信托是市场经济的产物。计划经济时代，人们只需通过银行信用制度“调拨”或者“分配”信贷资金，无需理财。多元化的市场经济使得信托行为、信托的法律和经济关系复杂起来，所以我国信托法为之作出了详尽的法律规定。本章将从信托法释义入手，谈及信托关系中的委托人、受托人和受益人以及各方关系人的权利、义务，并介绍信托法应用方面的一些实务问题。

为了弄清楚信托这种特殊的财产管理制度，本章还将首先描述构成信托的法律观念和基础知识，并力图简单、准确、明了地揭示信托的法律实质，同时扼要介绍形形色色的外国信托立法。

3.1 信托法学原理浅说

信托关系说到底是一种法律规定的受托理财关系。我们已经了解到，信托出现的基础是市场经济的发展条件下个人和企事业单位、团体对代理资产管理的强烈需求，是社会保障资金以及公益积累资金对专业的资产管理的需求。要弄清楚这种源自异国他乡的舶来品的内涵和外延，我们需从相关的法学原理入手。

在前面的章节里我们已经了解到，现代信托源于尤斯制（用益权制度）并且是英国“衡平法”长期庇护下成长起来的产物。在人类长期的司法实践中，信托已经跨越了“衡平法”和“普通法”，甚至从英美法系“跨越”到了属于大陆法系的国家。虽然实行信托制度的国家也都因地制宜地在引入时对之进行了一些改造，赋予了一些新的司法解释，但都无一例外地采用了信托基本的法学概念。

一、所有权和收益权的分离性

各国信托法规都确认，一旦信托有效设立，委托人移交予受托人的财产就变成了信托财产。按照约定，对于信托财产，受托人可以充分获得管理、处分的权利，就如同真正的所有权人一样。其他人也都以受托人作为信托财产的权利主体和法律行为的当事人来与之发生联系。但是，受托人并没有获得信托财产的收益权。也就是说，他不能够为了自己的利益去使用信托财产（至少不能够成为某个信托的唯一受益人）。不但没有从物质上毁坏信托财产的自由，而且必须妥善管理和处置它。同时，时间一到，受托人必须依照约定的方式交还信托财产，同时收取酬劳。这种信托财产的权利主体与利益主体的分离，是区别信托与其他财产管理制度的最根本特征。

二、信托财产的独立性

各国信托法规还确认，一旦信托有效设立，信托财产就成为独立于委托人、受托人和受益人的特殊财产，它仅仅服从于信托目的，而不是任何一方的自有财产。这就是说：首先，各国信托法规都严密设定了对受托人的监控措施，对信托财产与自有财产、信托财产与其他信托财产予以严格区分；其次，法律还规定在信托期间当事人三方中任何一方的债务，债权人都不能够要求用信托财产偿还；再次，信托财产的所有收益除受托人约定的酬劳之外其余全部归属于信托财产本身，但同时除非受托人失职，信托财产的任何损失也都归属于其本身。事实上，这种三方当事人的债务关系在法律上都“不可追及”的信托资产“独立性”，还被称道为信托的“破产隔离”特点，受到越来越多的关注和参与。

三、信托管理的连续性

由于信托是一种长期性和稳定性的财产管理制度，所以各国立法都肯定和确认了信托管理的连续性。这些法律规则包括：

1. 信托的存续不因受托人更迭受影响

这就是说受托人由于辞职、解职、破产、解散、死亡或丧失行为能力等等原因而不能够履行受托管理职责时，信托关系也不会因此消灭，可以按原信托文件约定办法选任，必要时可由利害关系人申请法院选任。

2. 遗产信托不因受托人缺位而影响设立

这就是说无论生前信托还是遗嘱信托，如果发生受托人缺位，例如被委托人指定的受托人无法接受、拒绝接受委任，甚至是委托人没有指定受托人，信托依然成立。如果信托文件中指定了任命人，任命人可以指定受托人。否则，也可以由法院予以选任。

3. 其他

公益信托不仅拥有上述两项特性，而且还可以在信托终止但没有信托财产权归属人时，更改为“尽可能类似”的其他公益目的延续下去。

四、信托责任的有限性

信托一旦有效设立，受托人就接受了信托财产权的转移。在一切对外关系上，受托人行使信托财产所有权人的处置和管理权。但因信托事物处理所发生的一切债务都只以信托财产为限负有限责任，并不涉及受托人的自有财产和其他信托财产。这一原则也适用于信托内部，除非受托人违反信托合同约定而造成的信托财产损失必须由其自有财产赔偿外，受托人不负其他责任，例如信托财产发生损益时的保证责任。

3.2 信托的法律关系

信托的法律关系是指担任受托人的信托公司与愿意委托其管理财产的个

人和法人（企业、事业单位、社会团体等）在信托业务中所形成的权利与义务关系。我们按照主体、客体、内容（即权利与义务）这三个方面分别介绍信托法律关系。

3.2.1　信托法律关系的主体

信托法律关系的主体是指在信托业务中参与信托法律关系、享有权利和承担义务的当事人。通常信托法律关系的参加者有三方面：一是信托人或称委托人；二是受托人；三是受益人。因此，信托法律关系的主体涉及三方当事人，即委托人、受托人和受益人。

一、委托人

委托人是信托关系的发起人，他是为了一定的目的将其财产委托给受托人以信托的方式管理的人。《中华人民共和国信托法》第十九条规定：委托人应当是具有完全民事行为能力的自然人、法人或者依法成立的其他组织。也就是说，不具有完全民事行为能力就不能够充当委托人。1986 年公布的《中华人民共和国民法通则》第十二条、第十三条和第十四条规定，未成年人、限制民事行为能力人和精神病人的民事活动由其法定代理人代理进行。在国外的信托法律中，也对诸如未成年人、禁治产人、准禁治产人及破产人不得作为委托人有明文规定。

与私益信托（就是受益人为指定的一个或数个特定人的信托）相对应，世界各国还开展了有助于社会福利事业发展的多种多样的公益信托。这些公益信托涉及十分广泛的范围，例如科学研究、医疗保健、文化教育、文娱体育、社会救济与奖励、宗教活动与其他国际活动，一般都是动员社会上的个人或法人团体赞助。设立这种公益性质信托的目的不同于以营利为目的的私益信托，它首先必须是为社会公众而不是为指定的少数自然人服务的，同时，公益信托还必须是为社会进步服务的。因此，这类信托关系一般应是永久存续的，有社会公众与国家行政监督的。所以，凡是社会学术团体，社会教育团体，社会保险、保健团体，社会救济、奖励团体等为社会公众谋利的团体（或基金会）为社会公众成立的信托均称公益信托。最有名的一个例子是一位叫约翰·哈佛的委托人以遗嘱信托方式在死后捐助资金而成立的公益信托，它的信托受益人就是现今闻名遐迩的美国哈佛大学。这个历时 300

多年的公益信托至今尚存，没有终止。

二、受益人

《中华人民共和国信托法》第四十三条规定："受益人是在信托中享有信托受益权的人。受益人可以是自然人、法人或者依法成立的其他组织。"虽然信托的成立与否不需要受益人作出任何意思表示和法律行为，但把"受益人的利益"作为信托目的就天然决定了受益人的不可或缺性。也就是说，没有受益人的信托是不能成立的。委托人与受托人的有关行为都必须以受益人的利益为目的，受这一信托目的约束。如果受益人不仅仅是一个受益人时，称为共同受益人。根据在信托关系中享受信托财产利益的不同方面，受益人还可以被区分为本金受益人和收益受益人，一般受益人和优先受益人等。

那么，什么人可以充当受益人呢？什么情况下受益人资格又要受到限制呢？我们分别予以介绍。首先我们知道，受益人从信托成立起就自然拥有信托文件约定的信托收益的索取权，因此：（1）有正常民事行为能力的自然人当然可以成为受益人，那些限制民事行为能力和无民事行为能力的人也同样可以成为受益人，参照我国继承法的有关规定甚至胎儿也可以成为信托受益人，只是这些不能自行行使其信托收益权的受益人，要由其监护人代为行使罢了。（2）法律定义中的自然人还包括一种特殊的自然人：个人合伙。我国多见于城乡个体工商业者和承包经营户，近年也有一些拥有专门技能的人才开始使用合伙形式进行经营活动。这种特殊的自然人自然也可以成为信托受益人。（3）根据全国人大法律工作委员会编制的信托法的司法解释，个人独资企业、合伙企业等虽不具有法人资格，但具有从事和参加经营活动及诉讼活动的能力，所以也可以作为"依法成立的其他组织"而成为信托受益人。（4）信托法虽然没有明确限制外国自然人和法人成为信托受益人，但根据全国人大法律工作委员会的信托法司法解释，法律法规如有禁止外国人（自然人、法人）取得某物（例如禁止卖给外国人的文物）或某项权利的限制性规定，而某信托又正是将"某物或某项权利"作为信托收益的，外国人（自然人、法人）不得成为信托受益人。（5）非人类的生命体，例如宠物，不得成为信托受益人。

关于受益人问题，《中华人民共和国信托法》还特别规定："委托人可以是受益人，也可以是同一信托的唯一受益人。”这就从法律角度认可了自益信托，而自益信托恰恰是比较普遍和活跃的主要信托种类。但《中华人民共和国信托法》又特别限定：“受托人可以是受益人，但不得是同一信托的唯一受益人。”因为如果受托人是一个信托的唯一受益人，处分权和受益权归于一体，信托就失去了设立和存在的意义。这就是说，受托人可以是受益人，但必须是多个受益人之一。

三、受托人

最后说到受托人，受托人是指接受信托财产，并按约定的信托合同，对信托财产进行经营的人。我们已经知道信托关系就是一种把财产托付给别人的关系，在这种以信任为基础的信托关系中，受托人、受益人与委托人属于互相信任的关系，其中以受托人被委托人和受益人信任为重点，因此对受托人在法律上的要求更为严格，受托人特别应该对受益人尽各种义务，承担严肃的法律责任。我国信托法中有关受托人的篇幅和条款比有关委托人和受益人的总量还多，足见其法律地位的至关重要。

《中华人民共和国信托法》第二十四条规定：“受托人应当是具有完全民事行为能力的自然人、法人。法律、行政法规对受托人的条件另有规定的，从其规定。”有关受托人资格的问题在许多国家的法律中也都有规定。特别是以经营为目的的商事信托业属于金融业范畴，所以在各国都主要是由法人机构经营。

中国银监会 2007 年颁布的、现行的《信托公司管理办法》第七条规定：“设立信托公司，应当经中国银行业监督管理委员会批准，并领取金融许可证。未经中国银行业监督管理委员会批准，任何单位和个人不得经营信托业务，任何经营单位不得在其名称中使用‘信托公司’字样。法律法规另有规定的除外”。其实早在 2002 年由当时的准入核准机构中国人民银行［2002］第 5 号令颁行的《信托投资公司管理办法》第十二条也曾规定：“未经中国人民银行批准，任何单位和个人不得经营信托业，任何经营单位不得在其名称中使用‘信托投资’字样。”所以，目前在我国，只有早前的中国人民银行和 2003 年成立的中国银监会行使了行业准入的审批权。而截至目前，这两家权威机关仅仅批准保留了 59 家信托公司可以从事信托经营活动。以其他名义设立的“信托”机构将无法受到信托法的有效保护。

3.2.2 信托法律关系的客体

信托法律关系实质上是一种信托当事人之间的财产关系，信托当事人是以一定的财产利益为目的才建立信托关系的，财产就成为借以产生这种信托关系的信托法律关系的客体。可见信托财产在信托关系中处于基础地位，没有财产就无从建立信托关系。一般说来，无论是有形的机器设备、工厂企业、土地、房屋等不动产和货币、有价证券、贵金属等动产，还是无形的著作权、工业产权等，除非所在国法律法规限制和禁止，都可作为信托财产。那么，现在在我国的法律环境中，什么样的财产和如何处置财产才能保证信托关系规范、有效呢？依据《中华人民共和国信托法》介绍如下：

1.《中华人民共和国信托法》第十四条第一款规定："受托人因承诺信托而取得的财产是信托财产。"信托成立，表明受托人承诺信托，接受管理委托人指定的资产。委托人应该按信托文件的约定将有关财产转移到受托人名下，由受托人以自己的名义实施管理和处分。这部分财产被视为初始的信托财产。由于各个国家的政治、经济、历史和文化传统等不尽相同，因此，不同的国家对不同的信托财产有不同的规定，即使在同一国家，不同的历史时期或不同的信托机构，也可能有不同的规定。一般来讲，只要委托人拥有财产权的财产，都可作为信托财产，除非法律法规专门作出限制。

2. 通常的情况下，信托的目的无疑是保全信托财产的原有价值并谋求相应的增值。《中华人民共和国信托法》第十四条第二款规定："受托人因信托财产的管理运用、处分或者其他情形而取得的财产，也归入信托财产。"所以我们上面讨论到的初始信托财产经过受托人的经营管理和处置之后，由于受托人的经营水平、经济发展等外部原因和环境等诸多因素的影响，随着时间推移可能会有所增值，可能会变化形态，可能会孳生其他资产，可能会获得某些新的权益，但也可能会遭受损毁和灭失。这些当然都应归入信托财产。

3. 各国法律法规都对信托财产有所限制，《中华人民共和国信托法》第十四条第三款限定："法律、行政法规禁止流通的财产，不得作为信托财产。"根据全国人大法律工作委员会编制的信托法的司法解释，从维护国家利益和社会公共利益的需要出发，我国现行法律法规禁止流通的财产主要包括：

（1）专属国家所有的财产，如矿藏、水流、森林、山岭等自然资源，全民所有的博物馆和其他单位的文物藏品等；

（2）军用武器、弹药；

（3）淫秽的书刊、影片、录像带、录音带、图片等。

以禁止流通的财产来设立信托，由于这些信托财产不符合法定要求，所以是无效的。

4.《中华人民共和国信托法》第十四条第三款限定："法律、行政法规限制流通的财产，依法经有关主管部门批准后，可以作为信托财产。"对此全国人大法律工作委员会编制的信托法的司法解释是，在社会经济生活中，某些特定物的流通虽然不必要也不应当绝对禁止，但毫无限制地流通又可能会对国家利益、经济秩序或公民合法权益造成不利影响。而为我国现行法律法规限制流通的财产主要包括：

（1）城乡土地使用权；

（2）全民所有的水面、滩涂使用权；

（3）烟草专卖品；

（4）麻醉品；

（5）探矿权、采矿权；

（6）用材林、经济林、薪炭林及其林地、采伐迹地、火烧迹地的林地使用权；

（7）国家重点保护的野生动物及其产品等等。

以限制流通的财产设立信托前，应该依法经过有关主管部门批准，取得该项财产的流通转让许可后，这种财产才可以作为适合的信托财产，以其设立的信托才是有效信托。

3.2.3　信托法律关系的内容

信托法律关系的内容，就是构成信托法律关系主体的三方当事人在信托法律关系中所享有的权利和承担的义务。这些权利和义务是连接三方主体的纽带。所以也可以说，信托法律关系的实质就是权利义务关系。

一、权利义务的信托法律定义

信托法律关系中三方当事人的权利，就是指在信托法律法规确认和保护下的当事人拥有的某种权能，或者说就是指当事人在一定条件下实现其意志或利益的可能性，即权利人自己有权作出一定的行为，也可以要求他人作出某种行为或者抑制一定的行为。

信托法律关系中三方当事人的义务，就是指在信托法律法规确认和保护下的当事人必须承担的某种责任，或者说就是指当事人为满足权利主体的要求而履行某种行为的必要性。它既可以表现为作出一定的行为，也可以表现为抑制一定的行为，以满足权利人的利益。其特点是具有无条件性、严格性和强制性。

虽然，作为信托法律关系主体，三方当事人在信托中具体的权利与义务因各国信托法律体系的规定而不尽相同，但其基本方面还是相同的。

二、委托人的权利和义务

《中华人民共和国信托法》第四章第一节中对委托人的权利和义务作出了详细规定，总结起来如下：

（一）委托人的主要权利

1. 有权依法选择财产管理人，也就是说，有权基于自愿的原则，按照民法和信托法律法规的标准选择负责信托财产的经营和处理的受托人。

2. 有权依法解任受托人。受托人违反信托目的处分信托财产或者管理运用、处分信托财产有重大过失的，委托人有权依照信托文件的规定解任受托人，或者申请人民法院解任受托人。

3. 在受托人职责终止且信托文件无受托人选任规定时，有第一位序的新受托人选任权。

4. 有权要求受托人按照信托合同的规定管理和处理信托财产。

5. 当发生设立信托时未能预见的特别事由，致使信托财产的管理办法不利于实现信托目的或者不符合受益人的利益时，委托人有权要求受托人调整该信托财产的管理办法。

6. 有权了解其信托财产的管理运用、处分及收支情况，有权要求受托人作出说明。

7. 有权查阅、抄录、复制有关信托财产的管理和处理资料。

8. 当受托人违反信托目的处分信托财产或者因违反管理职责、处理信托事务不当致使信托财产受到损失的，委托人有权申请人民法院撤销该处分行为，并有权要求委托人恢复信托财产原状或者予以赔偿。

9. 有权对被强制执行的信托财产提出异议。

（二）委托人的主要义务

1. 依据信托法律法规与受托人设定信托。

2. 按照信托合同的规定支付有关费用。

3. 按照信托合同的规定及时将信托财产交付给受托人。

4. 承担信托合同规定的损失。

三、受托人的权利和义务

（一）受托人的主要权利

1. 有权按照信托法和信托合同的规定管理和处理信托财产。

2. 有权要求委托人及时交付信托财产。

3. 有权依照信托法规定和信托文件的约定取得信托报酬。

4. 有权向受益人索取处理信托事务的费用并要求受益人补偿损失。

5. 有权与其他共同受托人享受同等权利。

6. 因处理信托事务所支出的费用、对第三人所负债务，若受托人以其固有财产先行支付的，对信托财产享有优先受偿的权利。

7. 约定的报酬经信托当事人协商同意，可以增减其数额。

8. 其他共同受托人职责终止时，自然获得或与剩余其他共同受托人分享信托财产管理和处分权。

9. 受托人可以是受益人，但不得是同一信托的唯一受益人。

（二）受托人的主要义务

1. 应尽保管人的职责，恪尽职守，诚实、守信、谨慎、有效地管理信托事务。

2. 因违反信托合同而处理信托财产后，有义务恢复该信托财产的原状。

3. 因管理不当造成信托财产损失的，有义务承担赔偿责任。

4. 遵守信托文件的规定，正确、合法、全面、及时地履行义务，为受益人的最大利益处理信托事务。

5. 应当将信托财产与自己所有的财产分别管理，不同委托人或不同受益人的信托财产也须分别管理。

6. 以信托财产为限向受益人承担支付信托利益的义务。

7. 除依法取得报酬外，不得利用信托财产为自己谋取利益。

8. 应当自行处理信托事务，信托文件规定或有不得已事由而委托他人代为处理的，应当对他人处理信托事务的行为承担责任。

9. 依照信托文件约定要求辞任时，在新受托人选出前仍应履行管理信托事务的职责。

10. 共同受托人之一因管理不当造成信托财产损失的，有义务承担连带赔偿责任。

11. 每年定期将信托财产的管理运用、处分及收支情况报告委托人和受益人。

12. 保存处理信托事务的完整记录。

（三）《中华人民共和国信托法》中对受托人义务的主要规定

在我国现行法律法规中对受托人义务规定了许多条，《中华人民共和国信托法》对此也占用了相当大的篇幅（相对于委托人和受益人的分别是5条和7条，而受托人占有19条之多）。这里我们简要概括，力求强调受托人最基本的义务和责任。

1. 恪尽职守、诚信谨慎、有效管理的义务

受人之托，代人理财，这是受托人最基本的义务。具体说来，就是按照信托文件约定，恪尽职守，按照诚实、守信、谨慎、有效管理的方针，以受益人的最大利益为原则处理信托事务。这是信托特性的体现，也是信托关系对受托人的基本要求。如果违反上述原则和基本义务，受托人就要承担违法的故意过失甚或重大过失的责任。而且这种责任，不是当事人可以私下约定免除的。

受托人对信托的基本义务还包括：受托人必须履行义务，为受益人的最大利益处理信托事务；对于信托财产在管理、处置的信托过程中应承担使其增值、收益的义务；信托财产的使用与受让规定的义务；信托财产区分管理的义务；以及承担信托财产按规定运用等义务。

2. 尽职尽责、守法经营的义务

受托人在信托事物处理中，第一，要依据与信托三方当事人共同约定的信托文件管理运营，不能擅自违反；第二，如果事后发现信托文件的有关约定与国家有关法律法规及政策有相悖之处，特别是新的法律法规颁布和国家有关政策调整的情况下，受托人有义务及时向委托人或受益人提出报告，要

求调整或变更信托文件，决不能盲目继续履行或运用。否则，既违反法律和政策，也没有尽到受托人的义务，还可能导致不良后果；第三，受托人在经营管理信托事务的过程中，对于信托财产上并非因自身责任而形成的债务，应履行清偿义务。当然这种清偿应以信托财产为限，以信托文件规定的要求为限。如遇明显不能清偿信托债务的情况，受托人应请求受益人承诺处分信托财产，或按照破产法等规定，负责申请调解或破产。总之，尽职尽责、守法经营也是受托人基本的义务。

3. 泾渭分明、公平公正的义务

各国信托法中都要求受托人将接受的信托财产与本身固有的财产分开管理经营，而且还要对不同的信托财产实行严格区分、单独管理，并且严格限制相互交易。这是保持信托财产独立性所要求的。因为在受托人经营管理信托事务时，作为受托者往往会既有自己的固有财产，也有接受的信托财产，而具有双重身份的受托人既有个人的立场，又要服务于信托目的——受益人利益的最大化。但不同受益人的最大利益、受托人自己的利益往往无法在同一件商务活动中完全一致，特别是在这些资产之间进行交易和买卖时更是如此。如果允许混合在一起经营或者相互交易，就难免损害到某一方的权益，同时也为一些不良受托人作弊留下了空间。因而，只能在法律上予以严格限制。如果相互交易属于迫不得已，则要事先征得委托人或者受益人同意，并以公平的市场价格成交。作为特例，有时会遇到同一个委托人有多种信托财产托付于同一个受托人，这种情况下受托人也要将委托人交付的多种财产分别管理，不能混淆，因为信托目的不同，也同样会引起不同受益人主体的利益冲突。即便是受益人完全相同，也会因为对收益和风险的区别而导致管理处分的方法不同，所以也必须视同不同受益人的情况予以分别管理。这也是受托人应尽的义务，不得以任何原因拖沓推诿。当然，信托契约或遗嘱中另有规定的不在此限。

4. 严于律已、过失赔偿的义务

受托人诚信律己、有效管理信托财产，按照约定获取报酬是正当的权利，甚至在特殊情况下，向另外两方当事人协商增加报酬的数额都是法律允许的，但是法律严格禁止受托人染指因经营管理信托事务而产生的各种收益，如金钱的孳息、实物财产的生利、有价证券买卖的获益等等，也包括由于经营管理取得其他权利（债权、受益权）等信托收益。这些都应该无条件地由受托人负责归入信托财产，而不能作为受托人自身的收益。也就是说上述各种收益或权利产生于信托财产，也应归回信托财产，这是以受益人利益最大化为设立目的的信托自身题中应有之义。否则，就是法律上严厉禁止的受托人营私归己，是侵占他人财产和权益的严重违法问题。至于如何交付受益人，则按信托契约、遗嘱等规定处理。

受托人因处理信托事物不当或发生过失，或违反信托目的处理信托财产，或逾越权限而造成损失，对于委托人或受益人应负赔偿的责任。如果导致信托资产形态不当变化，必须负责恢复原状，所费部分也应由受托人固有财产支付，这也是受托人的应负的责任和应尽的义务。

5. 用人不慎、代人受过的义务

委托人是基于信任关系委托受托人处理信托事物的，所以在通常情况下，受托人应亲历亲为处理信托事务。就是说既然答应了委托人的要求，在办理信托事务时，一定要自己去执行。这是因为，这种信任是建立在委托人对受托人资质、能力、人品、见识、业绩等较为个性化的了解的基础上的。所以如果交给他人处理，便违背了委托人对受托人的信任。但随着科技进步或者别人另有所长，或遇到不得不托人代办的情形，事先经委托人同意，也可商请第三者代为处理有关信托事务。但首先，这种再代理关系必须是建立在为受益人利益最大化这一信托目的服务的基础之上的。其次是在这种再代理关系中代受托人处理信托事务的第三者仅仅是受托人的代表，并未改变原有的受托人、委托人与受益人的信托法律主体关系。第三者的一切行为都将视同受托人自己的行为，负同样的法律责任。当然，如受托人未得到委托人的同意，贸然使用第三人代为处理信托事务，对受托人的这种行为委托人可不予承认，对信托财产造成的任何损毁和改变都不能由信托财产负责，而应该由受托人自己的固有财产予以赔偿。

四、受益人的权利和义务

受益人的主要权利有：

1. 自信托生效之日起享有信托受益权；

2. 共同受益人按照信托文件的规定享受信托利益，信托文件作规定时，按照均等的比例享受信托利益；

3. 放弃信托受益权的权利，全体受益人放弃信托受益权时终止信托的权利；

4. 共同受益人在其他受益人放弃信托受益权时按信托文件和信托法律顺序获得的权利；

5. 受益人使用其信托受益权清偿自有财产无法清偿的到期债务的权利，信托文件和法律法规限定的例外；

6. 信托受益权依法转让和继承的权利，信托文件和法律法规限定的除外；

7. 有权取消受托人违反信托合同规定对信托财产的处理；

8. 受托人职责终止时，受益人有在委托人之后的选任权利；

9. 在信托结束的最终决算时，须经受益人确认才能解除受托人责任的权利；

10. 受益人行使上述权利，与委托人意见不一致时，申请人民法院作出裁定的权利。

3.2.4 信托法律关系的设立、变更与终止

信托是委托人自愿设立的一种行为，它构成了委托人决定受益人和选任受托人的基本法律关系。这种关系可以因最初委托人与受托人之间的法律文书——信托文件而设立，也可以因信托文件达到信托目标和其他原因而终止。在这一过程中还可以予以变更。下面分别进行介绍。

一、信托的设立

设立信托，有两个必备的法律要件。首先，必须有合法的信托目的。设立信托总是出于一定的信托目的，如为了受益人利益的最大化，或者其他特定目的。但是，《中华人民共和国信托法》第十一条规定“信托目的违反法律、行政法规或者损害社会公共利益”，“专以诉讼或者讨债为目的设立信托”等等都是法律所禁止的，所设信托也是无效的。当然，如果在合法之列，委托人尽可以其所好作为信托目的设立信托。而信托实践证明，信托目的具有充分的自由性和多样性，信托的天空从来都是绚丽多彩的。其次，必须有确定的信托财产，并且该信托财产必须是委托人合法所拥有的财产。否则，基于其上的信托关系无法稳定、有效，也就失去了设立信托的初衷。对于信托财产，有关法律、行政法规规定需办理登记手续的，应当依法办理。

如果没有登记又不及时补办，该信托就不产生效力。

信托法还规定：设立信托，还应当采取书面形式（信托合同、遗嘱或者法律、行政法规规定的其他书面文件等）。委托人在依法选定了信托目的和信托财产后，就一定要与受托人达成一致，并且以信托文件例如信托合同的形式作出明确的设立信托的意思表示。这种信托合同的法律特征包括：

1. 受托人以自己的名义代表信托财产对外进行经济交往，即信托公司依照信托文件的约定进行经济活动时，将不是以委托人的名义而是以自己的名义同第三人建立经济关系。

2. 采取信托合同形式设立信托的，信托合同签订时，信托成立。采取其他书面形式设立信托的，受托人承诺信托时，信托成立。当然信托文件属于实践性文本，还必须伴随着信托标的物，即信托财产转移到受托人名下。

3. 信托合同是有偿合同，即委托人应该向受托人支付一定的报酬。

信托合同的条款主要有：（1）信托目的；（2）委托人、受托人的姓名或者名称、住所；（3）受益人或者受益人范围；（4）信托财产的范围、种类及状况；（5）受益人取得信托利益的形式、方法。除前款所列事项外，可以载明信托期限、信托财产的管理方法、受托人的报酬、新受托人的选任方式、信托终止事由等事项。其中，信托财产的移交方法、信托业务的处理手续和方法、各项费用的计算方法和收付标准、财务报告的提供等等都需要详细列出。

二、信托的变更

信托关系一旦成立，就对信托当事人产生法律效力。而信托这种法律关系的变更，必定是在信托法律关系的三要素（主体、客体、内容）发生了变化的前提下。信托法给予委托人这种变更既定信托法律关系的权利。《中华人民共和国信托法》第五十一条规定："设立信托后，有下列情形之一的，委托人可以变更受益人或者处分受益人的信托受益权：（一）受益人对委托人有重大侵权行为；（二）受益人对其他共同受益人有重大侵权行为；（三）经受益人同意；（四）信托文件规定的其他情形。"根据信托的法律本质，委托人通常情况下不能随意变更和剥夺受益人的受益权，但是如果发生受益人对委托人有重大侵权行为，给委托人的人身、财产或者其他合法权益造成重大伤害时，基于社会正义和伦理道德，可全部或部分剥夺受益人的信托受益权；同理，当有共同受益人时，如果发生某受益人对其他受益人有重大侵权行为，委托人也可以同样予以处置；再就是受益权是受益人自己的民事权利，本身有权予以处理，受益人可以同意委托人对信托受益关系有所变更，也可以自行放弃部分或全部权利；最后，除了前面几种法定情形外，委托人还可以在信托文件最初订立时就设定一些条件，使其在某些情形出现时自动生效变更。

三、信托的终止

信托法律关系的终止，指信托法律关系主体之间权利与义务的结束。信托法律关系终止还可以细分为信托正常终止与信托非正常终止（撤销与解除）两种形式。《中华人民共和国信托法》第五十三条规定的信托终止中有四种情况属于正常终止、两种情况属于非正常终止。

1. 信托文件规定的终止事由发生

设立信托的信托文件（信托合同、遗嘱或者其他书面文件）可以预先设定信托终止条件，当终止条件达到时自动结束信托关系。特殊的终止条件，如信托文件可以约定终止期限，届时自动结束。

2. 信托的存续违反信托目的

信托目的是信托关系成立和存续的最基本要素，当信托的存续违反信托设立的目的时，自然没有不被终止的理由了。例如为保护环境而研究开发某种新的能源，当研究结果发现新的能源会对环境产生另外的严重污染时就是如此。

3. 信托目的已经实现或者不能实现

信托目的与信托存续的关系正如一句成语：皮之不存毛将附焉。信托目标已经实现或者因为某种不可改变的现实（如受益人死亡等等）导致根本无法实现的情况下，信托终止。

4. 信托当事人协商同意

信托本来就是委托人自愿基于对受托人的信任，由受托人为受益人的利益进行财产管理的制度，三方当事人当然也可以依据共同意志，使信托终止。

5. 信托被撤销

专指委托人设立信托损害了其债权人利益时，由该债权人申请人民法院对该信托予以撤销的情况。

6. 信托被解除

是指信托存续期间，信托当事人基于信托文件和法律规定，行使解除权而使信托终止的行为。除前面“信托的变更”一节中陈述的受益人侵权伤害和预先设定两种解除信托的情况外，委托人是唯一受益人的，其本人和继承人也可以解除信托，使之终止。

3.3 形形色色的外国信托立法

信托业不同于一般的工商企业，作为整个社会经济生活中最敏感和影响最广的三大金融支柱之一，其行为是否规范不仅影响到自身，还会直接影响到国家金融和经济的正常运转，所以每一个追求稳定、效率的国家，都特别注重信托业法律法规体系的建立和调整。本节简述英、美、日、德等信托和经济发达国家的信托立法。

3.3.1 英国信托立法

在发达的西方国家中，英国金融体制的发展历史最为悠久，迄今已近300年。现代信托作为金融体制中一个极其重要的组成部分，其立法起源于1893年《受托人条例》和1896年《官选受托人条例》的公布。在英国从“尤斯制”以来的历史中，信托本身就基于当事人彼此的情谊关系或信任，是无偿的，而不具有营利目的。但英国也非个个绅士、人人圣贤，信托过程中难免出现纠纷甚至发生诈骗等不良行为。《受托人条例》的公布，确定了受托人与委托人之间信托行为的准则。《受托人条例》有1893年和1926年两个版本。但《受托人条例》只能作为对受托人行为的规范，而不能勉强别人成为受托人。由于可资选任的受托人太少，而信托业务需求不断增加，形成供求差距，当时许多人不断向政府呈报没有合适的受托人可以受托，于是就有了《官选受托人条例》的制定和颁行。当时被当作紧急法律公布的该条例规定，遇到有人申请受托人时，由法院或政府代为选任，被选定的称作官选受托人。这种官选受托人履任时必须向法院提供财产担保，当然也在受理信托事务时收取报酬。虽然这与“英国特色”和传统有违，但作为一种制度的进步并且满足了市场需求，也就为社会接受了。由于官选受托人处理信托事务对法院负责，英国的法院对之监督甚严，远远超过了对普通受托人的监督，使这一制度天然的不够合理。但毕竟由此推动了英国的信托正式从无偿渐次转向有偿，也解决了许多因为缺少委托人无法处置的信托事务。例如遇到亲朋好友中没有适合充任受托人的情况，或者遗嘱人未在遗嘱中列明受托人，或者虽然列明但其人病亡或其他原因已不存在或无法视事，或者虽健在而不愿担当受托人等情况。

或许官选本身就是政府干预太多的表现，加上监管又宽严不均，也可能还有一些其他的原因使然，最后总归是官选受托人制度在英国实行的效果并不理想。一方面是向法院申请选任官选受托人的为数寥寥，另一方面是私人受托现象和受托人人数都不断增加。所以政府一改过去英国立法中一直否定法人信托存在的惯例，允许法人作为受托人，并设立官设受托人，先后颁行了《团体法人条例》、《官设受托人条例》（又称《官立信托局条例》）和《官设受托人收费章程》。这些法律法规明确：官设受托人具有法人资格。此后还依法在 1908 年正式成立官立信托局，从而大大推动了受托人从非营利目的的受托转变为以营利为目的的经营行为。特别是在 1920 年英国批准《凡尔赛和平条约》生效后，依据英美法系与大陆法系结合的“混合仲裁法院”的裁判，重申了法人与个人都可管理信托财产，进一步保障了法人管理信托财产的法律依据。令人遗憾的是回溯英国信托立法史，至今除了如上条例未曾有过关于信托与信托机构的专门法律，实在与现代信托起源地的地位不太适应。这或许也是“盎格鲁·撒克逊”人的传统和他们的法律体系崇尚判例的遗风使然吧。

3.3.2　美国信托立法

英美两国有许多文化、法律和传统等方面的传承关系，因此，不仅英国信托立法上的一些基本原则都适用于美国，连缺乏专门统一的信托法和信托业法也都保持了一致。当然，美国也有青出于蓝胜于蓝的地方，例如虽然美国的信托是从英国传承过来的，但作为市场经济氛围最为浓厚和最具开拓创新能力的移民国家，不仅迅速成长为信托业最为发达的国家，而其最早的信托业立法，居然还先于“老师”英国。

一、美国信托立法的法人信托特征

其实，美国信托业与英国及许多国家相同的，就是信托立法远远落后于信托实践。美国早在19世纪初叶就频频出现了保险、信托兼营的公司和专营信托的公司，但一直到大约半个世纪之后的19世纪末期才出现信托立法。1887年美国的纽约州发布了一个关于信托机构的法律，它的内容包括信托机构的设立、组织及其他有关信托问题。这已经是相当离经叛道了，因为在英国立法中一直就否定法人信托的地位。但当时美国东北部的农业、商业、工业和矿业发展极为迅速，产生了大量的信托需求，而在连老牌的前宗主国都为缺乏足够的令人信服的受托人发愁的时候，在新大陆的“拓荒人群”中哪里可能找到足够的这类人才呢？所以市场再一次伸出“无形的手”把建立、发展法人受托和商事信托的机遇给予了美国，使它从一开始就把发展法人信托放在首位，以法人信托为基础开始了美国的信托立法。而随后在1896年，《通用公司法》（General Corporation Law）和《有限公司法》（Stock Corporation Law）形成了美国信托立法的初步格局，也为美国最早的信托公司的生存和发展起到决定性的推动作用。至今在美国金融界前50强中称雄一方的诸如摩根、汉华、欧文银行和财团等都是由信托公司起家的，它们几乎都是根据美国1913年《联邦储备银行法》的规定以商业银行兼营信托业务继续发展至今的。虽然《1933年银行法》及其一系列法律法案标志着美国乃至世界的商业银行和投资银行自20世纪30年代开始彻底分野（以分业经营为特征的体制在许多国家还保持至今），可是令人惊叹的是，美国从1913年《联邦储备银行法》开始所形成的银行兼营信托业务的格局在分业经营的大潮之下居然得以保持，而且还因为其连通资本、资金两大市场的重要作用而得到不同程度的加强。1940年美国颁行了《联邦投资公司法》，规定其有权把股东或债券持有者的资金投资于其他公司证券，以代替个人单独投资。这事实上就是利用集合投资吸收社会闲散资金，拓宽社会公众投资渠道，利用信托工具保证投资者在较低风险的基础上享受投资收益。1965年美国纽约州修订公司法，针对“表决权信托”作出一些新的规定，使股权资产与“表决权”的分离行使有了法律保障。

应该说，虽然美国时至今日也没有为信托专门定义、立法，但在法人信托和商事信托方面，它依然是立法较为完备、完善的先进国家。

二、美国信托业务的法律规定

美国根据其信托机构主要是商业银行兼营的信托部的形式，制订了有别于信托专营的重在隔绝银行业务与信托业务的法律规定，其主要内容涉及四个方面：（1）信托的种类；（2）信托财产及信托关系人；（3）谨慎投资和利益冲突原则；（4）监督管理。

美国因其高度发达的商品经济氛围，创造了许许多多的信托品种，极大地丰富了信托业宝库（我们将在信托种类和如何使用信托等章节里从不同角度分别介绍）。美国信托机构除办理普通的信托业务外，还可办理投资管理人和经纪人的业务。

美国的信托法律中，信托财产、信托关系人（信托人、受托人和受益人）等与我们大致相同，不过由于我们前面提及的立法特点的原因，其受托人的权力来自联邦或州的成文法、习惯法和有关文件，但同样要求受托人：（1）严格履行信托契约规定；（2）谨慎管理、处置信托财产，不能追求赢利而违反经营信托财产的法律规定；（3）向受益人报告经营情况。

鉴于兼营特点，美国的信托法律还特别规定受托人必须严格执行内部隔绝制度并按例接受现场检查：（1）不得将信托财产与银行资金（固有资产）混同使用；（2）不得挪用信托财产中的现金或易变现资产从事同业拆借，私下获取收益；（3）不得用信托财产购买和拉抬本公司的股票；（4）只能以代理人身份通过信托业务进行只收取手续费收入的证券投资，禁止其他任何证券投资活动；（5）在经营银行业务与信托业务时，实行严格的内部信息隔绝制度。

美国的信托法律还规定，在商业银行信托部按月、按季上报有关信托业务的经营报告和各种会计、统计报表的基础上。定期分别由美国联邦储备委员会、货币监理局、联邦存款保险公司等金融管理机构定期对有关的银行信托部进行现场检查。现场检查的内容主要有六个方面，即信托业务和稽核的检查、资产结构的检查、会计统计的检查、监督体制的检查、利益冲突的检查以及机构收益和发展趋势的检查。

3.3.3 日本信托立法

日本的信托法规体系最为完备，不仅有信托法，还有信托业法和信托与银行业务的兼营法，即便是对于一些专门性强的信托业务，也分别单独立法，例如贷款信托法、担保公司债信托法、证券投资信托法等等。日本的法律体系虽然属于大陆法系，但又受到美国法学思想和法学教育的很大影响，当然还依旧保留了许多具有东方文化色彩的民族传统法学观念。日本信托法作为民法的特别法，属于私法的范围，是信托的基本法。它对什么是信托、受托者和受益者的权利与义务等都做了规定。与经营信托有关的法规有信托业法、兼营法等，是信托法之下的特别法。而其他具体业务法律又是信托业法、兼营法之下的次一级特别法。

日本自明治维新始，大力引进和学习西方国家经验，也从美国引入了信托制度。针对在信托实践中出现的一些问题和在以往国家法令和法规中已经出现的不完整的信托规定，日本1905年颁行了《附加担保公司债券信托法》。此法虽然条文较粗疏，但早于其信托法十多年，是日本最早的现代信托的统一法律。之后，日本于1922年公布了《信托法》和《信托业法》，在20世纪70年代以前这两个法律在执行中分别多次进行过修改，最后才形成现在的文本。

日本自1922年颁行《信托法》与作为信托取缔法的《信托业法》以后，自20世纪40～80年代又陆续颁行和修订了许多关于信托的法规，构筑了堪称世界上最完备的信托业务法律体系。如《关于普通银行兼营信托业务的法律》、《关于普通银行兼营信托业务的法律施行规则》、《贷款信托法》。此外，还颁行了不少与证券投资信托、不动产信托有关的法规，如《公司债等的登记法》、《证券投资信托法》、《信托用地、建筑交易（行）业法》、《国土利用计划法》、《不动产鉴定评价法》和《股票等的保管及转账法》等。日本人这种孜孜不倦的立法和严格执法精神，也获得了信托丰厚的回报。在日本经济飞速发展的年头里，信托在融集社会资源、提供中长期资金支持方面功绩卓著，称之为日本起飞的跑道也决非过誉。

日本《信托法》的主要内容包括：明确信托的定义，规定信托关系人之间的关系及信托从成立到结束的一系列基本原则。它在以下几个方面特色鲜明：

1. 强调了信托财产的独立性（隔离性）

受托者管理信托财产产生的债权与不属于信托财产的债务不得相互冲抵，不得因受托者负有债务，就对属于信托的财产强制执行、临时扣押、处分或拍卖；此外，受托者管理的某一信托财产产生的债权也不得与其他信托财产的债务相抵。

2. 委托者

委托者，即让受托者遵循一定的目的对信托财产加以管理和处理的人。

具有签订合同能力的个人、法人和不具备法人资格的团体均可以成为委托者。与我国的规定有别的是对于受托者的辞任的承诺权，以及当成为唯一受益者享受全部信托利益时具有信托的解除权。

3. 受益者

受益者，即享受信托利益的人。

与我国的规定有别的还有信托结束时对最终决算的承认权，在受益者为非特定或尚未存在时，法律上允许设立信托管理人，代受益者行使权利。

4. 受托者

受托者，即按照信托行为的规定对信托财产加以管理或处理的人。

未成年人、禁治产者、准禁治产者及破产者不得成为受托者。与我国的规定有别的还有，受托者享有要求获得信托报酬和向受益者索取处理信托事务的费用和补偿损失的权力。

5. 信托的结束

除正常的结束和法律裁定结束外，日本规定以下情况也可被认定是信托结束：自益信托时，委托人和其继承人可随时解除信托；他益信托时，受益者非以信托财产不能偿还其全部债务，或者有其他迫不得已的事由时。

6. 财产归属

信托结束时，信托财产原则上归属信托行为所规定的权利归属者，即信托合同或遗嘱上规定的受益者；如果信托行为没有规定权利归属者，或者虽已规定但其不存在时，信托财产归属于委托人或其继承人。公益信托时，出现无权利归属者的情况，主管官署可以继续设立类似目的的信托。

7. 信托的监督

与我国由中央银行和银监会监督体制不同的是，日本民事信托的监督由法院进行。根据利害关系人的请求或职权约定，法院可以检查信托及其处置情况。根据需要还可选任人员组织检查委员会，在检查后令信托机构作出必要的处理及补正。法院权利包括：（1）决定选任信托管理人，并要求给付报酬；（2）批准信托财产作为其受托人的自有财产；（3）决定变更信托财产的管理方法；（4）批准受托者的辞任；（5）决定解任受托者。

第4章 信托公司应该做什么

若问过去的信托公司做过什么，比较容易回答；但若问信托公司应该做什么，却不太容易说清。五年来，以《中华人民共和国信托法》为首的“一法两规”以及今天的“新两规”为我们廓清了这一问题，初步构筑了中国信托业的作业平台。

本章将分门别类地解剖麻雀，细述信托公司的主要业务、业务特点和社会作用，同时还对可能的业务发展方向作出展望。

从1999年开始，按照全国金融工作会议的要求，我国对原有239家信托公司进行了整顿。经过整顿，相当一部分公司已以多种形式退出了信托市场，少量规模较大、经营较好的信托公司得到保留。随着《中华人民共和国信托法》、《信托投资公司管理办法》和《信托投资公司资金信托业务管理暂行办法》的颁布和实施，五年来陆续完成重新登记工作的我国信托业基本告别了业务范围混乱不清的历史，从过往二十多年中以信贷、实业和证券为主要收入来源的模式，逐渐转向以“受人之托，代人理财”为主营业务，以收取手续费、佣金为主要收入来源的模式。根据中国银监会2007年2月14日正式颁布并从2007年3月1日起正式实施的《信托公司管理办法》第十六条的规定，信托公司可以申请经营下列部分或者全部本外币业务：（1）资金信托等五大类信托业务；（2）作为投资基金或者基金管理公司的发起人从事投资基金业务；（3）投资银行业务：包括经营企业资产的重组、购并及项目融资、公司理财、财务顾问等业务；（4）受托经营国务院有关部门批准的证券承销业务；（5）中间业务：包括办理居间、咨询、资信调查等业务，代保管及保管箱业务；（6）自有资金的投资、贷款和担保等业务；（7）法律法规规定或中国银监会批准的其他业务。

上述十多类业务又可以简单划分为信托类业务、中介与投资银行业务、固有资产管理运用业务等三大类。

4.1 信托业务

根据中国银监会2007年版的《信托公司管理办法》的规定，信托公司可以经营信托业务，包括资金信托、动产信托、不动产信托、有价证券信托及其他财产的信托业务和公益信托业务。其中，资金信托是以货币资金为信托财产的信托业务，由于目前信托财产多以货币资金形式存在，信托公司最主要的业务还是资金信托业务；动产信托是以机器设备、交通运输工具等财产为信托财产的信托业务；不动产信托是以房屋、土地使用权等财产为信托财产的信托业务；有价证券信托是以股票、债券等各种有价证券为信托财产的信托业务；其他财产信托是指以上述这些财产之外的其他财产权、知识产权等为信托财产的信托业务。

4.1.1 资金信托

资金信托，又称货币信托、金钱信托，是信托财产以货币资金的形式由委托人转移给受托人，由其自主进行经营管理，在信托终止时交还给信托文件约定的归属人的一种信托。这就是说，资金信托与其他信托一样，在信托期间，同样由信托公司向指定的受益人支付收益或其他约定的款项，同样收取一定金额的手续费，只是信托财产的形态是资金罢了。在2002年版《信托公司资金信托业务管理暂行办法》中给出的定义为："资金信托业务是指委托人基于对信托公司的信任，将自己合法拥有的资金委托给信托公司，由信托公司按委托人的意愿以自己的名义，为受益人的利益或者特定目的管理、运用和处分的行为。”该《办法》还规定：“信托财产的归属依据信托合同规定，可采取现金方式、维持信托终止时财产原状方式或者两者的混合方式。”而中国银监会2007年版的《信托公司集合资金信托计划管理办法》更为详尽地阐述为：“在中华人民共和国境内设立集合资金信托计划（以下简称信托计划），由信托公司担任受托人，按照委托人意愿，为受益人的利益，将两个以上（含两个）委托人交付的资金进行集中管理、运用或处分的资金信托业务活动，适用本办法”。

资金信托是信托公司的传统本原业务之一，是信托公司业务利润的重要构成部分。五年来，我国推出的以200个投资人为限的集合资金信托（约定俗成称作信托计划）属于非公募性质。这种依然属于私募型范畴的资金信托，就是以数目有限的、有风险识别能力、能自我保护并有一定的风险承受能力的特定人群或机构为委托人，以签订信托合同的方式作为委托方式，由受托人集合管理信托资金的业务。2007年版的《信托公司集合资金信托计划管理办法》更为精准的规定为：“（1）委托人为合格投资者；（2）参与信托计划的委托人为唯一受益人；（3）单个信托计划的自然人人数不得超过50人，合格的机构投资者数量不受限制……”事实上，“新两规”颁行后除了部分选择过渡期的信托投资公司还可以在2010年之前发行一些原有的以200个投资人为限的集合资金信托外，申请改换名称和业务范围、换发新的金融许可证之后的信托公司的大部分信托计划将一改原有格局，形成不以200个投资人为限（但不超过50个自然人合格投资者）的，不受地域限制的集合资金信托。另外，我们可以预见的是，随着我国信托业和监管制度的进一步发展，一定会有与之相对应的公募性质的资金信托问世。所谓公募型资金信托，就是公开宣传和募集的资金信托，是以社会公众或者社会不特定人群作为委托人，以购买标准的、可流通的、证券化的合同作为委托方式，由受托人统一集合管理信托资金的业务。本着本书实用简明的宗旨，我们以目前问世的私募型集合资金信托（信托计划）为主予以介绍。

一、资金信托业务流程

无论哪种资金信托，在资金筹集起的流程图中（见图4-1），我们都可以清楚地看到，资金形态的信托财产由委托人汇集到受托人——信托公司，再由信托公司按委托人的意愿以自己的名义管理、运用和处分。

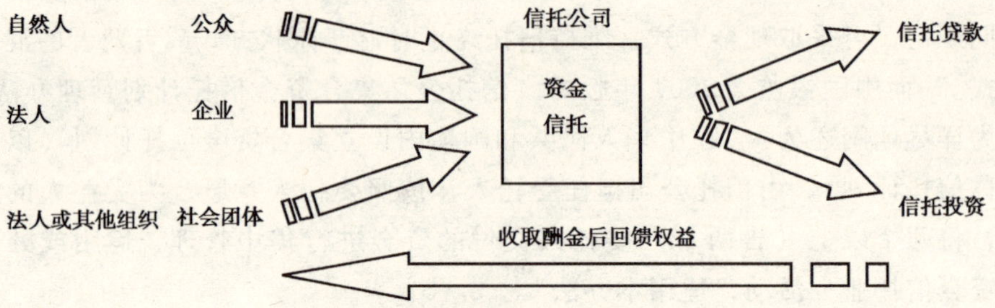

图 4－1　资金信托流程

下面我们分角色分别予以介绍。

1. 委托人

在这个过程中，委托人就是资金的持有人，或者说是资金形态信托财产的持有人。他对担任受托人的信托公司充分信任，并且认可其推出的信托（资金管理和处置）计划，所以自愿将自己的钱财交给其管理经营、谋取利得。这里的委托人：（1）可以是自然人，但必须具有完全民事行为能力；（2）也可以是法人，例如各行各业的公司、企业单位，还可以是非盈利性的社团法人；（3）还可以是事业单位或者依法成立的其他组织。委托人资格的一般定义在本书第 3 章里有详细的叙及，这里就不再赘述。而 2007 年版的《信托公司集合资金信托计划管理办法》则对合格投资者特别是自然人身份的合格投资者资格作出了如下规范："前条所称合格投资者，是指符合下列条件之一，能够识别、判断和承担信托计划相应风险的人：（一）投资一个信托计划的最低金额不少于 100 万元人民币的自然人、法人或者依法成立的其他组织；（二）个人或家庭金融资产总计在其认购时超过 100 万元人民币，且能提供相关财产证明的自然人；（三）个人收入在最近三年内每年收入超过 20 万元人民币或者夫妻双方合计收入在最近三年内每年收入超过 30 万元人民币，且能提供相关收入证明的自然人"。

2. 信托资金

按照新老两种"办法"都予以明确的规定，资金信托业务中的信托财产必须是委托人"合法拥有的资金"，"合法拥有"是构成所有信托财产的法律要件，此处强调的是"资金"形态，否则就不属于资金信托业务，而是其他形态的资产信托如不动产信托业务了。还要说明的是，有些法律、行政法规规定不可挪作它用的专项资金也不在“合法资金”之列，自然不可作为信托财产进入资金信托计划。此外，中国银监会2007年版“新办法”还特别列明“委托人应当以自己合法所有的资金认购信托单位，不得非法汇集他人资金参与信托计划”。

3. 受托人

因为我国实行严格的金融市场准入制度，所以中国人民银行长期以来坚持严把信托业准入的大门。而中国银监会成立以来，依然严守这一方针。中国银监会2007年版的《信托公司管理办法》更是明确地规定，“设立信托公司，应当经中国银行业监督管理委员会批准，并领取金融许可证。未经中国银行业监督管理委员会批准，任何单位和个人不得经营信托业务，任何经营单位不得在其名称中使用‘信托公司’字样”，所以目前除了60家信托公司、信托投资公司外，任何单位和个人不得充任受托人角色，即不得经营资金信托业务。

除了以上部分之外，资金信托流程图（图4－1）的最右侧是信托资金的使用，对此我们专辟一节“资金信托计划”予以介绍。

二、资金信托和资金信托计划

资金信托在我国虽然早有出现（当然远非规范），但真正引起社会的高度重视，还是最近五年的事。以下让我们参考信托业发达国家的情况作以介绍。

1. 集合资金信托和单一资金信托

从字面上我们可以清楚地看出来二者的区别，前者是把两个以上或称多个委托人的资金集中起来交由受托人“集合”代为管理、处置，而后者是“单一”委托人的资金单独交由受托人代为管理、处置。在我国信托业现行法律法规体系里，两者都属于非公开募集的“私募”性质。这里需要赘言的是，或许由于我们半个多世纪的“大公无私”的意识形态教育的不良影响，在笔者多年的信托实践中，许多委托人客户特别是中老年客户在与信托接触之初，往往都对“私募”的“私”字心存疑虑。其实，与之相对的“公募”无非是指在发行股票和售卖证券投资基金时通过公众手段向“非特定”潜在对象的宣传和公开募集；而此处的“私募”也仅仅是针对“特定”

的潜在对象而言的不公开募集，而绝对不是“私底下见不得阳光”的事。由于“私募”是国际通行的、有法可依的、有章可循的正常金融业务，所以这种方式是完全受到国家法律法规保护的。在此，笔者希望通过再次强调而至少打消本书读者们的疑虑。

对应于我国信托业现行法律法规体系，过渡期的信托投资公司们推出的集合资金信托除了继续受到每个产品200份的限制之外，如果在该信托投资公司注册登记地之外的地点发行还必须在中国银监会所属的注册地和发行地的分支机构地方银监局获得特别批准，此外还要受到过渡期特别限制：“（1）……每份合同金额不得低于人民币20万元（含20万元）。（2）受益权转让每份金额不得低于人民币20万元（含20万元），且机构投资者受益权不得向自然人转让，转让后的集合资金计划受益权在存续期内不得超过200份。（3）开展集合资金信托业务时，应当向银监会或所在地银监局事前报告。如银监会或所在地银监局在20个工作日内无异议，信托投资公司方可对集合资金信托计划进行推介。”而经过换发新的金融许可证之后的信托公司则不需要受到如此的诸多限制，即不以200个投资人为限（但不超过50个自然人合格投资者），不受异地作业的“特别批准”的地域限制的发行集合资金信托（事实上，五年来几乎没有信托投资公司获得批准异地推介的成功案例）。而对于换发新证后的信托公司，中国银监会2007年版“新办法”只是规定“异地推介信托计划的，应当在推介前向注册地、推介地的中国银行业监督管理委员会省级派出机构报告”。

与此形成鲜明对照的单一资金信托则没有上述种种限制，但由于规模经济的原因，单一资金信托往往只能针对较大客户（委托人）。根据信托行业有关统计数字，近年来信托公司开拓单一资金信托进展迅速，其融资规模已经超过了集合资金信托。

2. 信托计划说明书

要在信托当事人之间形成资金信托关系，就首先要有信托计划说明书。

信托计划说明书是指受托人就即将形成的信托资金的使用方式、投向、形态、性质、用途和运营前景等因素提出的综合性、引领性文件。中国银监会2007年版“新办法”规定信托计划说明书必须列明的内容有：“（1）信托公司的基本情况；（2）信托计划的名称及主要内容；（3）信托合同的内容摘要；（4）信托计划的推介日期、期限和信托单位价格；（5）信托计划的推介机构名称；（6）信托经理人员名单、履历；（7）律师事务所出具的法律意见书；（8）风险警示内容；（9）中国银行业监督管理委员会规定的其他内容。

其中我们应能清楚地获取的关键信息是：（1）运用方式上，信托资金可以是集合运用的，也可以是单独运用的。当然所谓集合，也仅仅是在本资金信托的资金范围内，与信托公司自身固有财产不能混用，与其作为受托人管理的其他信托财产也是不能混用的；（2）资金用途，或者说信托要投的项目，一般是由信托公司根据其获取的外部环境和信息，利用自身拥有的各项资源进行分析研究和判断后制定出来的，也有由委托人提供的（这在日本的“特定货币信托”中较为多见，我国目前尚未有披露），但其信托资金的运营计划还是由受托人来完成的；（3）信托计划说明书要明确投入的资金性质可能是债权型、也可能股权型，还可能是混合型的；（4）信托计划说明书可能是十分具体地标明资金投向的，例如上海市黄浦江外环隧道工程，但也可能资金投向是比较笼统的，例如某某城市的中心商务区计划；（5）无论何种情况，信托计划说明书都要由委托人和受托人形成的信托文件作出最后的约定，并以信托公司自身的名义予以管理和运营。所以我们说，信托计划说明书只是引领性的文件，不在正式的信托文件之列。

3. 投资性质的资金信托

投资性质的资金信托是指以投资形式运行，并且对使用资金的项目形成股权或者权益的资金信托。按照中国银监会指引的方向，这种财富管理式的信托才是中国信托业发展的主要方向。在这里“投资”的意义有两层，一是信托资金对外是投资行为；二是委托人是将信托资金通过信托方式投资的。可以借鉴国外经验将投资性质的资金信托按投向要求分为特定目标、指定范围和无指定范围多种。

特定目标的资金信托，也叫特定货币信托。它的特点是按委托人事先指定的具体投资目标进行投资。为什么委托人自己有十分肯定的投向信息，甚至还有准确的分析和判断，还要假手于人，让信托公司越俎代庖呢？首先，信托公司是专业的金融、投资机构，有足够的能力投入精力和聚拢多方面的专业人才对项目实施全面和全程管理；其次，由于社会经济活动的复杂性和管理制度的约束性，会有真正的投资人不便或无法直接介入项目的情况发生，所以只好转以信托资产的特殊形态来完成。总之，就像拥有驾驶执照和驾驶能力的人不一定自己开车一样，拥有资金和项目的人也不一定非自己打理不可，所以信托公司就是金融领域里为他们驾“车”的“代理司机”。

指定范围的资金信托，也叫指定货币信托。其特点是委托人只指定受托人运用信托资金的范围而不确定具体项目，如将证券、地产或其他某行业作为指定投向；同时委托人还可以提出运用方式，如集合运用或是单独运用。而有价证券信托就是最典型的范例。

非指定范围的资金信托，也叫无指定货币信托。这是委托人基于对受托人的诚信水平、管理能力、既往业绩和坚实财力的信任，而不作任何投资范围约定的资金信托。

以上三种资金信托分类中，除了特定目标的资金信托之外的另两种情况，还都可以称之为“代定信托”。其中“指定范围的资金信托”是指受托人可以在信托文件指定的范围内代为确定资金投向，而“非指定范围的资金信托”当然不是说受托人可以为所欲为，只不过信托文件指定的范围更为宽泛，受托人关于资金投向的选择权更大一些而已。因此，由此可以说明“非指定范围的资金信托”中委托人对受托人的信任度更高，受托人自然更是属于恪尽职守的高诚信度的信托公司。

应该指出的是，据有些论者介绍，在国外，例如日本，指定货币信托和非指定货币信托是要求给委托人保本分红的，后一种不仅要获取经营业绩分红，还在要求保本的同时，保证不低于银行同期利率水平的最低收益。但许多论者认为这些方式是与信托的原则相悖离的，并且在国外的实践也非总如人意。例如在日本“经济奇迹”年代，这两种信托的委托人确实较有收获，但在日本经济最近持续十多年的大衰退和金融机构破产、并购不断的大背景中，就并非完全没有风险了。在“一法两规”和“新两规”构成的我国信托业务平台上，“承诺信托资金不受损失”和“承诺信托资金的最低收益”都是被严厉禁止的。

4. 贷款性质的资金信托

与投资性质的资金信托相对应，贷款性质的资金信托是指以贷款形式运行，并且对使用资金的项目形成债权的资金信托。事实上，就是信托公司代委托人放出贷款，并在信托期间行使债权人的权利。当然，与所有信托一样，受益权是归于受益人的。

我国信托业的现行法律法规体系严厉禁止信托业务中保本保息等“类

同”储蓄的现象，所以贷款行为只是发生在信托资金向外运用时，因而没有国外所谓的“贷款信托”的生存空间。禁止那种保证委托人本金和高利率收益的“贷款信托”，不仅与我国立法对信托概念的定位有关，也与我们信托业以往“高进高出”的不良实践有关，毕竟这是不利于我国整个金融体系的健康运行和发展的。

但囿于我国现阶段资金信托特别是集合资金信托委托人（投资人）的投资观，具体说就是投资期望和对风险收益的预期，事先完全不说明投资收益范围的资金信托也难以成立，所以现行的资金信托中几乎都采用了“预期收益百分之多少”的办法。其实，这也并非信托业的“独门兵器”。保险业的“投资连接险种”、商业银行的“理财计划”和证券业、基金业更多理财品种也都无一例外地祭起这一“法宝”。所以，这也将对我国经济立法产生不可忽视的影响。

三、资金信托文件

信托是根据委托人意愿建立的一种法律关系，这种委托人的意愿应该以合同和其他法律文件的形式表述出来，被选定的受托人也通过这种形式承诺信托关系。一般说来，监管部门对集合资金信托（资金信托计划）文件的要求比单一资金信托更为严格，我们本着难度从高的原则，以下以信托计划为例来予以介绍。按照中国银监会2007年版“新办法”的规定“信托计划文件应当包含以下内容：（1）认购风险申明书；（2）信托计划说明书；（3）信托合同；（4）中国银行业监督管理委员会规定的其他内容”。除了前面说过的信托计划说明书之外，信托正式文件有《认购风险申明书》和《信托合同》。这是依据《中华人民共和国信托法》第七条的规定，只有在办理业务时由委托人与信托公司双方正式签署后，信托方才生效。

1. 资金信托合同

信托公司在办理资金信托业务时，按照规定与委托人签订的信托合同应当载明的事项有：（1）信托目的；（2）受托人、保管人的姓名（或者名称）、住所；（3）信托资金的币种和金额；（4）信托计划的规模与期限；（5）信托资金管理、运用和处分的具体方法或安排；（6）信托利益的计算、向受益人交付信托利益的时间和方法；（7）信托财产税费的承担、其他费用的核算及支付方法；（8）受托人报酬计算方法、支付期间及方法；

（9）信托终止时信托财产的归属及分配方式；（10）信托当事人的权利、义务；（11）受益人大会召集、议事及表决的程序和规则；（12）新受托人的选任方式；（13）风险揭示；（14）信托当事人的违约责任及纠纷解决方式；（15）信托当事人约定的其他事项。

在资金信托合同中，委托人特别要表明的意愿还有：对于准备托付的信托资金的授权形态，是单独还是集合管理、运用、处分信托资金。就是说受托人是给某个委托人“开小灶”，还是若干个委托人的信托资金集合而“大锅煮”。当然，两种形态孰优孰劣不能一概而论，要根据具体情况进行分析。但无论是哪一种，都必须依据“委托人确定的管理方式”，这是毋庸置疑的。还有一点应当十分明确，那就是：信托公司在集合管理、运用、处分信托资金时，接受委托人的资金信托合同时存在对投资者的自然人身份及其相应的50份（或者过渡期信托投资公司产品的200份限制及每份合同金额不得低于人民币20万元等）限制。否则，不仅要受到有关监管部门的惩处，信托资金的权益也无法得到保障。

2. 认购风险申明书

信托公司办理资金信托业务，在按照规定与委托人签订信托合同的同时还必须与委托人签订说明信托资金管理、运用风险的认购风险申明书。该认购风险申明书至少应当包含以下内容：（1）信托计划不承诺保本和最低收益，具有一定的投资风险，适合风险识别、评估、承受能力较强的合格投资者；（2）委托人应当以自己合法所有的资金认购信托单位，不得非法汇集他人资金参与信托计划；（3）信托公司依据信托计划文件管理信托财产所产生的风险，由信托财产承担。信托公司因违背信托计划文件、处理信托事务不当而造成信托财产损失的，由信托公司以固有财产赔偿；不足赔偿时，由投资者自担；（4）委托人在认购风险申明书上签字，即表明已认真阅读并理解所有的信托计划文件，并愿意依法承担相应的信托投资风险。这种认购风险申明书规定一式两份，其中必须“注明委托人认购信托单位的数量”，由信托公司和受益人分别持有。

另外，从“一法两规”实施以来，监管部门就一直规定，在信托投资公司准备的信托合同或者其他信托文件中，首先都必须在首页右上方用醒目字体载明警示文字。中国银监会2007年版的《信托公司集合资金信托计划管理办法》规定的最新文本是：

“信托公司管理信托财产应恪尽职守，履行诚实、信用、谨慎、有效管理的义务。信托公司依据本信托合同约定管理信托财产所产生的风险，由信托财产承担。信托公司因违背本信托合同、处理信托事务不当而造成信托财产损失的，由信托公司以固有财产赔偿；不足赔偿时，由投资者自担。”

这段主旨选自《中华人民共和国信托法》的文字，当然主要是针对受托人责任和义务的表示。但我们应该看到它其实不仅仅是在陈述法律意义，让委托人知晓认购信托单位潜在的风险和责任，也同样是在要求作为受托人的信托公司，对资金信托委托人作出郑重承诺。

四、资金信托发行和成立的规则

依照上节，我们继续以集合资金信托（信托计划）为例来介绍，而单一资金信托完全可以因循此例，也可以有当事人（委托人、受托人）根据法律法规作出合理变通。

1. 信托计划发行必备

（1）首先，信托公司推介信托计划，应有规范和详尽的信息披露材料，明示信托计划的风险收益特征，充分揭示参与信托计划的风险及风险承担原则；其次，因为信托业务团队在运行中的重要地位，使得信息披露材料必须详实地披露该信托管理团队的履历、专业培训及从业经历；另外，信息披露材料中不得使用任何可能影响投资者进行独立风险判断的误导性陈述。

（2）信托公司设立信托计划，事前应进行尽职调查，就可行性分析、合法性、风险评估、有无关联方交易等事项出具尽职调查报告。而如果属于在非信托公司注册地即异地推介信托计划时，信托公司（只包括按2007年版“新办法”换发金融许可证之后的）还必须在推介前向注册地、推介地的中国银监会省级派出机构报告。

（3）由于要求信托计划的投资人即委托人在认购信托单位前，在详阅信托计划文件的全部内容后在认购风险申明书中签字，以此申明愿意承担信托计划的投资风险。所以信托公司还应当应当提供便利，保证委托人能够查阅或者复制所有的信托计划文件，并向委托人提供信托合同文本原件。

2. 信托计划推介禁忌

中国银监会2007年版的《信托公司集合资金信托计划管理办法》明确禁止信托公司在推介信托计划时出现的行为有：（1）以任何方式承诺信托

资金不受损失，或者以任何方式承诺信托资金的最低收益；（2）进行公开营销宣传；（3）委托非金融机构进行推介；（4）推介材料含有与信托文件不符的内容，或者存在虚假记载、误导性陈述或重大遗漏等情况；（5）对公司过去的经营业绩作夸大介绍，或者恶意贬低同行；（6）中国银行业监督管理委员会禁止的其他行为。

3. 信托计划发行中的代理

为了提高效率和平顺发行信托计划，信托公司推介信托计划时，可以与强大的金融同业即商业银行签订信托资金代理收付协议。并在委托商业银行办理信托计划收付业务之前，通过签署合作文件充分明确界定双方的权利义务关系，监管部门严格要求商业银行只承担代理资金收付责任，不承担信托计划的投资风险。这样，委托人就可以利用商业银行发达的网点、系统，以现金方式由商业银行代理收付来认购信托单位。

此外，信托公司还可以委托商业银行代为向合格投资者推介信托计划，把后者的资信优势与信托公司的资产管理优势结合起来。应该说，信托业从“融资平台”向财富管理模式转化的越彻底，这一互补作用就越明显。笔者对此持积极乐观态度。

4. 信托计划成立报告制度

中国银监会 2007 年版的《信托公司集合资金信托计划管理办法》规定：“信托计划成立后，信托公司应当将信托计划财产存入信托财产专户，并在 5 个工作日内向委托人披露信托计划的推介、设立情况”。

5. 信托计划发行未成功的善后规则

像任何事物一样，成功与否都是无法事先完全确定的。如果信托计划推介期限届满，仍然未能满足信托文件约定的成立条件的情形出现，比如集合的资金规模没有达到计划的数额标准，信托公司就应当在推介期限届满后 30 日内无条件返还委托人已缴付的款项，并加计银行同期存款利息。而由此产生的相关债务和费用，由信托公司以固有财产承担。

五、资金信托的运行规则

资金信托在当事人签署了载明合法合规内容的《信托合同》和《认购风险申明书》后，依法生效。但资金信托在其有效期内的运行，也必须遵从一定的规则。这些规则包括资金信托运行中的管理、资金信托终止时的管理、资金信托的报告制度等。

1. 资金信托运行中的管理

（1）这里涉及的是信托公司对信托资金在人员、账户和机构设置方面的管理。中国银监会2007年版的《信托公司集合资金信托计划管理办法》规定：信托公司在办理资金信托业务时：①信托公司管理信托计划，应设立为信托计划服务的信托资金运用、信息处理等部门；②信托经理及其相关的工作人员。每个信托计划至少配备一名信托经理。担任信托经理的人员，应当符合中国银监会规定的条件，目前有关信托经理资格考核认定的工作正在进行中，今后担任信托执行经理的人员都应具有中国银监会颁发的《信托经理资格证书》；③信托公司对不同的信托计划，应当建立单独的会计账户分别核算、分别管理；④信托资金可以进行组合运用，组合运用应有明确的运用范围和投资比例。信托公司运用信托资金进行证券投资，应当采用资产组合的方式，事先制定投资比例和投资策略，采取有效措施防范风险；⑤信托公司可以运用债权、股权、物权及其他可行方式运用信托资金。信托公司运用信托资金，应当与信托计划文件约定的投资方向和投资策略相一致。

（2）信托公司管理信托计划，还应当遵守以下六项规定：①不得以信托财产向他人提供担保；②为了投资人（委托人）的长远利益，信托公司运用信托财产时以向他人提供贷款形式的部分不得超过其管理的所有信托计划实收余额的30%；③为了杜绝信托公司向股东输送资金和不当利益，还不得将信托资金直接或间接运用于信托公司的股东及其关联人，但信托资金全部来源于股东或其关联人的除外；④不得以固有财产与信托财产进行交易；⑤不得将不同信托财产进行相互交易；⑥不得将同一公司管理的不同信托计划投资于同一项目。

（3）在信托计划存续期间，受益人可以向他人转让其持有的信托单位，但受益人如果不是自然人，例如机构所持有的信托受益权，不得向自然人转让；如果本来就是自然人的，也只能够转让给中国银监会规定的合格投资者。同样，信托受益权是可以进行拆分转让的，但受让人一律不得为自然人。对于符合上述转让、拆分规定的，担任受托人的信托公司应为受益人办理受益权转让的有关手续。

（4）在信托计划存续期间，如果有发生信托财产可能遭受重大损失，或者信托资金使用方的财务状况严重恶化和信托计划的担保方不能继续提供有效的担保的情况任何一种发生，担任受托人的信托公司不仅应当在获知有关情况后按规定向受益人披露信息，而且应该在危机处理预案机制上立即采取紧急应对措施。相关信息披露包括应对措施披露详见本节随后的“资金信托信息披露的责任与内容”条目。

2. 资金信托的财产保管

中国银监会规定资金信托特别是集合资金信托，即信托计划的资金实行保管制。对非现金类的信托财产，信托当事人可约定实行第三方保管。信托计划存续期间，信托公司应当选择经营稳健的商业银行担任保管人。信托财产的保管账户和信托财产专户应当为同一账户。信托公司依信托计划文件约定需要运用信托资金时，应当向保管人书面提供信托合同复印件及资金用途说明。而且，信托公司管理信托计划而取得的信托收益，如果信托计划文件没有约定其他运用方式的，应当将该信托收益交由保管人保管，任何人不得挪用。

信托公司与受托保管信托资金的商业银行之间还要签署资金保管协议以规定双方的责任义务和利益关系。保管协议至少应包括以下内容：(1) 受托人、保管人的名称、住所；(2) 受托人、保管人的权利义务；(3) 信托计划财产保管的场所、内容、方法、标准； (4) 保管报告内容与格式；(5) 保管费用；(6) 保管人对信托公司的业务监督与核查；(7) 当事人约定的其他内容。

对于签约成为保管行的商业银行来说，首要的任务就是核对、检验信托公司的资金提取有无违规违约，任何违反法律法规和信托合同、保管协议的操作出现时，保管人应当立即以书面形式通知信托公司纠正；当出现重大违法违规或者发生严重影响信托财产安全的事件时，保管人应及时向中国银监督会报告。具体说来，保管行的职责是：(1) 安全保管信托财产；(2) 对所保管的不同信托计划分别设置账户，确保信托财产的独立性；(3) 确认与执行信托公司管理运用信托财产的指令，核对信托财产交易记录、资金和财产账目；(4) 记录信托资金划拨情况，保存信托公司的资金用途说明；(5) 定期向信托公司出具保管报告；(6) 当事人约定的其他职责。

3. 资金信托终止时的管理

指当资金信托终止时信托资金或者其他形态的信托财产的归还、终止时的报告等方面。中国银监会 2007 年版的《信托公司集合资金信托计划管理办法》规定信托计划在四种情形之一发生时应该终止：（1）信托合同期限届满；（2）受益人大会决定终止；（3）受托人职责终止，未能按照有关规定产生新受托人；（4）信托计划文件约定的其他情形。

信托计划终止：（1）信托公司应当于终止后10个工作日内做出处理信托事务的清算报告，经审计后向受益人披露。信托文件约定清算报告不需要审计的，信托公司可以提交未经审计的清算报告；（2）清算后的剩余信托财产，应当依照信托合同约定按受益人所持信托单位比例进行分配。分配方式可采取现金方式、维持信托终止时财产原状方式或者两者的混合方式。采取现金方式的，信托公司应当于信托计划文件约定的分配日前或者信托期满日前（如遇法定节假日顺延）变现信托财产，并将现金存入受益人账户。反之，采取维持信托终止时财产原状方式的，信托公司应于信托期满后的约定时间内，完成与受益人的财产转移手续。

因为信托财产归属于信托文件规定的人，也就是说，必须遵照信托合同的规定处置，对于已经通知归属权人但未被取回即转移前的信托财产，由信托公司负责保管。保管期间，信托公司作为保管人不得运用该财产。保管期间的收益归属于信托财产，但发生的保管费用由被保管的信托财产承担；因受益人原因导致信托财产无法转移的，信托公司可以按照国家有关的法律法规进行处理。信托公司应当用管理信托计划所产生的实际信托收益进行分配，法律法规严禁信托公司将信托收益归入其固有财产（当然，信托文件规定的信托报酬除外），或者挪用其他信托财产垫付信托计划的损失或收益。

4. 资金信托信息披露的责任与内容

指受托人在资金信托运行中和终止时就信托资金管理和运用及收益情况对信托当事人和相关监管机关的书面报告责任。信托计划设立后，信托公司应当依信托计划的不同，按季制作信托资金管理报告、信托资金运用及收益情况表。

信托资金管理的报告书是报告给信托文件规定的知情权人的书面文件。按照中国银监会2007年版的《信托公司集合资金信托计划管理办法》规定应当载明如下内容：（1）信托财产专户的开立情况；（2）信托资金管理、运用、处分和收益情况；（3）信托经理变更情况；（4）信托资金运用重大变动说明；（5）涉及诉讼或者损害信托计划财产、受益人利益的情形；（6）信托计划文件约定的其他内容。

按照中国银监会的规定，在信托计划存续期间，如果发生：信托财产可能遭受重大损失，或者信托资金使用方的财务状况严重恶化和信托计划的担保方不能继续提供有效的担保中的任何一种情况时，担任受托人的信托公司应当在获知有关情况后3个工作日内向受益人披露，并自披露之日起7个工作日内向受益人书面提出该公司拟采取的应对措施。

按照中国银监会的规定，担任受托人的信托公司还应当妥善保存管理信托计划的全部资料，保存期自信托计划结束之日起不得少于15年。

六、资金信托的受益人大会制度

为了保障资金信托计划委托人及受益人的权益，中国银监会2007年版的《信托公司集合资金信托计划管理办法》首次提出设立信托计划受益人大会的概念，规定受益人大会由信托计划的全体受益人组成，并依照“新办法”的有关规定行使职权。

规定在信托计划文件未有事先约定的情形下，应当通过召开受益人大会审议决定的有：（1）提前终止信托合同或者延长信托期限；（2）改变信托财产运用方式；（3）更换受托人；（4）提高受托人的报酬标准；（5）信托计划文件约定需要召开受益人大会的其他事项。受益人大会可以采取现场方式召开，也可以采取通讯等方式召开。但召集受益人大会，应当至少提前10个工作日公告受益人大会的召开时间、会议形式、审议事项、议事程序和表决方式等事项，并且不得就未经公告的事项进行表决。

按中国银监会2007年版的《信托公司集合资金信托计划管理办法》的规定：（1）受益人大会应当由担任受托人的信托公司负责召集，如受益人认为该公司未按规定召集或不能召集，而又有必要召集受益人大会时，只要有代表信托单位10%以上的受益人提出要求，就有权自行召集并获得中国银监会的认可；（2）受益人大会应当有代表50%以上信托单位的受益人参加，方可召开；（3）受益人大会表决时，每一信托单位具有一票表决权，受益人可以委托代理人出席受益人大会并行使表决权；（4）受益人大会就审议一般事项作出决定，应当经参加大会的受益人所持表决权的2/3以上通过。但对于更换受托人、改变信托财产运用方式、提前终止信托合同三种特殊情况，应当经参加大会的受益人全体通过；（5）受益人大会决定的事项，应当及时通知相关当事人，并向中国银行业监督管理委员会报告。

七、对资金信托业务的限定和禁止事项

资金信托计划说到底是一种投资行为，即用信托的方式投资的行为。投资就会有风险，当然不会像购买国债那样铁定收回本金及约定收益。所以从“一法两规”颁行伊始至今，信托公司在办理信托计划业务时都被要求遵从如下限定和禁止事项：（1）不得以任何形式吸收或变相吸收存款；（2）不得发行债券，不得以发行委托投资凭证、代理投资凭证、受益凭证、有价证券代保管单和其他方式筹集资金，办理负债业务；（3）不得举借外债；（4）不得承诺信托资金不受损失，也不得承诺信托资金的最低收益；（5）不得通过报刊、电视、广播和其他公共媒体进行营销宣传。

所以，对于可能作为资金信托委托人的投资人来说，大家都希望在获得尽可能高的投资回报（信托收益）的同时，最起码能够得到受托人信托公司的本金安全保证。在笔者的多年经营实践中，对此提出直接或间接要求的客户不少，而且涵盖面十分广泛。“一法两规”和“新两规”都不仅明确规定了信托公司“不得承诺信托资金不受损失，也不得承诺信托资金的最低收益”，而且同时还进一步补充：“信托公司违反上述规定，按非法集资处理，造成的资金损失由投资者承担。”这一点希望能够引起信托当事人，特别是让出自己资金管理经营权的委托人的充分注意。

凡此种种，对信托公司的各种限制、规定和禁止绝非空穴来风，中国银监会对信托公司管理信托计划的情况经常性地依法实施现场检查和非现场监管，并要求信托公司提供管理信托计划的相关资料。检查和监管中，一旦发现信托公司存在违法违规行为的，就会根据《中华人民共和国银行业监督管理法》等法律法规的规定，采取暂停业务、限制股东权利等监管措施。

4.1.2　动产、不动产信托

与我们前面介绍的资金信托相对应，动产、不动产信托是以信托财产的资产形态命名的信托品种。顾名思义，信托公司办理的信托财产为动产、不动产时的信托就是动产信托和不动产信托。这两种信托的共同点是委托人托付给受托人的都属于有形资产，所以也同属于广义的财产信托类别。

这两种信托发生的原因是，在动产和不动产的买卖过程中，卖方对买方信用不够了解，或买方资金不足，或一方及双方出于提高企业资产负债质量的考虑，将财产所有权转移给受托人，并从受托人处获得融资或信用担保，最终实现动产和不动产销售的业务。

一、财产信托的共性

我们在信托分类里介绍过，财产信托因对财产（动产或不动产）的管理、运用方式不同，一般可分为财产管理信托、财产处置信托和财产管理处置信托三种。

1. 财产管理信托

在财产管理信托中，受托人只能对信托资产实施适当的管理性行为，包括保管、利用和改良。（1）保管指对于财产水平的维持，不仅仅是简单的保存、储存，也包括维护和维修等，例如信托财产为供出租用的营运车辆时，对于车辆的维护和维修等；（2）利用行为是利用信托财产得到收益，如将上述车辆租出以取得收入；（3）改良行为是使财产的价值、交换价值提高，如将上述车辆本身、车辆应用的目的、组织或形态进行改变、改造等。财产管理信托的特点是把信托财产出租而不是出售给使用这些设备、土地或房屋的用户，信托终止时，信托财产以原有形态返还给信托文件规定的归属人。

2. 财产处置信托

在财产处置信托中，受托人只能对信托资产实施处置性行为。处置行为的意思是改变信托财产的现状、性质或对其权利加以改变。例如车辆、房屋作为信托财产出售后变为现款。这种出售一般是以分期付款形式完成的。财产处置信托与财产管理信托的区别在于：（1）信托的目的是出售信托资产而收回货款；（2）信托资产的所有权一开始就转移给使用单位，使用单位根据买卖合同以分期付款方式偿付价款。

3. 财产管理处置信托

在财产管理处置信托中，受托人对信托资产不仅实施管理性行为，而且实施处置性行为。财产管理处置行为，通常是对信托财产先管理再处置的行为。例如以车辆、房屋作为信托财产，先以管理出租方式经营，信托终止时再出售变现。信托公司不仅负责动产设备的出租管理，而且还负责出售设备。

动产信托和不动产信托的共性是都属于财产信托，但也有相当大的个性，我们分别介绍如下。

二、动产信托

动产是相对于不动产（土地、建筑物等）而言的，能自由移动而不改变其性质、形状的财产，如交通工具、设备、原材料等。在财产中除了土地及固定物以外的都叫动产。但动产信托的对象是有限制的，并不是一切物品都可以。动产信托是以管理、处置动产为目的的信托，它一般是以设备的制造商或出售者作为委托人，将设备委托给信托公司，并同时将设备的所有权转移给受托人；后者再将设备出租或以分期付款的方式出售给使用单位。动产信托的标的物，一般是价格昂贵、目标用户无力一次性购买的商品，例如车辆、船舶、机械设备等；再如一些含有高新科技成果的新设备，开发研制的企业利用其技术专有性制订了相对成本而言非常高的价格——这在市场营销学里被称作“撇奶油销售策略”，在著名的施乐公司案例中，它们将其专利品复印机在推出初期就采用极高定价和租赁（动产信托）办法而大大得利于此。所以，可以预见，随着科技进步和技术普及，以大型计算机、大型医疗设施等设备或者装备作为标的物的情况会在动产信托中占有越来越大的比例。我国动产信托的一个未来热点，将是汽车金融，包括分期付款、汽车租赁、汽车贷款和为购车人提供新金融服务产品的多种服务形式，例如以永远开新车为口号的“时髦租赁”和“时髦购买”（Smart buy & Smart leasing）。虽然许多银行办的汽车按揭屡屡受挫，但这同样揭示着汽车金融方面的动产信托前景远大，因为毕竟我们的汽车金融目前只占到汽车销售总额的10%左右，而在发达国家是60%~70%的水平，巨大的发展空间可想而知。

1. 动产信托的目的和意义

动产信托的目的是积极管理和处理动产设备，为设备的生产和购买企业提供长期的资金融通。动产信托业务对于搞活大型设备的流通，发展国民经济有十分重要的意义。

动产信托的标的物，一般是价格昂贵、资金需要量大的产品，而购置这些动产的资金不可能在短期收回，常常需要十年或者更多的时间。对使用单位来说，不仅筹措如此大笔的资金有困难，而且也对改善企业资产负债质量很不利。而且，如此长期的巨额资金信贷，银行往往也难以接受。但信托公司可以开办动产信托业务，甚至可以在条件允许时通过发行、转让信托受益权证书等类似证券的产品，向社会直接融资。这就有三方面的好处：首先，为调剂社会资金余缺、筹措生产建设所需资金开辟了新的渠道；其次，对动产所有者来说可以通过信托方式提前收回货款，扩大设备的销路，减轻了企业资金压力；再次，对用户来说可以大大减少购置设备的一次性投资，改善该单位资产负债质量，而且通过动产信托用分期付款的方式融资也是比银行长期信贷更方便、可行的融资途径。

2. 动产信托的业务程序

(1) 由委托人、信托公司、用户三方决定可作为信托对象的动产，并商定关于信托、动产出租或出售的基本事项，签订基本协定。这是信托合同和出租（出售）合同的前提；(2) 由委托人、信托公司签订动产信托合同；(3) 委托人把动产信托给信托资公司并获得受益权证明；(4) 信托公司按信托合同与用户订立出租或出售合同，将该动产出租或出售给用户；(5) 委托人得到信托公司的同意后，依照信托合同的约定还可将信托受益权证明转让给其他投资者，收回该动产的货款；(6) 用户在合同期内向信托公司定期支付租金（或到期应付货款）；(7) 信托公司在合同期内依据信托文件向受益权拥有人支付收益；(8) 信托终止时，信托公司依据信托文件收取报酬后，将其信托的动产返还（或出售安排中以余额作为信托的本钱及收益交给）信托文件规定的产权归属人。

三、不动产信托

不动产信托是以管理、处理不动产为目的的信托。因为在财产中除了土地及固定物以外的都叫动产，所以，受托的不动产一般就是土地、建筑物等。

根据不同的信托目的，与动产信托类似，不动产信托一般也可分为财产管理信托、财产处置信托和财产管理处置信托三种。

不动产信托与动产信托不同之处在于作为标的物（或者标的物附着其上）的土地资源的唯一性和不可再生性，但不动产信托和动产信托一样，也是以运用信托手段，提高资源效率水平为出发点的，所以其业务程序与动产信托大致相同。

我国不动产信托的一个巨大机会是住房金融和住房按揭的凭证化和证券化。这一选题涉及面广泛而且影响巨大，我们将在本丛书的其他分册中详细论述。

4.1.3　其他财产和财产权信托

在前面的章节里我们已经了解到信托涵盖了几乎所有的有形资产和货币形态，但现代信托业的博大精深还远远不止这些。有价证券作为财富权利（债权或股权）的凭证，表决权、抵押权、债权、收益权、知识产权等等，都可以设立信托。而且随着社会的进步，会有更多的信托标的物涌现出来，信托品种也会更加丰富多彩。

一、有价证券信托

有价证券信托是以有价证券的管理、运用、处理为目的的信托，分为管理信托和运用信托两种。

1. 有价证券管理信托

有价证券管理信托，是委托人出于将有价证券交给受托人管理的目的而设立的信托。一般是委托者因繁忙、年老、身居海外等种种原因，本人对有价证券不能进行管理时运用的信托。在信托期内，受托人对作为信托财产的有价证券负有保管义务，内容主要包括：领取利息、分红金和本金，行使决议权，缴纳增资的手续等。受托人享有信托文件约定的取酬权，并不享有运用该有价证券的权利。

2. 有价证券运用信托

有价证券运用信托，是委托人出于将有价证券交给受托人运用的目的而设立的信托。在运用有价证券信托期间内，受托人对作为信托财产的有价证券负有保管运用义务。运用的目的在于谋取利润，其内容根据信托文件规定主要包括（也可以只获得其中部分运用权）：证券出租，收取租金；处置、交易证券；作为抵押物向银行取得借款，然后再转贷给别人或者为人担保取得收入。在信托合同或其他信托文件中，不仅要对作为信托财产的有价证券的具体运用方式明确限定，而且必须明确受托人取酬办法，信托终止时的财产处理办法等内容。

二、商务管理信托

商务管理信托又称表决权信托，是指由公司全体或多数股东将集中起来的表决权作为信托财产委托给信托公司管理的一种信托。

美国及其他西方国家一些很大规模的公司，由于发行股票的原因导致股东十分分散，因而公司董事会变动过于频繁，而这种变动会引起在企业经营目标、经营班子、战略和策略上的不稳定甚至动荡。为了使企业董事会和管理层保持稳定，从而使企业有可能实行长期稳定的管理计划，把分散的股东的表决权集合在一起的商务管理信托就应运而生了。此种信托是将股东对于公司企业的控制权集中于受托人，使受托人通过行使集合的股东表决权影响公司领导层的组成及管理政策，达到控制公司业务目标的一种法律手段。

1. 商务管理信托的目的

设立商务管理信托的目的主要有：（1）股份公司经营不善，面临倒闭时，股份公司利用商务管理信托集中股权，以避免公司股权频繁变动带来的不利影响；（2）企业改组时，为避免经营管理及人事组织上的任何变动可能带来的不利影响，公司股东将表决权转移给可信赖的信托公司，以保障自身利益；（3）为保持公司经营方针、作风的连续性，确保企业管理上的稳定和长远发展；（4）可防止竞争者获得本公司控制权。

2. 商务管理信托设立的步骤

有些国家要求商务管理信托的成立必须经过代表公司2/3表决权股东的通过，并将委托人所有股票过户转移给信托公司。但不少案例中也常出现部分股东，特别是中小股东把分散而无法影响企业经营管理的“零散”股权集中信托给一家信托机构“集合”运用，从而对目标企业决策增加话语权的情况。商务管理信托期内，原股东享有除表决权之外的一切股东权利；受托人代表股东行使表决权，另外还负责保管股票，代股东处理公司事务，将每年股息收入转发给信托收据持有人。商务管理信托的委托人至少在两人以上。表决权信托收据是信托公司为了换取原股东手中的股票而发行的一种凭证，持有者可享有股东除表决权之外的一切其他权利，并可以与股票一样流通转让。在商务管理信托终止时，表决权信托收据持有者可以凭此向信托公司换回原股票。

与任何一种工具一样，商务管理信托的正面的功能还是主要的，特别是对于刚刚引进现代企业制度的中国企业和中小投资人权益缺乏保护的中国资本市场有着非常重要的正面意义，例如：（1）能够有效保持公司的稳定与发展；（2）有利于公司重组的顺利进行；（3）有效保护中小股东权益；（4）防止外部力量，特别是竞争对手的控制。这里有一个著名的故事：与

20世纪80年代中期开始的日资大举西进，“购买美国”的热潮相反，20世纪70年代初期是美资常常通过资本市场收购股票或者购买增发新股的方式控制日本公司。1974年羽翼未丰的日本五十铃汽车公司希望通过扩股取得资金而加速发展，世界最大的汽车巨人美国通用汽车公司应声而至。当时，美国通用汽车公司和其他美资汽车公司如福特汽车公司、克莱斯勒汽车公司以及欧洲的几大汽车厂商早都垂涎日本汽车市场而苦于无门而入，所以通用汽车公司提出了具有非常吸引力的条件。对于资本如此雄厚的新股东的进入，任何一个日本的原股东都无法与之抗衡。于是商务管理信托帮了大忙，在同意引入通用汽车公司的同时，日本五十铃汽车公司的各大股东向信托机构转让了股东表决权，防止了通用汽车公司取得控制权。这个成功的案例使战后才成长起来的日本五十铃汽车公司搭上了资本的快车，迅速成长为实力雄厚的大企业。这对我国的经营实务具有“他山取石”的重要借鉴意义。

三、公司债信托

公司债信托又称附抵押担保公司债信托。在经营活动中，常常有一些公司企业为了通过发行公司债筹集发展所需的资金，而以其自身财产抵押权为信托财产，请信托公司代理发行（或者担保发行）债券，这样形成的信托就是公司债信托。这种信托在发债公司到期不能够履行公司债时，由受托人通过行使信托财产处置权利保证债权人的权益。公司债信托实际上是协助企业发行债券，提供发行便利和担保事务而设立的一种信托形式。

承接这种信托业务，信托公司必须审查核实发行人的相关情况。其内容包括：审核发债公司的条件是否合法；调查发债公司的经营业绩、资信水平、还款能力等状况；核实发债公司将要抵押财产的真实情况，保证抵押物必须是可转让、处理、拍卖抵债的财产权。在我们的经营实践中，2003年一家以生产高密度DVD盘片的“著名”上市公司被谢绝以其生产线资产抵押发行信托就是一例，究其原因，最重要的不利因素之一是DVD盘片的生产涉及新闻出版物管理范围，其生产设备的所有者必须通过特许经营准入批准才能开始生产，所以必然导致其生产线的转让处理非常困难。此请求仅仅在时隔一年之后就被证伪，该上市公司最终资不抵债，实际控制人撇下一摊烂账仓皇逃遁东瀛，把数家商业银行和大债主套死局中，至今数年仍然无法完全解套。

通常情况下，如果信托合同无另行规定，该信托公司具有发行债券、偿还债权本金、支付债券利息等方面的权利。目前国内虽然还没有信托公司直接发行公司债信托的成例，但以拟融资企业全部或部分资产作抵押物而发行集合资金信托，并且将信托资金贷款给拟融资企业的已并不鲜见。其实，这就是公司债信托的变例。

四、财产权信托

财产的广义解释包括可以用价值计算的有形财产和无形资产，但不是所有财产都能够设立信托权。当然随着时代的进步和发展，随着人们对信托本身的理解和创新，财产权信托的涵盖一定会越来越广阔，也越来越细致深入。我们目前涉及的财产权信托主要是指除以上介绍的有形资产信托（资金信托、动产信托、不动产信托等）以外的，有关其他财产权益的信托，如专利权、著作权等。

1. 商标使用权、专利权、著作权等财产信托

指拥有商标使用权、专利权、著作权等所有权的人作为委托人将他的该项权利委托给信托公司，由信托公司获得信托标的的财产权并按照信托合同载明的方式管理或处置的信托。专利权信托、著作权信托必须遵守《中华人民共和国专利法》和《中华人民共和国著作权法》的有关规定。

2. 债权信托

指拥有某项债权的债权人作为委托人把自己所持有的债权交给信托公司管理和处置的信托。信托一旦有效设立，信托公司就以债权人身份为受益人对债权进行代理、保全、偿本、收益等业务活动。通过信托公司履行债权信托，可以把委托人认为很难收回的资产收回来。

虽然，我们常常听到别人引用国际公认的信托法权威、美国学者斯格特的明言："信托的范围像你的想象力一样宽广"。但事实上，无论国外国内，总是有法律法规限制或者禁止一些财产设立信托的。《中华人民共和国信托法》规定了信托财产的合法性、确定性、现存性和积极财产性，通俗地说，就是必须是委托人现在实际所有的、合法的和确定的财产，才能够设立信托，而将来才能取得的财产、含有债务的财产等等都不能设立信托。某些权利不能够随意转移，比如公司企业的总经理、董事等，如果以自己的经营管理权设立信托，就构成对公司法有关善良管理的义务的违法规避，因此信托不能生效。还有其他一些权利，比如诉讼权也不能设立信托，因为专以诉讼

为目的的信托是无效的。

当然，在了解了这些法律“禁地”之后，只要我们本着“公平、公理和正义”来选定信托目的，信托的天空就永远是广阔的。

4.1.4 公益信托

顾名思义，公益信托就是以促进社会公众利益为目的设立的信托。由于涉及社会公众利益，公益信托财产往往是以集合形式存在的，所以也称为公益基金信托。

一、公益基金的成立及目的

公益基金是由其发起和管理机构来筹集的，一般称作各类公益基金会。这些公益基金会必须由政府主管部门批准，并以社会进步和社会福利等社会公益事业为目的，通过资助、赞助、捐赠的方式向政府、社会团体、企事业单位或个人征集钱财。根据《中华人民共和国信托法》的有关规定，此类信托的公益目的至少应该是下列之一：（1）救济贫困；（2）救助灾民；（3）扶助残疾人；（4）发展教育、科技、文化、艺术、体育事业；（5）发展医疗卫生事业；（6）发展环境保护事业，维护生态环境；（7）发展其他社会公益事业。

二、公益信托的设立

1. 信托关系人

公益信托的受托人是公益基金资助人、赞助人和捐赠人，但他们一般是通过其公益基金会作为代理人来履任的；而公益信托的受益人往往是非特定的，有的是社会某一部分人，有的是个人；信托公司作为受托人由代理委托人（各公益基金会）选任，并且与其他信托不同的是，未经公益事业管理机构批准不得辞任。

2. 公益事业管理机构

信托法规定将设立公益事业管理机构以体现国家对社会事务的管理职能。该机构除拥有批准受托人辞任的决定权外，还拥有在受托人工作不力情况下的更换权，特别是拥有不可预见情况发生时信托文件条款的变更权。受托人每年至少一次向公益事业管理机构报送经信托监察人认可的信托事务处理情况和财产状况报告书。

3. 公益信托监察人

信托法专门规定公益信托必须设立信托监察人，具体由信托文件规定，如无规定可由公益事业管理机构指定。公益信托监察人除拥有对受托人向公益事业管理机构报送书面报告的认可（非此，报告不能向社会公告）权外，还有对受托人的行为提起诉讼和其他法律行动的权利。

三、公益基金信托资金集合运用办法

目前最易实现的资金集合办法是，各种公益基金会自行将筹集的资金集中起来，委托金融信托机构进行营运。这种作法适用于日常、不定期的，而且比较零散的资助、赞助和捐赠款项的筹集。

此外，对于公益基金募集时间比较集中，而且是有组织地筹集资金的情况，特别是面向团体、法人等吸收资助、赞助或捐赠时，还可以由公益基金会在信托公司开立代理收付账户和公益基金信托账户，直接募集。公益基金会只需将该信托公司的账号向捐赠、赞助和资助者公布，由他们直接将款项划入委托方的代理账户；当款项达到约定的数额时，再划转入其公益基金账户并开始运营并计算收益。

公益基金信托的资金运用方式与普通信托类同。但因为公益基金存续期一般都较长和要求稳定安全诸方面的原因，情况也有不同。如向受益人支付的仅是营运收益，基金本金部分可以长期稳定或有所增长。而信托公司主要选定收益较高、承担能力强、安全稳妥的中长期投向。但如果除分取收益外还要支付部分或全部基金本金时，由于必须按协议约定的期限和幅度收回，就应当把提高流动性、安全性放在首要位置，收益期望可相对居于次要地位。

4.2 投资基金业务

基金，又称为投资基金，全称是共同基金投资信托。我们在证券市场上耳熟能详的就是专门投资有价证券的共同基金信托，还有专事产业投资和风险投资的许多种类。这里仅从信托业的角度对它们予以简要介绍。

4.2.1　基金信托的运行与特点

一、基金信托及其运行

共同基金信托是一种综合融资、投资、信托等项业务为一体的业务形式。基金最初产生于19世纪的英国，1924年传入美国，在第二次世界大战之后发展、壮大并盛行起来，继而波及了世界许多国家的金融和证券市场，成为迅速发展的融资及投资工具。由于基金具有集合零散资金、提供专家理财、组合投资，以及流动性强等特点，因而能够有效地分散风险、提高收益，自然成为各国金融证券市场上非常重要的角色。我国引入基金已经有二十多年的历史了，基金投资早已成为人们所熟知的事物，在证券市场上的投资基金已经有数十家之多，开放式基金一度还是大众追捧的投资明星。但基金是由信托公司引入我国的事实却是少为人知的。其实，早在1987年中国国际信托公司就与中国银行首先开办了我国第一个共同基金信托业务。

基金的运行方式是：由基金发起人通过发行基金受益凭证的方式将投资人分散的资金集中起来，交由基金托管人保管，基金管理人经营管理，并将收益分配给基金受益凭证持有人。

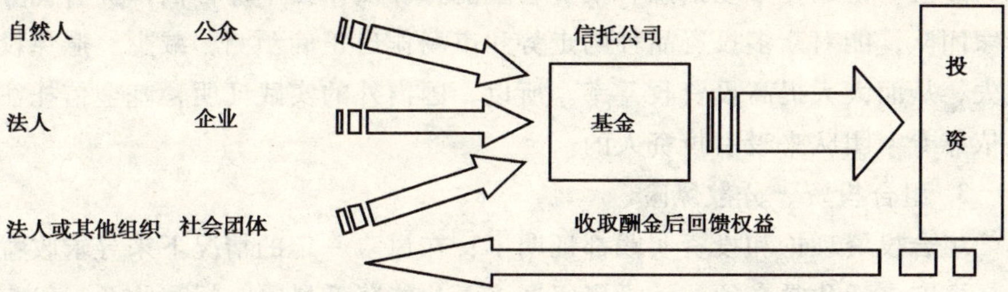

图4－2　基金信托流程

由图4－2可见，基金信托的整个流程分为三个阶段。第一阶段为投资者通过购买基金受益凭证将资金交给基金，并由基金托管人保管，基金管理人管理与经营。在这一阶段投资者的行为称为投资行为，又称为委托行为。第二阶段，基金管理人作为信托机构将筹集的基金进行具体的投资操作。在这一阶段，信托机构的行为既是投资行为，又是代理行为。第二阶段，信托公司作为基金管理人将经营管理获取的收益在依例取酬后，分配给基金受益凭证持有人。

二、基金信托的特点

我们从基金信托的流程图（见图4－2）中可以清晰地看到，基金运作的整个过程既是一个零散基金的筹资过程，又是一个分散投资活动的集中过程。它的基本特点有以下几点：

1. 集合投资

基金依托于实力较强的发起人机构的信用和基金管理团队以往的业绩，利用基金受益凭证的方式巧妙地汇集零散的社会资金，由高度专业化的管理团队投资于各种金融工具，以达到资金增值的目的。基金对投资者的资格、数量一般不作规定，对投资的最低限额也要求不高，甚至有的基金不限制投资额的大小，完全按受益凭证额计算收益的分配。因此，在参与投资各种金融工具时，基金广泛地吸收社会闲散资金，形成雄厚的资本的优势特别突出。这就会在管理中大大降低成本，在运用中获得规模效益的优势。

2. 专家经管

针对所投资金融工具的不同，基金选任专家进行经营管理。而对于经验、精力、时间、市场、工具等等均占下风的中小投资人来说，依靠专司其职、经验丰富，在市场信息、投资管理能力和操作技术等方面都拥有优势的专家团队，能对众多投资品种的走势和市场作出正确预测，减少、避免投资损失，从而大大提高投资收益率。所以，国内外的实践证明，基金信托往往是依靠专家团队来吸引投资人的。

3. 组合投资、分散风险

组合投资理论和投资实践都证明了：在风险一定的情况下来寻求收益最大，资产多元化是必须的。投资资产多元化能降低风险、提高收益，但多元化投资要求一定的投资实力和较高的投资管理水平，对于小额投资者来说，几乎无法企及。而基金信托可以凭借其固有途径广泛吸收资金，形成雄厚的资本，在法律规定的范围内，分散投资，实现资产的多样化，分散减少风险。

4. 流动性强

就是变现能力强。由于基金受益凭证的赎回方式方便灵活，使投资人能够在需要时及时回收资金，所以更有利于利用短期资金，使基金信托进入了一个良性循环。

4.2.2 基金信托的分类

一、契约型基金和公司型基金

按其组织形式不同，基金可分为契约型基金和公司型基金。

1. 契约型基金

契约型基金又称单位信托基金，是投资者、管理人、托管人三者通过签订基金契约的形式发行受益凭证而设立的一种基金。我国目前在股市交易的基金均为契约型基金。

2. 公司型基金

公司型基金是按公司法公司形态组成的，通过组建基金股份公司的形式，发行股票筹集资金，投资者认购基金即为购买该公司的股份，凭其持有的股份享有收益。公司型基金本身是股份公司，但与其他一般股份公司不同的是，它是委托专业的财产顾问或管理公司来经营管理资产的。

二、开放式基金和封闭式基金

按基金的受益凭证能否赎回，基金可分为开放式基金和封闭式基金。

1. 开放式基金

开放式基金是指基金规模不固定，可随时随市场供求情况的变化发行新份额或由投资者赎回的基金。

2. 封闭式基金

封闭式基金是相对于开放式基金而言的，指基金规模在发行前已确定，在发行完毕后规定的期限内规模不变的基金。

封闭式基金的基金单位数不变，资本不会减少，因此基金可以进行长期投资，基金的投资组合能有效地在预定计划内进行。开放式基金因基金单位可随时赎回，基金资产不能全部用来投资，必须保持基金资产的流动性，在投资组合上需保留一部分现金及高流动性的金融商品。

三、成长型基金、收入型基金及平衡型基金

按投资目标来划分，基金可分为成长型基金、收入型基金及平衡型基金。成长型基金以长期增值为投资目标，收入型基金则以获得最大的当期收入为目标，平衡型基金的投资目标，既考虑当期收入，又追求资产的长期增值，一般将资金分散投资于股票和债券。

四、其他基金

根据投资标的不同，基金还可分为股票基金、债券基金、货币基金、黄金基金、证券衍生基金。

4.3 投资银行业务

信托公司开展的投资银行业务主要涉及：企业兼并与收购、债券承销，项目融资、企业融资和创新工具融资等等。近年来流行一个舶来词“财务顾问”，广义的财务顾问就包括所有投资银行的主要工作。投资银行业务近年为很多“资本运营”类书籍所频频介绍而典章横陈，此处仅从信托公司的行业特点角度出发，就企业兼并与收购、其他财务顾问业务两部分作一简要介绍。

4.3.1 企业兼并与收购

企业兼并与收购实质上是企业资产的重新组合，是两个或两个以上的企业组成为一个新的企业的结合。由于市场机制是一种利益分配机制，通过产权市场的交易实现的企业兼并，必然伴随着可支配资源向高效企业的集中。兼并与收购是投资银行的核心业务之一。20世纪60年代以来，美国就不断掀起着并购的热潮，企业纷纷通过兼并与收购进行规模扩张，并购热潮涉及各行各业。而到20世纪末，并购活动更是愈演愈烈，呈席卷全球之势。

一、企业兼并与收购的动机

不同时期和不同市场条件下，企业的并购动机是不同的，但其内在的、本质的因素却是一样的。概括地说，并购的本质就是追求经营或者财务协同效应。

1. 追求经营协同效应

追求经营协同效应，或者说是“1+1>2”效应。效应的产生主要因为：（1）通过并购达到规模经济水平；（2）帮助企业实现经营优势互补；（3）原来的交易变为公司内部交易，降低了交易费用和风险。

2. 追求财务协同的效应

表现为：（1）财务指标可以得到优化；（2）可以避税；（3）实现企业高效规模扩张；（4）降低经营风险；（5）获得资本市场明星效应；（6）满足企业家的内在需求。

二、兼并与收购的方式

1. 按并购时的支付办法可分为现金并购与股权交换

（1）现金并购是指收购方使用现金作为支付工具购买目标公司股权。从收购角度来看，现金并购的最大优势在于支付方式迅速，但不利于目标公司享受税收优惠；（2）股权交换是指收购方用本公司的股票与目标公司的股票进行交换以实现并购目标。换股并购对收购方来说可以降低筹资成本，但有稀释股权和每股收益风险；目标公司可以享受税收优惠，还使原股东能分享并购所带来的资本增值，但也同时存在变现性风险。国外目前大部分的兼并收购是通过股权交换方式进行的。

2. 按并购双方的关系可分为善意并购、敌意并购和介于两者之间的并购

（1）善意并购是指双方经过共同协商达成协议，目标公司接受收购要约中的条件，同意收购行为。

（2）敌意并购特指在并未获得目标上市公司同意时，直接向市场公开收购要约，有时甚至在目标公司反对而采取反收购措施的情况下强行收购。

（3）另外，还有一种被戏称作“狗熊拥抱”（Bear Hug）的介于前两者之间的并购方式，就是并购方向目标公司提出收购建议，而无论它同意与

否，都会按照并购方案采取行动的方式。

3. 管理层收购

管理层收购出现于20世纪70年代初的美国，指公司的收购者就是公司管理层。因为一些大公司拥有相当数量的子公司，可能由于子公司经营不善，或公司改变发展战略而实施行业退出，或公司规模过大而急需降低管理成本等原因，公司决定出售它们，管理层由于了解这些子公司的情况而出资购买。

4. 杠杆收购

杠杆收购是指收购方以目标公司的资产进行抵押融资，并通过收购成功后目标公司的收益或资产运作来偿还债务。从本质上讲，杠杆收购是一种融资行为，其核心是对并购资金结构作出安排，以提高股本报酬率和获取税收优惠。因为债权人只要求偿还本金和支付利息，并不分享利润，在收购后公司收益大于利息支出时，股本报酬率就会提高。同时由于债务可以在税前支付，而且如果目标公司亏损也可冲抵收购方的利润，这样会带来相当大的税收优惠。

信托公司从事企业兼并与收购的优势就在于其专业理财机构的理财、融资两项基本功能。无论收购或兼并行动的发起企业（发起方）出于何种动机，也无论它们计划采用上述任何一种方式，信托公司都能够为其提供顾问、理财、融资等等内容的一体化服务。这一带有浓厚资金支持特色的服务，对于“杠杆收购”和“管理层收购”的发起方的重要意义也就不言而喻了。

4.3.2 融资类财务顾问业务

可以担任购并之外的其他财务顾问业务的企业很多，顾名思义的财务顾问公司、财务咨询公司自不必说，证券公司、会计师行甚至商业银行都有所涉及。与为企业兼并与收购提供顾问服务一样，信托公司作为代人理财为主营业务的金融机构，其财务顾问业务的突出特色就是财务顾问与理财、融资等几类业务的自然关联和相得益彰。所以在介绍了信托业务和企业兼并收购之后，我们再从理财、融资等等内容一体化服务的角度对信托公司的财务顾问业务分别给予简要介绍，其范围主要包括证券承销业务、项目融资、企业融资和创新工具融资等等。

一、国债承销业务

中国银监会2007年版的《信托公司管理办法》规定，信托公司可以开展证券承销业务。所谓证券承销业务一般包括股票承销和债券承销，但事实上鉴于中国金融业“一行三会”（中国人民银行、中国银监会、中国证监会和中国保监会）的监督管理格局，信托公司普遍参与股票承销业务还需时日，而股票承销业务也是专门性比较高的业务，与本书的目标读者群体相关度较低，所以将股票承销留予本书的其他分册进行研讨，本节不再涉及。具体说来，在国外信托机构也帮助各级政府财政筹集资金，主要方式是发行债券融资。根据发债主体的不同，分为国债融资、地方政府债融资。我国现行法规禁止地方政府发行债券，所以这里我们仅介绍国债和国债融资，关于地方政府融资问题，我们将在第6章“如何使用信托”中予以讨论。

国债融资是指国家为了增加财政投资力度或者弥补财政赤字，通过发行国家债券的形式，以国家信用为基础从社会融集、筹借资金的行为。国家债券简称国债，又称国库券。它包括短期、中期和长期性券种。短期国债，一般采用贴现方式发行，期限不超过一年，流动性最强。中长期国债一般是附息债券，期限为1~30年不等。

国债由国家财政负责偿还，而国家除了可以从正常的财政收入中偿还外，还可以在必要时通过发行新债、增加税收和放松银根等多种办法保障清偿到期债务，所以国债风险很小，是国内外资本市场公认的“金边债券”。国债市场是各类债券市场中风险最小、获利最稳定、交易比较活跃的市场，常常被许多短期资金作为“蓄水池”。

我国国债市场曾经长期受到“爱国公债”的影响，留有相当浓厚的计划经济色彩，而作为一种资本市场工具，一直到1996年才逐渐为社会公众、金融机构和各级财政部门所认识。可以相信，积累了二十年市场化经验的我国国债发行和交易系统，将随着资本市场的不断完善而更加健全和发达。国债交易（二级）市场将不仅会有作市、交易活动，还会逐渐丰富起来，套利及国债创新等等业务也会展开。

我国信托公司为国债进行包销，具有相当长的优良传统，最初的国债一级自营商中信托公司的比重一直很大。在1996年之前国债上市全部跌破面值的时期，信托公司常常抽出资金认购并长期负担，为今天的国债市场化作出了许多贡献。同时，认购和长期负担也锻炼了当时的信托公司的国债交易技巧。笔者就曾有幸参与过 1996 年及之后几年中国家利率连续向下调整背景下，多期国债市场化运作的投融资“大捷”，尝到过认识“金边债券”运行规律带来的巨大喜悦。而重新登记、初露头角的中国信托业今后也一定会继续和发扬这一传统，在国债销售和二级市场上发挥积极作用，特别是由于它们拥有雄厚人力资源优势，因此，信托公司将会扮演国债自营（包销）商、交易商和金融衍生创新者的主要角色。

不过，还应该看到，所谓的“金边债券”也并非保证投资人时时盈利。曾几何时，在 2003 年及 2004 年国家利率向上调整之后数家把大量资金购入国债以图“保值增值”的著名商业银行就曾经大啖苦水，甚至因此赔掉大笔资本金，某商业银行几乎耽误了总行的海外上市计划。可见，同样的理财内容与财务顾问的水准也是息息相关的。

二、企业融资

公司法规定，企业是以营利为目的，自主经营、自负盈亏的法人经济实体。企业为了满足不断增长的资金需求，获得足够的生产经营用资金和扩大企业资本金规模，必须通过外部融资的办法解决。随着我国改革开放的深入发展，企业仅仅依靠商业银行等金融机构间接融资的局面已经大为改观，而通过信托公司和其他投资银行类企业进行资本市场直接融资的比重已大大增加。企业直接融资的传统渠道有股票融资和债券融资两种。

1. 股票融资

股票融资指企业通过发行股票筹集资金。股票是最典型的有价证券之一，由计划融资的股份有限公司公开发行，由投资人认购并作为股东身份和行使权益的证明，也是获得股息和红利的凭证。如果企业想通过资本市场筹集海外资金并进而开拓海外市场，那么还可以选择在海外资本市场发股融资。目前我国企业已经成功地在美国、英国、加拿大、新加坡、澳大利亚、日本和香港上市并成功融资。信托公司作为股票融资的财务顾问，主要利用其内外部资源帮助企业选择最佳融资方式。

2. 企业债券融资

企业债券又称公司债券，是企业为了筹借资金而通过资本市场发行的债务凭证。企业债券承诺按约定的利率定期支付利息和到期偿还本金，是债券投资人的债权和收益权证明。企业通过发行债券集资的行为称作债券融资。

企业债券可以分为：(1) 短期、中期、长期和永久债券；(2) 按利息支付方式可以分为附息债券和贴现债券；(3) 还可以分为固定利率和浮动利率债券；(4) 此外也可以分为信用债券和担保债券等。企业债券融资究竟采用哪一种方式取决于企业的信用等级、筹资用途、偿还能力和债券市场情况、财务顾问的市场资源以及投资者的偏好。

债券可以通过私募和公募两种方式发行，信托公司不仅可以担任企业债券的承销和发行顾问工作，为发债企业确定债券品种、时间、利率担保等提供咨询，为企业债券提供销售、赎回等项服务，还可以在债券市场接受债券信托业务和自营债券经营业务。随着我国经济和我国信托业的健康发展，企业债券融资从发行区域、还本付息方式、发行品种等方面都会有突破性发展，附担保公司债信托等等创新业务和其他诸如债券组合设计、债券衍生工具等也会逐步展开。债券融资的多样化，必然加强债券市场的流通和活力，成为企业更有效的筹集资金方式。

在企业融资方式中股票和债券融资各有利弊。例如股票融资方式的优点有：(1) 扩充企业资本金，优化资本结构，奠定企业再发展基础；(2) 所筹资金无需还本付息，并且没有使用期限，可减轻企业的财务负担；(3) 改善企业财务比率；(4) 分散股权，从而分散经营风险；(5) 提高企业知名度和商誉；(6) 有利于引进现代企业制度，进而改善企业经营管理和提高经营效率。但股票融资方式也存在一些缺点：(1) 分散股权使得所有者对企业的控制权相对弱化；(2) 必须严格遵循信息披露制度和市场监管制度，使企业运营受到相当约束和限制；(3) 对于经营利润高的企业，相对债券方式融资成本可能会过高，等等。

债券融资和股票融资完全不同，缺点方面有：(1) 债券融资必须还本付息，具有使用期限；(2) 发债会提高资产负债比率；(3) 没有发行股票的分散风险效应和改善股权结构的效应。但发债的优点也颇为明显：(1) 不会稀释原有股东的股权和弱化对企业的控制力；(2) 只需支付约定的利息，经营绩效与债权人无关；(3) 利息可在税前列支，较之股息在税后派发有较大税收优惠；(4) 债券风险与股票相比较小，易于为投资者接受，等等。

此外，信托公司还可以受托经营国家批准的政策性银行债券承销业务，由于与本书的目标读者关联度较低，就不在此介绍了。

三、项目融资

项目融资就是为某一个建设项目融集资金的业务活动，通常以项目完成后的现金流作为还款来源，并以项目的资产作为融资担保。作为这种融资内容的项目一般具有较大规模和价值，项目目标明确，与项目发起人之间的关系明晰、独立，通常是由项目发起人出资组成一个经济实体来筹建或经营该项目。传统的项目开发，往往是项目发起人先行融资再拨款建设，因而对全部投资承担责任，而使用项目融资时主要靠项目本身的现金流和形成资产担保，因此发起人只承担先期投入项目的有限资金的责任。所以，项目融资明显降低了发起人的责任和风险，大大提高了他们使用项目融资的兴趣。但也正是项目融资的这一优点，使其操作难度相当高、程序相当复杂，是财务顾问水平和能力的体现。

1. 项目融资的特点

（1）项目融资主要通过间接融资方式解决。

（2）项目融资的杠杆比率比较高，即融资总量比项目资本金的比率高，项目发起人只需投入十分有限的项目资本金，主要资金依靠融资解决。

（3）融资一般以项目资产作为担保，也有由项目发起人为项目融资担保的情况，还款还是要靠建成投产后的现金流。

2. 项目融资的资金来源

通常有政府贷款、出口信贷、世界银行等国际金融组织援助或贷款、发行债券、融资租赁等形式。一般来说，大型项目资金无法靠单一渠道筹集，一般都是全方位、多渠道地开展融资活动，信托公司作为项目财务顾问，具有充分利用其固有融资渠道和金融界资源的优势，又有雄厚的人力资源可供使用，可以为之设计出比较切合实际又有特点的融资方案，以保证项目融资的成功。

3. 项目融资主体

主要包括项目法人和项目投资人。

（1）项目法人。项目法人一般是由项目发起人发起成立的项目公司，是直接参与项目投资和项目管理，直接承担项目风险和债务责任的法人实体。融资债务风险和项目经营风险可以被设计为限制在该公司之内，从而实现对项目发起人融资责任的有限追索。从操作实务角度来看，该公司集中了项目资产的所有权，有较强的管理灵活性。

（2）项目投资人。它是项目投资的真正主体，通过对项目的投资建设和经营获得收益。在项目融资时项目投资人除了可以投入资本金外，还可以直接或间接担保为项目提供信用支持。其责权利和风险承担程度，要根据财务顾问的设计和双方商定。

项目融资是一项复杂的融资活动，信托公司可以在担任项目融资财务顾问过程中为其提供全方位的服务，包括可行性研究、制订融资方案、准备融资材料和法律文件、向潜在投资人宣介和进行融资谈判等。信托公司还可以在十分看好项目前景时，预先使用自身资金资源为项目提供贷款或部分资本金使之完善财务形象，提高项目融资成功可能性。

4.4 其他中间业务

4.4.1 咨询业务

信托公司的咨询业务指接受委托人之托，提供信用调查和经济咨询服务，即以自身的专业知识技能、资源和广泛的联系，为委托人提供市场和经济信息、相关客户状况等项咨询，甚或包括可行性研究以作决策依据。其中，信用调查主要是针对有关企业过去及现在的银行信贷信用状况，进而预测贷款风险；而经济咨询主要是研究金融经济的一般问题和国家特殊的经济政策，包括国内外经济的发展、金融、证券市场、商品市场的供求情况及趋势。

由于我国经济发展的良好局面，企业的经营活动日益多元，市场竞争日益激烈，而咨询业务有助于企业和企业家科学决策，减少盲目投资和盲目生产，提高资金的运行效率，促进了社会信用的提高，所以需求一直稳步增加，为新近登记完毕的信托公司提供了广阔的经济咨询业务空间。

一、信托机构咨询业务的特点

由于信托公司从事的大多是金融方面的咨询业务，与其他非金融咨询业务相比具有以下特点：

1. 权威性

信托公司作为金融机构，具有强大的银行和金融机构信息资源和网络，能够通过这一网络了解各类公司、企业的银行信用和存贷款活动情况。同时，又由于信托公司的专业人员和信托客户熟悉甚至来自许多行业，所以对了解各行业领域、各公司企业的生产经营状况、市场变化的趋势等具有特别的便利。如此种种，使得信托公司能够获得大量的经济信息，又有专业人员对这些材料、信息分析处理，为客户提供有价值的咨询服务。

2. 可靠性

如前所述，信托公司拥有的高素质的专业队伍，不仅具有金融业务能力，而且是熟悉许多行业的经营专家。并且信托公司可以通过有效渠道收集国家政策、经济发展和市场走势等宏观、微观信息，运用专业工具和方法进行分析研究，从而保证了咨询结论的可靠性和较高的实际操作性。

3. 独立性

信托公司与其他行业企业没有直接的经济利益冲突，但同各类企业有着良好的金融关系，形成了自身独特的超脱地位，也保证了咨询工作和结果的客观、独立和公正，所以能够得到客户的信任。

二、典型经济咨询业务介绍

1. 资信调查

资信调查指信托公司接受委托，对客户潜在的业务对象进行资信状况调查；也可以是客户委托信托公司对其自身资信情况进行调查，出具证明给其潜在业务对象。资信调查的主要内容包括：第一，企业的经营、销售及预期利润水平；第二，财务运行情况，如流动资产周转率、存货周转率、应收应付账款状况，长短期的借款、流动比率、速动比率及其他财务数据；第三，企业信誉状况，既往信用记录、履约记录、质保记录等方面。

2. 投资可行性咨询

投资可行性咨询指信托公司接受客户委托，对某项投资进行可行性调查和研究，主要包括：投资项目的合理性研究，国家政策法规、技术、投资额、投资项目产品的市场前景、投资收益率、投资回收期等，为客户制订最佳的投资方案，并协助制订投资合同及有关文件。

3. 市场信息咨询

市场信息咨询指针对产品前景或者针对市场需求的调研、信息综合分析及发展预测，甚至包括对行业的发展和变化以及未来发展的趋势的预测等内容的市场动态研究报告。

4. 财务管理咨询

财务管理咨询指信托公司采用专业方法对委托人的财务管理状况进行分析研究，发现问题并找出原因，提出切实可行的解决方案。其主要内容包括：第一，协助建立或健全财务管理体系；第二，以专业金融顾问的角色对其资金需求进行预测，对其资金使用状况进行评价，在合理利用资金方面提供具体方案；第三，对企业的财务运转情况及经济效益提出评价等。

4.4.2　居间业务

中国银监会2007年版的《信托公司管理办法》首次在信托公司经营范围中，列出居间业务。所谓居间，其实是中介的一种形式，其宗旨是把同一商品或者服务的买卖双方联系在一起，以促成交易后取得合理佣金的服务。

居间业务根据经纪人所接受委托内容的不同，既可以是只为委托人提供订约机会的报告居间（也叫指示居间），也可以是为促成委托人与第三人订立合同进行介绍或提供机会的媒介居间，当然也可以是报告居间与媒介居间兼而有之的综合居间。实际上“居间”这个专业法律术语就是我们平常所说的“中介”，故而居间合同也称“中介合同”，居间人也被称为“中介人”。

现代西方居间制度历史悠久，可溯源于古希腊城邦和古罗马帝国时期，当时的以衣食住行为核心的简单商品经济形态初步发达，自给自足已经出现剩余，开始了对流通的积极需求，于是开启了报告居间与媒介居间的天地。那个时代，任何人都可从事居间活动。到了欧洲中世纪，社会生产力的发展达到了更高水平，空前活跃的商品交换包括居间活动都进一步发展，出现了泥沙俱下、鱼龙混杂的局面，有了进行规范的需要。因而商业活动中的纯自由经营生态长入了干涉主义的元素，国家对商业活动进行了控制，居间活动也自然受到了一定的限制。如法国商法典把居间人分为两类，经政府的任命的特权居间人拥有公务员地位，具有特殊的权利及义务，而另类的普通居间人则不具有特权居间人的地位和权利。而英国的居间人执业必须经地方官署颁发许可。德国旧商法更是明确规定居间人是一种官吏。到了近代，随着社会的进步及商品生产与流通领域的飞速发展，居间活动又开始兴旺发达的时光，市场经济发达国家无不对居间活动给予了完全自由经营主义的法律导向，因而积极鼓励居间对市场经济的作用和贡献。

居间活动在我国也是历史悠久、源远流长而且应用广泛。古代居间经纪人被叫做“互郎”，顾名思义，就是引介双方达成交易并从中获取报酬的中间人。有学者考据古汉语中，“乐”为“互”之别体，故可写作“乐郎”。后讹传为“牙”，因此民间将居间的经纪人称作“牙行”或者“牙纪”。在第一产业为主的社会氛围里，活跃在农贸市场及民间被称之为“跑合”、“掮客”者，更是恰如其分、名副其实地描述了这个行业的特点。即便是第三产业风行的现在，社会上也广泛存在着迅猛发展的二手房屋买卖、租赁、置换中介业务。而运输枢纽周边，甚至公路边为空载长途货车提供货源信息等等业务活动，也都是以居间为法理基础的经济活动。在主体广泛复杂的商品贸易与服务活动中，居间活动传递商业信息、发现交易机会，促成交易双方达成协议，通过资源充分利用而实现多赢和增值，在商品流通中起着重要的中介作用，说居间活动是市场经济的润滑剂、催化剂和连通器，一点都不过分。

信托公司从事居间业务的法律特征主要有：

1. 居间业务的行为是民事法律行为

信托公司作为依法取得经纪资格的经纪人按照委托人的委托，寻觅和指示可以与委托人订立合同的相对人，从而提供订立合同的机会，或斡旋于交易双方之间，从而促成双方的交易。订立合同过程中，信托公司必须依法进行中介服务活动。

2. 居间业务行为是以签订居间合同来实施的

信托公司作为经纪人在进行居间业务活动时必须依据法律法规的有关规定同委托人签订合同，从而确立其权利义务关系。

3. 信托公司在居间合同中的地位

信托公司在居间合同中的地位相当于介绍人，并不介入委托人与交易对方所签订的合同关系中。也就是说，信托公司交易中既不是交易中双方当事人的一方或者其代理人，也不直接参与交易双方当事人的谈判和洽商，并且不必在交易双方的责权利险诸方面表示任何意见。

4. 居间合同的主体

委托人与交易对方（可以是任何公民、法人）才是居间合同的主体，作为经纪人的信托公司仅具有为之提供有偿服务的从属地位。在居间服务中，只要交易主体双方的意思表示一致，居间合同即告成立，经纪人的活动就取得了结果。委托人就应该向信托公司支付报酬，并不受限于当事人的商品或者服务是否交付或实施，所以居间合同属于诺成合同。

我国法律规定：诚实信用是信托公司从事居间业务的基础性原则。信托公司必须实事求是地就自己所实际掌握的信息，如实地向委托人提供最方便、最有利、最有价值、最及时的订约渠道，并保证提供的信息真实和可靠，没有任何隐瞒欺骗或掺杂任何自己主观臆测。

我国法律规定：居间人促成合同成立的情况下，居间活动的费用，由居间人负担，这时居间人所需的居间费用，通常被包括在居间报酬内，所以居间活动的费用，由居间人负责。这特别是在居间报酬内，所以居间活动的费用，由居间人负责。这特别是在以居间为业的情形，居间费用自然属于居间人营业费用的一部分，理应不得再请求委托人负担。但在居间人未促成合同成立时，依据信托法第四百二十七条的规定，居间人可以要求委托人支付必要的费用。

对于有影响的事项及商业信息，如第三人的资信状况、支付能力、标的物是否有瑕疵等，居间人都必须据实、公正的报告，而不得弄虚作假，从中盘剥渔利，不得与第三人恶意串通损害委托人的利益，也不得恶意促成委托人与第三人订立合同。如果居间人没有尽到以上这些忠实的义务，反而为获取居间报酬而故意作虚假介绍或者是与一方当事人事先串通好，故意告知虚假事实以促成委托人与第三人订立合同，从而损害了委托人或者第三人的合法利益，这些情况一旦发生，居间人非但无权向委托人请求居间报酬，而且还应当就自己因其故意提供虚假情况而给委托人造成的损失承担赔偿责任。居间人违反上述报告义务，故意提供虚假情况，损害委托人利益的，不但无权向委托人请求支付报酬，而且应当承担损害赔偿责任。这里即有违约责任，又有侵权责任。

4.4.3 其他业务

中国银监会2007年版的《信托公司管理办法》首次在信托公司经营范围中列出了代保管和保管箱业务。顾名思义，前者涉及代客保管业务，此处不再赘述。而所谓保管箱业务，则是利用金融机构的信用和经营场所的安全条件及设施，设立的专为租用人保存贵重物品的装置和安全保障的一种服务。古今中外，遭窃或失密是人们经常遭遇的社会顽疾，因此人们总是试图寻求足够的条件来保证其安全，迫切需要凭借他人信用和可靠的场所来提供相应的服务。这样，金融机构就成了现代社会保管箱业务的不二选择。

保管箱主要面对拥有珍贵物品和个人隐私的公民，及拥有重要资料、文件和单据的单位，为其提供安全性、便利性和保密性的存放物品的空间。凡具有完全民事行为能力的中国公民、港澳台同胞和外籍人员，以及依法成立并在中国境内从事经营活动的国内外公司、企业、社会团体、国外或国际组织在华常驻机构及其他经济组织，并愿意遵守相关规定，均可向金融机构申请租用保管箱。

其实早在公元5~6世纪我国从东汉末年的半个多世纪的战乱到三国归晋之后，历史进入了一个历时100余年的统一和发展期，从而积蓄了相当的社会财富。但随之而来的南北割据和持续多年的战乱，使刚刚引入中国的佛教寺庙成为躲避战火的绿洲。许多官宦和富商为了保全其自身财产，纷纷将其金银等贵金属货币形态的财产交由这些寺院里的僧尼代为保管，实质意义上的保管箱业务就已经应运而生了。而其后公元7世纪大唐帝国在当时的国际地位，形成了长安、广州等一些世界经济和世界贸易中著名的商贸大都市。来来往往的富商巨贾、频繁交替的买进卖出都产生了为其保管金银钱财或贵重物品的巨大需求。于是打破了南北朝之后200余年间，由寺院独占的委托保管和委托放贷业务，出现了以商业经营为目的，具有专门从事商事信托业务的被称作“柜坊”的行业。这类大大小小的柜坊一般开办在那些著名的商贸大都市里，它们提供有各种“僦柜”，专门接受富商巨贾委托，为其保管金银钱财或贵重物品。而西方仅仅是在1000多年之后的17世纪，才有英国的金匠利用自己最原始的铸铁箱柜为他人保管黄金等财物，并开出收据证明收到了保管品，当存放人索要时再予归还。19世纪中叶，为了安全保管淘金者的金砂，美国的加利福尼亚州成立了一些保管公司，大量收进被保管的金砂。长期以来随着金融业的发展，良好的信用和安全的建筑和设施，使得银行出租保管箱这项业务在英、美等发达国家已有上百年的历史，一直延续至今并已十分普及。20世纪40年代我国也已陆续开办现代意义上的这类业务，在北京、上海、天津、东北等地的银行建有坚固的保管箱库以供客户选择、租用。

经济学原理告诉我们，需求总是促进着供给。20世纪80年代，改革开放使得一部分人先富起来，而纷纷归国发展的华侨和侨眷也都有保管现金、贵重物和金银首饰等物品的需要。于是，在经济发达的东南沿海地区如上海、广州等地，保管箱业务又开始恢复。据某商业银行资料统计，当时开出的10万多门保管箱很快就有70%被租用。随着二十多年的改革开放进程，人民生活水平和收藏意识的日益提高，对租赁银行保管箱的需求愈加强烈。而市场经济的空前发展，也极大地扩展了租赁保管箱的用途。目前我国大、中城市和沿海地区人均GDP已普遍突破小康标准，中产、富裕阶层不断扩大，家庭投资多元化，收藏呈现多样化。所以不仅有个人存放金银珠宝饰物，而且有个人、企业和其他机构存放古玩字画、股票债券、房产契约，还有各种知识产权类法律文件、契约合同类文本、私密性较强的个人物品等等。保管箱发展到今天，由于该项业务风险较小，能获取一定的收益，又可拓展银行的营销空间，国内各家商业银行先后利用自身的便利条件开办此业务。如今保管箱业务不仅成为金融业营销的时尚，更成为商业银行重要的中间业务之一。

信托公司作为最重要的非银行金融机构之一，也同样具有商业银行开办保管箱业务的两个基本要素：良好的信用、高度的安全条件及设施。一方面信托公司较之商业银行，在开办保管箱业务时具有客户资源比较不丰厚、历史不够悠久、网点数目不够规模等等诸多不足；但古谚云：尺有所短，寸有所长，从另一方面看，信托公司开办保管箱业务也具有一些独到的优势。例如随着市场经济的发展和人们生活水平的提高，个人理财方式趋于多元化，人们在温饱之余拥有了丰富多样的财富。信托公司作为财富管理的专门机构开展保管箱业务，必将在商业银行不能企及的角度拓宽金融服务的内涵，将“理财”和“管物”统一纳入金融保障服务之中。例如集合资金信托或者单一资金信托的委托人、受益人拥有的各类信托文件和凭证，就完全不必舍近求远而存放它处。从而使得保管箱业务因在维护个人财物不受损失，个人隐私不受侵犯等方面起到的不可替代的作用得以充分发挥，所以，利用信托公司理财类业务近水楼台的特点，优选和针对集合资金信托（信托计划）要求的合格投资人资源，为“小众”即优质客户服务，为信托公司开办保管箱业务寻求良好的发展机遇。

据中国工商银行有关数据，仅仅600万人口的香港地区就拥有保管箱700万门。西方其他发达国家保管箱的拥有量也大致是其人口的70%~80%。因而金融机构保管箱业务的发展空间十分巨大。这就要求我们在宣传方式、推广策略上采取行之有效的方法，以达到社会精英阶层的认可，在委托信托公司理财的同时进而主动选择信托业的这一新的服务产品。

4.5 自有资金运用业务

根据中国银监会2007年版的《信托公司集合资金信托计划管理办法》的规定：信托公司自有资金（固有业务项下）可以开展存放同业、拆放同业、贷款、租赁、投资等业务。投资业务限定为金融类公司股权投资、金融产品投资和自用固定资产投资。但除非中国银监会另有规定，信托公司不得以固有财产进行实业投资，信托公司可以用所有者权益项下固有财产为他人提供担保而收取担保费，但对外担保余额不得超过其净资产的50%。中国银监会还规定，除非特别批准，信托公司负债业务仅限于同业拆入，并且在开展除该业务时余额不得超过其净资产的20%。

我们在本章前面的信托业务和财产管理部分里，已经描述了上述经营方式的内容，而除了信托资金因其法律权属特点必须分别、独立经营之外，在资金的运作方法等技术细节方面自有资金的经营运作与之完全相同，这里就不再赘述了。

DI YI XIN TUO CONG SHU

第一信托丛书

信 托 漫 话

第二部分

第5章 信托机构导游

有人说：信托关系中，最重要的是受托人——毕竟是他在掌握着你的钱财，而且，经营的时候还是用他的名义。

与信托同时出现的受托人，在过往几百年的历史中逐渐演变，现在已经是法人信托，就是由信托机构担任主角的时代了。

本章重点介绍“一法两规”颁行五年以来的大环境下中国的信托公司及其经营模式，力图给读者一个当代中国信托业的简明展示。

5.1 信托机构的社会作用

5.1.1 从信托机构的诞生发展说起

我们从信托业的起源和发展历程可以看到，信托是在商品经济的温床上产生出来的，其产生的经济根源有三个：一是人类生产力发展和生产及生活资料的逐步富裕，形成了财产和财产私有化的社会制度；二是随着资产积累形成了资本以及资本对利润的本能追求；三是有效管理财产的要求和财产所有者经营能力间的差异。这三个根源互为关联、互相影响，分别成为信托出现的前提和基础条件、信托发展的动力和对信托的客观需求。随着人类社会经济发展的继续，这种情形不但不会缓解反而会日益增强。这是因为人们对资产的处置、经营和管理的要求越来越强烈和多样化，对资产的管理人即信托的受托人的专业性、稳定性、长期性要求越来越高。同时对受托人的抗风险能力、支付能力和信用等级的要求逐渐提高，使得法人受托应运而生——最初的信托机构就这样诞生了。

虽然世所公认的现代信托起始于工业革命的故乡英国，但由于传统和文化方面的种种原因，更因为日不落帝国后来经济发展缓慢下来，英国反而久久滞留在对绅士君子们信任基础上的个人信托阶段。完全不同的情况发生在市场经济最为发达的美国，1918 年初马萨诸塞州政府正式发放营业执照给一家叫做“马萨诸塞人寿保险”的公司，它的业务就包含了信托，算是开了法人信托的先河。稍后设立的“纽约农业火险及放款公司”虽然比前者晚了 4 年，但作为后来居上者，一开张就把业务从原来经营不动产抵押贷款和承保房屋财产等火险业务，扩充到代理买卖公司债券和代办转换股票等业务领域，甚至后来还逐步放弃了原来经营的保险业务，全力扩大信托事务，成为一个从事信托和贷款的专门企业。由于它们的努力经营，这家之后更名为“纽约农业放款信托公司”的企业被后来者尊崇为“美国信托公司开山鼻祖”。

今天的世界信托业，已经远远不是 200 年前的情况了，信托机构和营利的商事信托早已“回潮”英伦、登陆日本，经过数十年的辗转后逐渐波及各西方工业国家，特别是在第二次世界大战以后甚至迅速风靡了新兴工业国家和地区。甚至由于信托几乎无所不在和影响深远，已经到了需要“反托拉斯”法令的限定的空前发达程度。但也许是因为 20 世纪 20 年代“信交风潮”的不良影响和 80 ~90 年代中国信托业几起几落的阴云依然没有完全散去，有一些人认为在中国信托业有些水土不服，甚至有人认为中国似乎天然缺乏信托生存的土壤。更有论者认为，有了银行的金融作用，信托和信托业有没有都无所谓。其实，这是大错特错的。

5.1.2　过分依赖银行信用的机制缺陷

一、间接信用的兴盛和弱点

如果不去引经据典地进行学术研讨，资本最实用最浅显的解释就是：被用来生产、用来经营谋利的资金或者资产。不像资金往往可以以闲散在社会的形式存在，也不像资产可能是闲置的、潜在的甚至是僵滞的而不参加社会生产活动，资本则是能动的、趋利的而且往往是无所不在的。并且，资本会通过各种方式去召唤、吸引、激活没有加入社会生产力的资金和资产。但是一个社会是如何把积累的闲散资金和资产转化为资本而最终形成生产力的呢？其实，无论是早期的西方资本主义国家，还是后来的东方新兴工业国家和地区，几乎都不可避免地存在这样一个历史阶段，即由银行业通过储蓄等间接信用的方式包办甚至垄断全社会的资本供求。所谓间接，就是资金的供需双方不直接见面，银行以负债的形式接受存款，需求资金的创业家们以借款的方式从银行获得资金投人，经营转化为资本。我们可以清楚地看到，我国现存的金融体系中也同样地具有这种特点。在这一历史阶段，一方面，社会上的闲散资金主要是通过银行以办理存款的方式汇聚起来；另一方面，企业乃至社会发展所需要的资本也主要是依靠这些由银行提供的储蓄资金，银行成为社会资金向社会资本以及社会生产力转换的“变电站”。当时的银行家们往往是些从走街穿巷、深入企业（在我国早期钱庄、票号业中被称为“跑街”）的人们中成长起来的“百业专家”，哪个行当好赚、哪家企业信誉如何都是他们的囊中家珍。就连如今堂堂皇皇居于世界投资银行业巅峰的美国高盛公司也不能“免俗”，她的创始人高德曼先生就是蛰伏在租用地下室里，靠为企业贴现票据和短期放款开始他的世纪伟业的。近年我们耳熟能详的红顶商人胡雪岩，就更是由纯粹的跑街雇员起步开始他的事业生涯的。但是，当商品经济向更高阶段和更大范围发展之后，特别是在新技术革命的今天，哪位银行家、哪家银行还能够各行各业万事皆通呢？即便是银行从全方位服务转向有所侧重的行业或行业群，而这种以银行为金融主角的间接信用方式的弊病也依然会逐渐暴露出来，这主要表现在四个方面。

1. 主要依赖于银行从社会吸收储蓄并发放贷款给资金需求者的传统模式，从社会大众个体角度来看是剥夺了闲散资金拥有者的投资参与权，从全社会角度来看是挖掉了中小投资人乃至投资家出现和生存的土壤。在传统模式的许多情况下，包括我国的现阶段，即便是已经成为创业投资家的中小企业家们依然面临资信不足因而难以获得贷款支持的境地，就不用说刚刚起步的创业者了。这也从一个侧面证明了间接信用为主的方式是存在“制度性的弊端和缺憾”的。

2. 我们常常说，中小投资人在股市拥有用脚投票的权利，虽然我们的股市还远远不近人意，但以银行间接信用为主的模式则基本不具备这一功能，所以社会对企业优胜劣汰的选择机制无以发挥，导致了社会资源不能够有效形成生产力而造成浪费。

3. 通过资金使用权的阶段性“买断”，银行将社会资金供求双方连接在了一起，成败系于银行一身。投放资金的项目如果失败，资金提供者并不直接承担损失。这一方面明显地违背了自由市场经济所信奉的“风险与收益共担”的原则，另一方面也将社会资源的安危主要寄托于“百事通”的银行家身上，形成了巨大的潜在风险。事实上，诸多资产管理公司多年处置的“业绩”和层出不穷的新不良资产都无情地证明了这一点。

4. 这种过分依赖银行作用的信用的高度集中必然导致风险的高度集中，违反了全社会“风险分散”原则。尤其是社会资金大部构成银行负债形式时，一个企业或一个行业发生问题，都会影响银行资金周转，而其他社会因素也往往威胁银行的生存，从而容易诱发大范围的金融危机。早年香港地区一家银行因为路人在楼外的雨搭下躲避雨，被大家误以为挤兑而引发了真正的挤兑，最后甚至造成破产关门的例子，不就恰恰印证了这一传统模式的风险所在吗?

为了弥补过分依赖银行和间接信用模式的这些不足，尤其是随着商品经济的高度发展，当社会的闲置资本越来越多，投资的欲望越来越强烈时，从社会到企业都企望另一种融资方式获得更快的发展，这就是直接融资。直接融资顺应了这一社会潮流，一改传统的间接信用模式的弊病，给予了社会大众对金融商品、融资方式多层次、多方位、多用途的选择。以股票和债券为主的直接信用方式不仅具有投入的选择性、良好的流动性，还可以在投资人需要的时候顺利变现。但从社会整体来看，又将大量的闲散资金长期稳定在了产业资本上，形成了强有力的社会生产力。而社会生产力的提高又反过来增加社会财富、社会积累，形成更丰裕的社会资金和资产，然后再通过直接、间接的信用模式回馈成为新的资本。这样一轮又一轮的良性循环不仅造就了第二次世界大战之后半个多世纪的世界经济发展主流，而且也造就了直接融资在世界各国的空前发展。因此，以更有效的集拢资金和形成规模效应的能力来代客理财、经营股票、债券及其他资产管理活动的西方现代信托业，才形成气候，真正发展成为可以与银行业、保险业比肩而立的金融三大产业之一。

二、我国现存金融机制的缺陷

不少论者把信托业与银行业、保险业比作现代金融构架的鼎立三足，也有人再添上证券业称为现代金融的四大支柱。不言而喻，信托业应该是现代金融体系的重要组成部分。从现代社会经济活动和金融运行的一般规律来看，我们可以发现，就信托活动所涉及的领域和经营的业务品种而言，是大大超越银行业、保险业和证券业的固有领域的。这样的“金融百货商店”自然具有广阔的市场前景。社会需要这样一支拥有强大金融能力和丰富的资本运作技巧的金融机构群体，它们以信托本原业务和创新业务为手段在社会资源整合、企业重组、资产评估、产权交易、资产托管等方面发挥了不可或缺的作用。当然，我国信托投资公司行业的现状距信托业应有的地位还有相当大的差距，但知不足而后勇，缩小以至消灭这一差距将是我国信托从业人员今后一个时期的艰巨任务。同时，社会发展也将呼唤一个超越信托公司范围的，涵盖银行、证券、基金乃至保险业的更广阔的从间接信用向直接信用转换的理财市场，这也就是所谓的大信托业概念。所以说缩小信托行业差距，满足金融市场发展，还需要信托公司业者和所有金融业者共同参与，偕同社会大众一起努力达到宏伟目标。

从我国现存金融和经济发展情况看，随着市场经济体制的建立和商品经济的高度发展，计划经济时代社会资源由政府积累完成、安排和再投入的一元化旧体制已经不复存在，多种所有制成分并存发展和投资主体多元化的趋势已经形成，投资融资体系改革正在进行中。但社会剩余财富的积累仍然主要表现为日益增加甚至连创新高的庞大国民储蓄。事实证明，虽然通过适度扩张的财政政策和加大国债投资来拉动经济增长取得了举世瞩目的成就，虽然2006年开始积极向好的中国股市分流了大量储蓄资金，但真正要把超过34万亿元的国民储蓄和另外据称不少于数万亿元的民间金融转变为社会投资，却是以四大国有商业银行、十数家股份制商业银行为主的原有银行体系力所不及的。这就需要建立起有效的储蓄导向投资的渠道，形成一个资金向资本的转化机制。也就是说，银行作为现存金融体系的主轴，固然可以通过储蓄存款把闲散的社会财富剩余转变为规模资金，并且能够有效地参与货币资金的循环与周转，但要达到社会资金向资本的转化，即把储蓄变为资本并直接投资，在银行不具有直接投资功能、过分依赖间接金融、资金形成以储蓄存款为主的分业经营的金融体系下是无法实现的，由此构成了我国现存金融机制的三大缺陷。

1. 金融工具品种单一，创新能力不强

股市等既有直接投资形式起伏波动且问题较多，使得缺乏规范化的直接投资工具的现象日益加重。

2. 融资渠道单一，间接融资为主

社会资金通向社会生产的渠道仍然以货币融通和间接融资为主，一方面是许多领域渴求资金支持无门，甚至国家大力推动民间资本投入也效果不彰；另一方面是中小企业贷款难痼疾长存；第三方面是银行多次降息以来息位长期低落形成的社会压力，以及直接导致的社会大众苦求投资工具而不可得之。

3. 经营行为趋短，中介功能不强

现存金融体系中因为种种历史的和体制改革中必然出现的原因而经营行为趋短，使缺少投资中介功能和长期融资机构的现象长期不能改观，银行和以银行为代表的间接信用依然举足轻重。

罗列出这些缺陷并非目的，重要的是我们要找到形成它们的原因和解决办法。其实客观地看，我国现存金融体系不可不谓之完善，银行业之外，保险业和证券业都已经运行多年，无论说是“鼎立三足”还是“四大支柱”，我们的金融体系表面看都不存在缺位现象。但形似而神不似，金融机制不到位的主要原因在于：第一，计划经济时代遗留下来的过分倚重银行的传统金融观念仍然存在，甚至依然具有重要影响；第二，门类尚为齐全的非银行金融机构存在但或者没有获得明确定位，或者无法从事本原业务，总之规模与“第一支柱”不可同日而语，更无法发挥应有功能；第三，与其他经营领域里民营和多种所有制形式共存的大好局面不同，金融领域里清一色的国有和类国有企业依然沿着旧轨道运行，对科学的公司治理和真正的现代企业制度依然门户关闭；第四，总体说来，金融抑制的成分大于金融深化的成分。而历经五次整顿之后的我国信托业，59 家原有信托投资公司保留下来的最基础条件就是完成股份制改造，完善企业治理结构。再加上核销呆坏资产、充实和提高资本金等等措施的落实，社会希望这样的一个轻装上阵、面目一新的信托公司群体，能够针对社会经济发展的需求，逐步推出金融新产品和实现金融创新，赢得广泛的市场信誉和地位。同时，在中国银行业监督管理委员会、中国证券业监督管理委员会和中国保险业监督管理委员会不断的政策推动和促进下，几乎涵盖所有金融行业的“理财—信托”业务也正在拉开大信托业的帷幕，如果能够保持这样的局面，那将远远超出重振信托公司群体的行业目标，而对整个金融体系与金融机制的改革发挥决定性的战略意义。这正是我们这一代信托人的奋斗目标和历史责任。

5.1.3　新的信托群体、新的历史作用

我国信托业在经历了一系列重大洗礼、重组、整合之后重新崛起，并已经逐步焕发出勃勃的生机。为什么说重出江湖的信托业和信托公司群体就能够推动金融改革步伐，甚至对回应 WTO 后严峻的国际竞争，对整个金融体系与金融机制的改革，发挥决定性的战略意义呢？这需要我们从信托业的功能和社会作用说起。

一、信托具有对传统体制缺陷战略性的功能补充作用

从历史上看，信托的形成和发展远远早于银行，但在我国计划经济遗留下来的过分依赖银行作用的传统模式里，我国信托曾长期担任“二银行”的角色，而且面对银行业的巨大规模，在金融体系中简单地靠着“高进高出”等不规范操作“火中取栗”。其实，信托本应以多样化、灵活性高和适应性强的特点著称。从业务范围看，它既涉及生产流通领域，又涉及分配消费领域；既可涉及贷款等一般金融业务，又可涉及保管、买卖、收付、处理、寿险等特殊性金融业务；既可融通资金，又可融通物资；既可融通信息，又可融通劳务。所以说，信托具有对传统体制缺陷战略性的功能补充作用。我们可以看到：（1）从国际金融实践来看，信托业在我国逐渐形成的多元化市场金融体系中，能够发挥在发达国家同样的积极作用，具有独立并且与银行业相互补充和协作的地位；（2）从现代金融理论角度来分析，它与银行业务在资产核算办法、财产转移方式、收益分配原则等方面，均有实质性的区别。作为商事信托的受托人，信托公司首先是一种兼具金融功能的财富管理机构，而不是单纯的金融机构；（3）它所具有的金融机能是其财富管理机能的延伸，而且与银行所具有的纯金融机能完全不同；（4）信托除了具有间接信用信托的功能，主要具有直接信用的强大工具和手段，因而成为跨越资金、资产和资本市场的有效通道。

二、信托具有对国民经济的强化渗透能力

这具体表现在：（1）信托与银行原有的贷款形式完全不同，所以信托的形式能够满足不同经济成分对资金和信用的需求，为它们开辟了筹资融资的渠道；（2）信托拥有除吸收存款外几乎所有的全方位多元化筹资手段，包括接受政府预算外资金信托、政府机构和法人定向资金委托、常规和特殊的资金信托、各种基金信托等，信托还可以承销发行国债、金融债券、企业债券和股票等；（3）信托筹资方式比较灵活，虽然不能够保证收益但可以利用多种手段锁定风险，例如利用其他项目现金流担保新项目的收益等等。在追求“低风险，稳收益”的基础上，收益率往往高于银行利率，所以比银行筹资范围广；（4）信托具有多元化的融资渠道，既可用于短期周转性贷款，又可用于固定资产的贷款和投资，甚至可广泛用于融通资金和物资的其他方式。所以，可以满足不同企业对资金的各种需要。因此，开展信托业务，可以打破垄断、搞活金融并充实其内容，使金融功能广泛地渗透到国民经济各部门，适应社会经济发展的多元化需求。

三、善于引导社会财富的流向而发挥最大效能

“一法两规”和中国银监会最近颁行的“新两规”反复定位了信托、信托公司的基本职能，主要是为社会上拥有资金或资产的合格投资人提供受托人服务，代其管理和运用财产。由于信托公司汇集了大批的精通融集资金和运用资金的信托专家，第一，他们在资金的调剂、融通方面具有较多的专业知识和经验，而且掌握社会资金供求方面的信息；第二，他们熟悉国家的投资、融资政策；第三，他们通过分析、研究能够找到最稳定的收入保障，从而更有效地使用信托资产使其充分增值。因而信托业就拥有了足够的吸引力，把一定时期可以支出运用的资金、财产以受托的方式汇聚起来，再有效地投放出去，成为引导社会财富流向、避免盲目投放、保证聚拢来的资金正确投出的有效渠道。因此，信托无论是对于地方经济的发展和产业的升级换代，还是企业转轨改制及提高运营效益，都将发挥很大的积极作用。

我国商品经济和市场经济的迅速发展，呼唤着能够为金融体制改革提供推动力的信托公司的完善和发展。信托业和信托公司由于其经营范围的广泛性，产品种类的多样性，经营手段的灵活性和服务功能的独特性，可以满足

不同种类的市场需求和服务对象，通过信托品种的创新设计、组合运用，对信托财产和自有资金采取出租、出售、贷款、投资、同业拆放、融资、融物等多种方式，全方位满足各类市场需求，具有极明显的综合优势。明眼人不难看出，拿我国现有的远远落后于世界水平的信托公司群体来说，环顾我国所有的其他金融行业，也只有它们才拥有唯一一支可以涵盖和跨出证券、票据、外汇领域的直接投资团队。因此可以展望，在目前金融各业态都积极参与的未来大信托业舞台上，领唱的还将是信托公司群体，至少在我们可以预见的将来无不如此。

因此，我国的信托公司行业为代表的大信托业在推动社会经济发展中的作用十分巨大，而且一定会成为未来金融体系中最重要的组成部分之一。

5.2 今天谁可以做信托

作为我国金融业重要组成部分的专业信托机构，一般通称为信托公司。

经过中国信托业第五次历时三年的整顿之后，肩负着为金融投资市场增加活力、推动金融改革重任的中国信托业终于开始了新的航程。全社会对此给予了充分关注。现在都是谁在从事信托业务呢？《中华人民共和国信托法》和中国银监会2007年版《信托公司管理办法》等行政法规的颁行，对信托公司的设立与运行，提出了市场准入和运行规范两方面的规定。

5.2.1 信托市场准入的必要条件

1999年1月国务院办公厅转发了中国人民银行整顿信托投资公司的方案。该方案确定了第五次信托业整顿的基本原则和目标，重新规范了信托公司的业务范围，严格公司设立条件，并提出了整顿工作的主要内容和措施。

根据全国第五次信托业清理整顿的精神，对于符合中国人民银行方案设立条件的原有信托投资公司予以保留；对出现严重支付风险、资不抵债的公司予以关闭或破产；对资本规模较小，财务状况一般，信托主营业务较少的信托投资公司予以合并、撤销或重组。经过对原有的200多家信托投资公司分类处置之后，在原则上每个省（直辖市）、自治区保留一至两家信托投资公司，加上原有中央直属的和计划单列城市保留的，全国批准保留的信托投资公司为60家左右。这些保留下来的公司必须达到整顿工作规定的主要标准：

1. 分业经营，分业管理

通过清理整顿，实现信托业与证券业分业经营、分别设立、分业管理，不再从事股票经纪业务。

2. 清理资产，核实损失

通过由省级政府和国务院有关部门指定的中介机构对各信托投资公司分别进行的全面清产核资、资产评估及对信托投资公司境内外机构的本外币资产、负债和所有者权益进行的彻底清查，并提出合格的资产质量和资产实际损失报告。

3. 分类处置，化解风险

对原有信托投资公司分别按四种方式处置：（1）对严重资不抵债的信托投资公司，予以关闭或者依法宣告破产；（2）对信托投资公司在核销自身呆账和投资损失的基础上，按其主要业务，分别转为证券公司、集团财务公司，或并入国有独资商业银行，或变为工商企业；（3）凡不符合中国人民银行整顿方案中信托投资公司设立条件的，若干个信托投资公司可合并为一个公司；（4）凡符合中国人民银行整顿方案中有关信托公司设立条件的，原信托投资公司可予以保留。

4. 清偿债务，维护稳定

所有允许保留、合并和重组的信托投资公司还必须是：完成了债务清偿，或者是完成了债务重组，即通过与债权人协商，以注资、债转股、减免利息和债务展期等措施达成一致的。

5.2.2 信托市场准入的充分条件

经过1999年开始的全国第五次整顿之后现存的信托投资公司，基本都是在2001年通过时任行业监管机构中国人民银行的批准根据2002年版的《信托投资公司管理办法》的规定重新登记和领取金融许可证的，现在又正在根据中国银监会2007年版的《信托公司管理办法》过渡或直接申请换发新的“信托公司”的金融许可证。我们下面介绍这一市场准入的“新办法”规定的相关标准：

1. 获得批准

设立信托公司，应当经中国银监会批准，并领取金融许可证。所称信托公司，是指依照《中华人民共和国公司法》和本办法设立的主要经营信托业务的金融机构。所称信托业务，是指信托公司以营业和收取报酬为目的，以受托人身份承诺信托和处理信托事务的经营行为。未经中国银监会批准，任何单位和个人不得经营信托业务，任何经营单位不得在其名称中使用“信托公司”字样。除非法律法规另有规定。同时，应当采取有限责任公司或者股份有限公司的形式设立。

2. 通过审查

中国银监会依照法律法规和审慎监管原则，根据经济发展的需要和信托市场的状况对信托公司的设立申请进行审查，看其是否具备下列条件：

（1）有符合《中华人民共和国公司法》和中国银行业监督管理委员会规定的公司章程；

（2）有具备中国银监会规定的入股资格的股东；

（3）具有中国银监会“新办法”规定的最低限额的注册资本；

（4）有具备中国银监会规定任职资格的董事、高级管理人员和与其业务相适应的信托从业人员；

（5）具有健全的组织机构、信托业务操作规程和风险控制制度；

（6）有符合要求的营业场所、安全防范措施和与业务有关的其他设施；

（7）中国银监会规定的其他条件。

3. 达到标准

中国银监会作为国家主管部门根据信托公司行业发展的需要，规定、调整设立信托公司的注册资本最低限额。现行的标准是：

（1）信托公司注册资本最低限额为3亿元人民币或等值的可自由兑换货币，注册资本为实缴货币资本。

（2）申请经营企业年金基金、证券承销、资产证券化等业务，应当符合相关法律法规规定的最低注册资本要求。

（3）中国银监会根据信托公司行业发展的需要，可以调整信托公司注册资本最低限额。

1999年第五次整顿后全国获得批准保留的60多家信托投资公司，迄今为止，共有59家完成了当时中国人民银行和中国银监会等国家行业主管部门要求的重新登记工作。其中包括：

中诚信托投资有限责任公司、上海国际信托投资有限公司、华宝信托投资有限责任公司、新华信托投资股份有限公司、大连华信信托投资股份有限公司、英大国际信托投资有限公司、上海爱建信托投资有限责任公司、中海信托投资有限责任公司、陕西国际信托投资股份有限公司、重庆国际信托投资有限公司、厦门国际信托投资有限责任公司、中泰信托投资有限责任公司、平安信托投资有限责任公司、深圳国际信托投资有限责任公司、东莞市信托投资有限公司、吉林省信托投资有限责任公司、北京国际信托投资有限责任公司、西藏自治区信托投资公司、山西省信托投资公司、浙江省国际信托投资有限责任公司、金信信托投资股份有限公司、宁波市金港信托投资有限责任公司、新疆金新信托投资有限公司、甘肃省信托投资有限责任公司、西安国际信托投资有限公司、中融国际信托投资有限公司、中信信托投资有限责任公司、山东国际信托投资有限责任公司、伊斯兰国际信托投资有限公司、苏州信托投资有限责任公司、黔隆国际信托投资有限责任公司、中国对外经济贸易信托投资有限责任公司、青海庆泰信托投资有限责任公司、西部信托投资有限公司、新疆国际信托投资有限责任公司、江苏省国际信托投资有限责任公司、天津信托投资有限责任公司、北方国际信托投资股份有限公司、百瑞信托投资有限责任公司、粤财信托投资有限公司、中原信托投资有限公司、内蒙古信托投资有限责任公司、衡平信托投资有限责任公司、湖南省信托投资有限责任公司、联华国际信托投资有限责任公司、湖北省国际信托投资公司、安信信托投资股份有限公司、国联信托投资有限责任公司、云南省国际信托投资公司、国投弘泰信托投资有限责任公司、江西省国际信托投资股份有限公司、杭州工商信托投资股份有限公司、青岛海协信托投资有限公司、合肥兴泰信托投资有限责任公司、安徽国元信托投资有限责任公司、新时代信托投资股份有限公司、国民信托投资有限公司、河北省国际信托投资有限公司以及吉林泛亚信托投资有限责任公司。

上述公司均在2001年9月~2003年11月间获得中国人民银行或中国银行业监督管理委员会的批准并领到“准入证”，具备了全面开展规范化信托业务的基本条件。而目前根据中国银监会2007年2月14日《关于实施〈信托公司管理办法〉、〈信托公司集合资金信托计划管理办法〉有关具体事项的通知》精神，鉴于“新两规”在2007年3月1日实施。为推动信托投资公司按照“新办法”相关规定开展业务并实现平稳过渡，这59家信托投资公司可以选择：（1）凡能够按照新办法开展业务，且满足该通知规定条件的信托投资公司，应当自2007年2月14日起2个月内，向中国银监会提出变更公司名称和业务范围等事项的申请。（2）其他信托投资公司可以实施过渡期安排。过渡期自2007年3月1日起，最长不超过3年。根据有关部门数据，目前采取变更名称和直接申请换发新的“信托公司”金融许可证的已经近20家，并且多为东部沿海及大中城市等信托业相对发达地区的企业。而3月1日起，尚有数家信托投资公司发行原先根据“老两规”批准的以200份为特征的集合资金信托。信托投资公司与信托公司分野并存的短暂时期拉开了帷幕。

5.2.3　信托公司运行规范

我国现存的信托投资公司一般是过去由银行或者各级政府开办的。前者不免带有与美国信托机构类似的银行下属信托部的痕迹，它们当时实际上是为了银行能够跨越“金融分业”的模式而建立的，往往也依托于开办行的种种资源。后一类信托投资公司基本是由各级政府（计委、财政局或者其他机关）创办和经营的，所以也不可避免地受到地方政府的影响甚至演变成地方政府的附属物，主要服务于地方政府自筹的基本建设和固定资产投资。因此，信托投资公司从一开始就承担了一部分政府职能和银行职能，企业行为不够独立，被形容成“二财政”、“二计委”或者“二银行”实在是恰如其分的。为了能够使中国信托业真正步上坦途、获得快速发展，当时中国人民银行2002年版的《信托投资公司管理办法》就信托投资公司的经营范围、经营规则和信托投资公司的监督管理与自律作出了详细规定：

一、信托投资公司（2002年版“老办法”规定的）经营范围

1. 信托业务

信托投资公司，顾名思义，其最典型的业务当然是信托业务。作为国家行业主管部门在规定中列出三大类信托业务：

（1）经营资金信托业务，即委托人将自己合法拥有的资金，委托信托投资公司按照约定的条件和目的进行管理、运用和处分；

（2）受托经营动产、不动产及其他财产的信托业务，即委托人将自己

的动产、不动产以及知识产权等财产、财产权，委托信托投资公司按照约定的条件和目的进行管理、运用和处分；

（3）依照《中华人民共和国信托法》的有关规定，设立公益信托，针对的公益目的包括：救济贫困、救助灾民、扶助残疾人；发展教育、科技、文化、艺术、体育、医疗卫生事业、环保事业、其他社会公益事业。

2. 基金业务

受托经营法律、行政法规允许从事的投资基金业务，作为投资基金或者基金管理公司的发起人从事投资基金业务。

3. 投行业务

（1）经营企业资产的重组、购并及项目融资、公司理财、财务顾问等中介业务；

（2）受托经营国务院有关部门批准的国债、政策性银行债券、企业债券等债券的承销业务。

4. 中间业务

（1）代理财产的管理、运用和处分；

（2）代理保管业务；

（3）信用见证、资信调查及经济咨询业务。

5. 自有资金业务

信托投资公司所有者权益项下依照规定可以运用的资金，可以：

（1）存放于银行或者用于同业拆放、贷款、融资租赁和投资，但自用固定资产和股权投资余额总和不得超过其净资产的80%；

（2）以固有财产为他人提供担保。

每家信托投资公司的具体经营范围都要在公司章程中予以明确规定。信托投资公司可以根据自身情况在上述本币和外币业务中确定一部分或者全部。此外，根据市场和发展的需要，还可向国家行业主管部门申请一些其他金融业务，但必须要在中国银监会等国家主管部门批准后才可实施。

二、信托公司（2007年版“新办法”规定的）经营范围

中国银监会2007年版《信托公司管理办法》对于信托类业务（资金信托、动产信托、不动产信托、其他财产或财产权信托、公益信托等）、投资基金业务均未做改变，只是新增了“有价证券信托”这一新品种。该部

"新办法"规定，信托公司可以申请经营下列部分或者全部本外币业务：

1. 信托业务

（1）资金信托；（2）动产信托；（3）不动产信托；（4）有价证券信托；（5）其他财产或财产权信托；（6）外汇信托业务，应当遵守国家外汇管理的有关规定，并接受外汇主管部门的检查、监督；（7）根据《中华人民共和国信托法》等法律法规的有关规定开展公益信托活动。

2. 基金业务

作为投资基金或者基金管理公司的发起人从事投资基金业务。

3. 投行业务

（1）经营企业资产的重组、购并及项目融资、公司理财、财务顾问等中介业务；（2）受托经营国务院有关部门批准的证券承销业务。

4. 中间业务

包括办理：（1）居间业务；（2）经济咨询业务；（3）代保管及保管箱业务；（4）法律法规规定或中国银行业监督管理委员会批准的其他业务。

5. 自有资金业务

信托公司固有业务项下可以开展：（1）存放于银行或者同业、拆放同业、贷款、租赁、投资等业务；（2）信托公司可以以固有财产开展对外担保业务，但对外担保余额不得超过其净资产的50%；（3）信托公司负债业务可以开展同业拆入业务，但拆入余额不得超过其净资产的20%。中国银行业监督管理委员会另有规定的除外。

6. 其他业务

信托公司还可向中国银监会等国家行业主管部门申请一些其他金融业务，但必须要在获得批准后才可实施。

上述信托公司诸项业务中，资金信托业务不仅在国内是最受瞩目的一项，就是在国际信托业中也占有绝大部分的份额，在美、日等信托业发达的国家甚至有过突破90%信托市场份额的记录。但是在我国目前商品经济还不够发达，银行及社会不良资产和积压商品存量较大的情况下，动产和不动产信托具有巨大的市场潜力。另外，随着科技进步和法制进一步健全，我国的知识产权和其他财产权信托市场也会有大幅增长，值得业内业外人士予以关注。对于设立上述种种信托的市场需求，信托公司可以按照信托目的、信托财产的种类或者对信托财产管理方式的不同设置信托业务品种。而且，信托公司在管理、运用信托财产时，可以依照信托文件的规定，采取投资、出售、存放同业、买入返售、租赁、贷款等方式进行。

三、信托公司经营规则

作为受人之托、忠人之事、为人打理财物的受托人，信托公司的行为准则和规范不仅关乎每个企业的生存，也关乎中国信托业的兴衰发展。对此国家行业主管部门一贯给予严格的规定，无论 2002 年版的中国人民银行“老办法”，还是 2007 年版的中国银监会“新办法”的规定都包括以下几个方面，相比而言，通过五年信托和监管实践的总结，规定的更加精细和严格罢了。

1. 信托宗旨与基本原则

（1）信托公司应当以受益人的最大利益为宗旨处理信托事务，管理运用或者处分信托财产，必须恪尽职守，履行诚实、信用、谨慎、有效管理的义务；（2）信托公司应当亲自处理信托事务。信托文件另有约定或有不得已事由时，可委托他人代为处理，但信托公司应尽足够的监督义务，并对他人处理信托事务的行为承担责任；（3）信托公司在处理信托事务时应当避免利益冲突，在无法避免时，应向委托人、受益人予以充分的信息披露，或拒绝从事该项业务；（4）除非法律法规另有规定或者信托文件另有约定的外，信托公司对委托人、受益人以及所处理信托事务的情况和资料负有依法保密的义务；（5）信托公司应当妥善保存处理信托事务的完整记录，定期向委托人、受益人报告信托财产及其管理运用、处分及收支的情况。

2. 信托业务禁止行为

（1）信托公司经营信托业务时，不得有下列行为：①利用受托人地位谋取不当利益；②将信托财产挪用于非信托目的的用途；③承诺信托财产不受损失或者保证最低收益；④以信托财产提供担保；⑤法律、行政法规和中国银监会禁止的其他行为。

（2）信托公司在经营固有资产业务时，不得有下列行为：①向关联方融出资金或转移财产；②为关联方提供担保；③以股东持有的本公司股权作为质押进行融资。

（3）信托公司的关联方按照《中华人民共和国公司法》和企业会计准则的有关标准界定。主要是指：①持有信托公司 10% 以上股权的股东；

②信托公司投资控股的企业；③信托公司的董事、监事、经理、信托业务人员及其近亲属；④前项所列人员投资持股5%以上或者担任高级管理人员的公司、企业和其他经济组织。

3. 其他的业务禁止和限制

（1）信托公司不得以经营资金信托或者其他业务的名义吸收存款；（2）信托公司为他人提供担保或者拆入资金的余额不得超过其净资产的50%；（3）信托公司开展同业拆入业务时，其拆入余额不得超过其净资产的20%；（4）未经特别批准，信托公司不得以固有财产进行实业投资；（5）信托公司经营外汇信托业务，应当遵守国家外汇管理的有关规定，并接受外汇主管部门的检查、监督。

4. 运营规则

（1）信托公司应当将信托财产与其固有财产分别管理、分别记账，并将不同委托人的信托财产分别管理、分别记账；（2）信托公司应当依法建账，对信托业务与非信托业务分别核算，并对每项信托业务单独核算；（3）信托公司的信托业务部门应当独立于公司的其他部门，其人员不得与公司其他部门的人员相互兼职，业务信息不得与公司的其他部门共享；（4）信托公司应当妥善保存处理信托事务的完整记录，定期向委托人、受益人报告信托财产及其管理运用、处分及收支的情况，委托人、受益人向信托公司有权了解对其信托财产的管理运用、处分及收支情况，遇到此例时，信托公司必须按要求作出说明；（5）信托公司每年应当从税后利润提取5%，作为信托赔偿准备金，但该赔偿准备金累计总额达到公司注册资本的20%时，可不再提取；（6）信托公司的赔偿准备金应存放于经营稳健、具有一定实力的境内商业银行，或者用于购买国债等低风险高流动性证券品种；（7）信托公司开展关联交易，应以公平的市场价格进行，逐笔向中国银行业监督管理委员会事前报告，并按照有关规定进行信息披露。

5. 公司终止规则

信托公司终止时，其管理信托事务的职责同时终止。除非信托文件另有规定，一律由中国银监会批准成立的清算组负责妥善保管信托财产，作出处理信托事务的报告并向新受托人办理信托财产的移交。

其他具体涉及信托业务特别是集合资金信托（信托计划）的规则，我们已经在第四章中谈及，还将在本丛书有关分册中讨论，这里就不再赘述了。

5.3 信托公司的内部管理

5.3.1　战略管理与机构设置

目前我国的信托公司正处在巨大变革时期，外部环境存在着很大的风险即不确定性。面对这前所未有的机遇和挑战，需要信托公司本身具有适应外部激烈变化的内部机制。这种机制主要反映在法人治理结构、发展战略制定和机构设置三个方面。由于本书的目标读者是社会公众的关系，我们仅仅从外部评价的角度予以简略介绍，而把进一步的内部机制研究探讨留给本丛书的其他专业分册。

一、信托公司的法人治理

信托公司作为商界百态里，唯一以自己的名义，全权受托处置、管理他人金钱、财物的金融机构，其法人治理结构是否到位关系尤其重大。所以中国银监会总结28年来监督管理和信托公司业态的经营实践，在2007年1月22日正式颁发了一份重要文件《信托公司治理指引》（以下简称“《治理指引》”），该《治理指引》在总则中首先强调：依据法律法规，信托公司治理应当体现受益人利益最大化的基本原则。股东（大）会、董事会、监事会、高级管理层等组织架构的建立和运作，应当以受益人利益为根本出发点。公司、股东以及公司员工的利益与受益人利益发生冲突时，应当优先保障受益人的利益。这就开宗明义地指出了信托公司的法人治理的要义，奠定了良好的基础。

要达到这样的目标，第一，信托公司必须认真履行受托职责，遵循诚实、信用、谨慎、有效管理的从业原则，而具体就要落实到恪尽职守，做到真正把受益人的最大利益发在第一位来处理信托事务；第二，信托公司要按法律法规的要求制定章程和合规管理等方面的内部规则，明确股东、董事、监事、高级管理人员的职责和权利义务，完善内部议事制度和决策程序，督促公司股东（大）会、董事会、监事会、高级管理层等各个层面在各自职责范围内履行合规职责，使信托公司的经营活动与法律、规则和准则相一致，促使公司合规经营；第三，信托公司还必须按照法律法规的要求，建立完备的内部控制和风险管理制度，完善信息披露体系，制定合理的人才引进、绩效评估和薪酬制度。

1. 信托公司的股东

（1）正是因为信托公司代人理财的特殊性，要成为其股东就必须具备法律法规和国家行业主管部门规定的资格条件，并经中国银监会批准。

（2）还必须承诺：①持股未满三年不转让所持股份，但上市信托公司除外；②不质押所持有的信托公司股权；③不以所持有的信托公司股权设立信托；④严格履行出资义务。

（3）作为信托公司股东还禁止下列行为：①虚假出资、出资不实、抽逃出资或变相抽逃出资；②利用股东地位牟取不当利益；③直接或间接干涉信托公司的日常经营管理；④要求信托公司做出最低回报或分红承诺；⑤要求信托公司为其提供担保；⑥与信托公司违规开展关联交易；⑦挪用信托公司固有财产或信托财产；⑧通过股权托管、信托文件、秘密协议等形式处分其出资；⑨损害信托公司、其他股东和受益人合法权益的其他行为。

（4）信托公司的股东发生任何可能导致所持信托公司股权发生变化的情形，例如欲转让所持信托公司股份或该股权被采取诉讼保全措施或被强制执行，或股东自身发生合并、分立，破产关闭、被解散或被接管，甚至股东变更名称，都应当及时通知信托公司并呈报国家行业主管机构。

应当说，上述种种规定无非是基于信托公司这种代人理财的角色定位的特殊性和本着真正把受益人的最大利益发在第一位的基本原则来指定的，而且在28年的信托与监管实践中，针对信托公司股东的许多限制性条款也绝非空穴来风。而《治理指引》中不舍细微地规定“股东与信托公司之间应在业务、人员、资产、财务、办公场所等方面严格分开，各自独立经营、独立核算、独立承担责任和风险”正是说明了现实中存在的问题。所以随着“新两规”的贯彻实施，严格履行《治理指引》中对于股东的这些规定，将大大有利于信托公司治理水平的提高、杜绝那些因为股东抽逃资本金、关联交易引起的恶性事件，使中国信托公司群体真正体现和代表时代的水平。

2. 信托公司的股东（大）会制度

如同国家关于有限责任公司和股份有限公司的法律法规的规定，信托公司应在公司章程中明确规定股东（大）会的召集、表决方式和程序、职权范围等内容；制定股东（大）会议事细则和审议相关法律法规规定的事项。除此之外，对信托公司的特殊要求还有：

(1) 应当将下列事项列入信托公司股东（大）会审议范围：①通报监管部门对公司的监管意见及公司执行整改情况；②报告受益人利益的实现情况。

(2) 信托公司股东单独或与关联方合并持有公司50%以上股权的，股东（大）会选举董事、监事应当实行累积投票制。这里所谓的累积投票制，是指股东（大）会选举董事或者监事时，每一股份拥有与应选董事或者监事人数相同的表决权，股东拥有的表决权可以集中使用。

(3) 信托公司的股东（大）会会议记录不仅应做到真实、完整，而且自作出之日起至少保存15年。同时其决议及相关文件，应当报中国银监会备案。

3. 信托公司的董事会制度

除了国家对有限责任公司和股份有限公司的法律法规的规定外，信托公司的董事会制度还具有一些特殊规定：

(1) 对信托公司董事的要求还有：①除应当具备法律、行政法规外，必须符合中国银监会规定的资格条件，中国银监会将信托公司董事列入高级管理人员体系管理和批准；②董事个人直接或者间接与公司已有的或者计划中的合同、交易、安排有关联时，应当及时将其关联关系的性质和程度告知董事会、监事会，并在董事会审议表决该事项时予以回避。

(2) 信托公司设立独立董事制度的：①独立董事要关注、维护中小股东和受益人的利益，与信托公司及其股东之间不存在影响其独立判断或决策的关系；②独立董事人数应不少于董事会成员总数的1/4；但单个股东及其关联方持有公司总股本2/3以上的信托公司，其独立董事人数应不少于董事会成员总数的1/3；③信托公司的独立董事应对重要业务发表独立意见，可就关联交易等情况单独向中国银监会报告；④独立董事在任期内辞职或被免职的，独立董事本人和信托公司应当分别向股东（大）会、中国银监会提供书面说明。

(3) 信托公司的董事会除制订战略发展目标、相应的发展规划，了解风险状况、明确风险管理政策和管理规章外，还需要：①将制定好的董事会召集程序、议事表决规则，经股东（大）会表决通过后报中国银监会备案；

②向股东（大）会及中国银监会及时报告一致行动时可以实际上控制信托公司的关联股东名单；③下设信托委员会，成员不少于三人，由独立董事担任负责人，负责督促公司依法履行受托职责。当信托公司或其股东利益与受益人利益发生冲突时，保证公司为受益人的最大利益服务；④负责将股东（大）会、董事会等会议文件报中国银监会或其派出机构备案。

4. 信托公司的监事会制度

除了国家对有限责任公司和股份有限公司的法律法规的规定外，信托公司的监事会制度还具有一些特殊规定：（1）信托公司监事应当符合法律、行政法规和中国银监会规定的资格条件，具备履行职责所必需的素质，信托公司的监事也必须经过中国银监会批准而且监事长也纳入高级管理人员体系管理；（2）信托公司的监事在列席董事会会议中，发现重大事项可单独向中国银监会报告；（3）信托公司监事会应当制定规范的议事规则，经股东（大）会审议通过后执行，并报中国银监会备案。

应当说，通过“一法两规”五年的信托实践和监管实践，再有中国银监会“新两规”的颁行，信托公司群体的法人治理结构已经发生和即将发生根本性的改观，那种部分信托公司股东试图把信托公司作为自己的“融资管道”、“融资平台”的做法，已经越来越不合时宜，并且在制度上也将处于违规成本高企而得不偿失的末路境地。笔者对此持乐观其成的积极态度。

二、信托公司的战略管理

一个没有宗旨和发展目标的企业不会是一个好企业，甚至不会是一个真正意义上的企业。因为企业不是计划经济时代只“完成上级下达指标的工作单位”，企业必须回答和不断调整的问题是：我是谁？我要做什么？我有什么资源？以及如何使用这些资源去达到目标？也就是说企业要有能力在其总体层面上针对千变万化的外部环境，重新确定未来的发展方向；制定对策，重新对资源配置进行调整；策划和推出新的业务或者产品等等。这就是企业的战略管理涉及的主要内容。由于目前我国信托业外部环境和内部资源都处于不断的此消彼长之中，存在着很大的不确定性，所以信托公司的董事会和高级管理层就必须从战略的高度审时度势、运筹帷幄，只有这样才能使企业在市场经济的大风大浪中乘风破浪，驶向胜利的彼岸。因此，看一个信托公司是否运行健康，它的战略管理水平是最重要的因素之一。

1. 战略管理评价

国内企业界近年有些跟风追时髦的趋势，企业家们热衷于制定许多大而无当的宏伟目标，习惯于“冲出亚洲，称雄世界”的口号式“战略”。其实，这样的企业就像一个连眼神都因为目标遥远而迷茫的人，委托人还敢把自己的“体己钱”托付给它吗？当然，这种情况国外也曾经有过，20 世纪 60~70 年代的管理学家们就曾把战略定义为“确定企业最基本的长期宗旨和目标”，并进而把围绕这种宗旨和目标的“全面计划”作为战略管理的基础。既然是一种“计划”，当然越大越好越有魅力，所以也出现过上述类似我们国内的现象。事实上，企业并非一个有理性的实体，追求“一个有内聚力的整体之机制或计划”在今天不断变幻的内外因素前也几乎是无法企及的事。我们应该看到，战略是存在非计划性的一面的，例如由于竞争对手采取某项突然行动，就会迫使企业改变营销手法而改变既定的市场战略。所以事实上，企业战略是由事先的总体计划和应付突发变化的措施组合而成的。因此，有论者把战略定义为“一系列的决策或行动方式”似乎更有道理。就是说，这一系列方式包括刻意安排（或计划性）的总体性战略和任何临时情况出现时（或非计划性）的策略组合。所以，看一个信托公司的战略管理水平如何，千万不要被它宏伟的企业目标所迷惑，而要看它是不是有这样一套针对临时情况的策略组合。或者说，从它的战略制定和管理体制设置来看企业的应变机制和应变能力。比如说，中国银监会 2005 年发布的 2 号令，允许银行业可以开展“理财计划”，打破了信托公司行业独占的集合资金信托“领地”，应对这种突然的政策性地震就是对信托公司群体的一次应变考验。毋庸讳言，在猝发事件下猝不及防、甚至或无所适从的公司，无论其战略如何宏伟都不能受到理想的评价。

国内一个著名民营企业家在一家顶级商学院做演讲的时候曾描述了他们正在努力构建的管理体制，他们的总部只有三大功能：长期发展战略及 3 年计划制订，与年计划 20% 以上差异的监控和分析，增加核心竞争力的研究。连一年期的计划都下放到一级部门和子公司去做，相对于整天忙于事务性工作的“工作狂”企业家们领导的公司，如果形成了这种“轻型总部”式的决策分工链就意味着颇具潜能的一种应变机制，对提高企业的抗风险能力和在多变的环境中长期稳定的成长性一定会大有裨益。无论是对“看”公司的外部人，还是对管理公司的内部人这位企业家的做法都是有借鉴意义的。

2. 战略管理层次

战略管理随企业里管理层级的不同而分为三个层次，即公司战略、业务战略和部门战略。(1) 公司战略是整个企业的战略决策，确定企业的宗旨和目标，划定主要经营领域，配置资源给各经营领域，并制定各项业务的战略。公司战略常常涉及整个企业的财务结构和组织结构方面的问题。(2) 公司的二级战略常常被称作竞争战略或业务战略，即将公司战略所包括的企业目标、发展方向和措施加以具体化，由涉及各业务单位的主管以及辅助人员形成各自方面的战略。(3) 公司三级战略被称作经营或部门战略。部门的责任是制定局部战略，以适应公司战略和业务战略目标的要求。公司计划财务部门为制定各层次战略提供关键信息，并提出评估各层次战略实施情况的具体措施。

3. 战略实施

为了将战略付诸实施，需要制定一些关键的决策。第一，为贯彻企业战略，企业需要有一个有效的组织结构。制定组织结构涉及如何划分企业内的工作职责范围和分配决策权力，如企业的管理层次数目，决策权力及授权授信体系，部门设置，是否设立分支机构等等。第二，人力资源关系到战略实施的成败，所以人员的制度管理颇为重要。第三，战略实施涉及适当的组织协调和控制系统。战略实施离不开企业内各单位的集体行动和协调，企业必须确定采用什么标准来评价各下属单位的效益，调控它们的行动。第四，要保证战略的成功实施，必须要协调好企业战略、结构、文化和控制诸方面的关系。不同的战略和环境对企业的要求不尽相同，所以要求有不同的结构设置、价值观和控制体系。

三、机构设置

信托公司是以经营信托产品和金融服务为主营业务的企业，它的机构设置不仅受到外部法律法规、竞争程度和供求关系的影响，而且还受到内部资源以及提供信托服务的能力和创新能力等技术条件的影响。例如中国人民银行和中国银监会等国家主管部门就曾先后对信托公司机构设置作出规定，2007年版的中国银监会《信托公司管理办法》中再一次明确指出：信托公司的信托业务部门应当独立于公司的其他部门，其人员不得与公司其他部门的人员相互兼职，业务信息不得与公司的其他部门共享。

加入WTO之后，我国的金融市场逐步开放。在信托业“一法两规”的作业平台已经构成中国银监会修订颁行“新两规”的大环境下，社会对信托业务的需求和增长的预期都是比较乐观的。在信托公司内外资源、服务能力发生变化的同时，其内部控制体系、管理流程、人力资源需求甚至管理理念都会发生变化。最终，这些变化都会影响到其内部的机构设置。比如，与1999年前的公司相比，现在的信托公司没有了以证券经纪业务和股票承销业务为主的证券事业部或者证券部。但是随着信托业务的大量展开，信托公司会增加相关部门的设置。下面我们以几个已经重新登记过的信托公司事业部制的机构设置图为例来说明（参见图5－1、图5－2、图5－3、图5－4）。

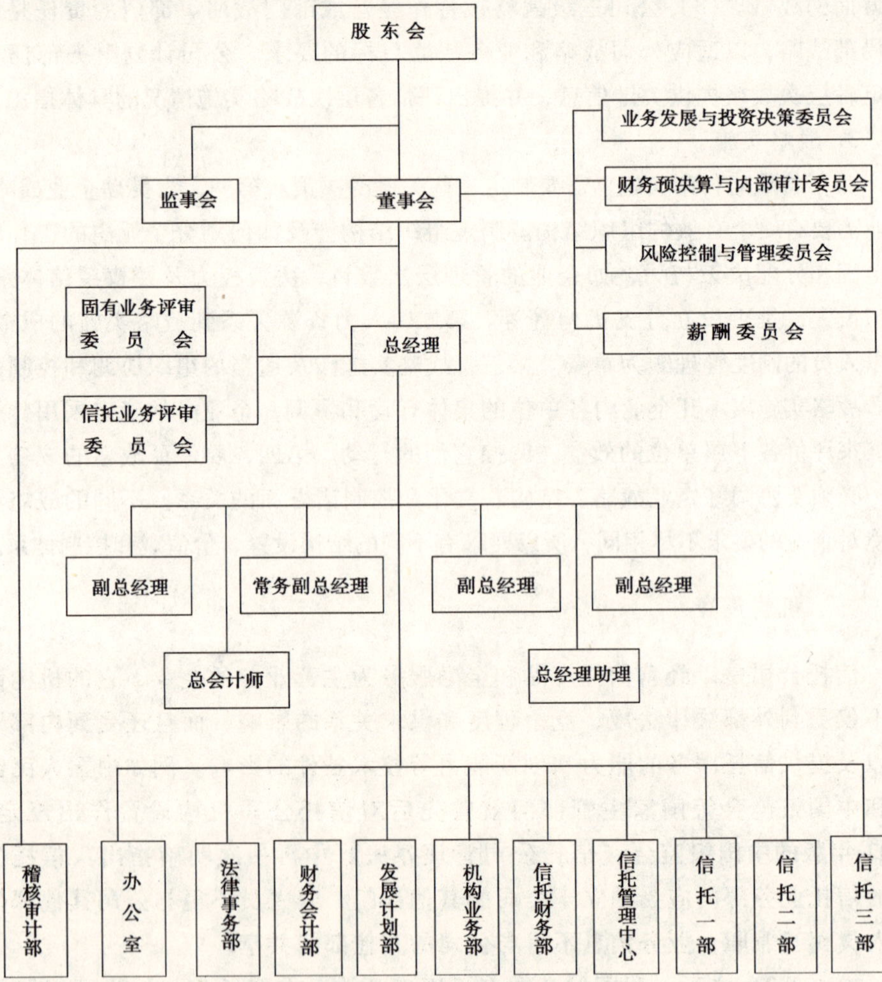

图5－1　信托公司机构设置（一）

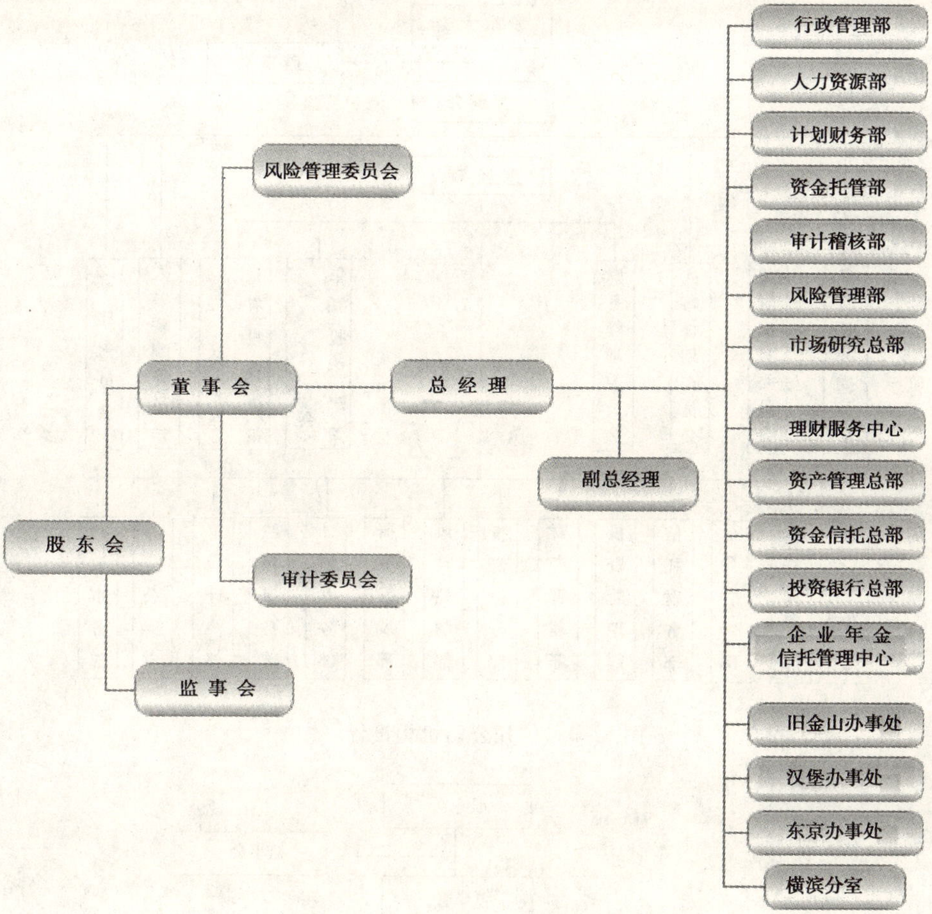

图5－2 信托公司机构设置（二）

与第五次整顿前相比，信托业的一些资深者们称之为“新信托时代”的信托公司部门设置特色鲜明，根据我们的初步调查了解，以上述四个图的信托公司的机构设置为例，结合2007年版中国银监会“新两规”对于信托公司业务范围等方面的规定，可以总结出以下几个特点。

1. 信托为业务主旋律

信托业务数量的增长和范围的扩张，都使得从事信托的部门有所增长，个人信托与团体信托可以按业务来划分部门，也可以行业性、区域性或者地域性分类。为了在不断发展中按照实际承接的业务量比较“均衡”地划分

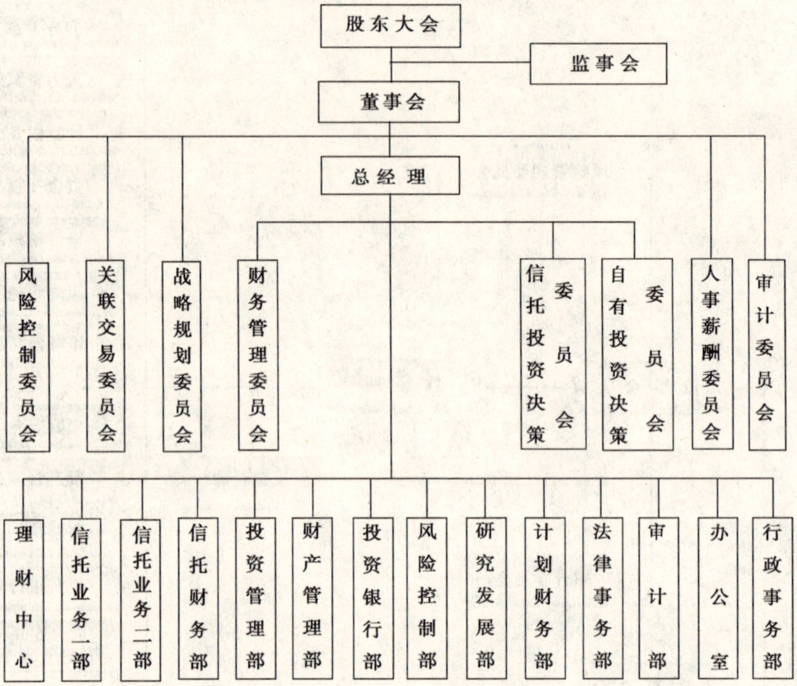

图 5－3　信托公司机构设置（三）

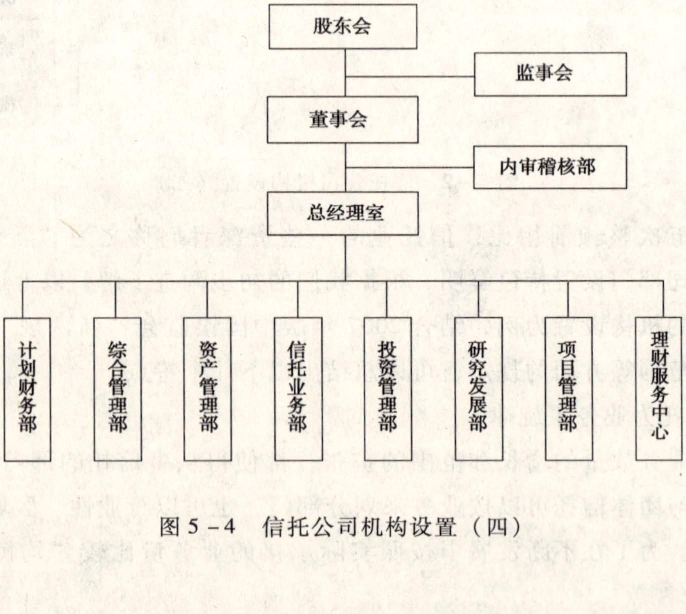

图 5－4　信托公司机构设置（四）

部门，实用的办法是划分成信托业务一部、信托业务二部的办法。鉴于中国银监会规定的信托公司应当“将不同委托人的信托财产分别管理、分别记账”的要求，信托业务部门还必须在其中设置不同的人员或者二级部门来切实保证这一“分别管理、分别记账”规定的落实。随着2007年版中国银监会“新两规”的实施，体现监管部门实现信托资源全国范围的优化配置的指示精神，一些放弃过渡期而直接申领信托公司金融许可证的信托企业将开始无地域限制的全国性经营和在业务创新、组织管理等方面提出试点方案。这些方案在依照程序批准后，它们将开展私人股权投资信托、资产证券化、受托境外理财、房地产投资信托等创新类业务。可以预见的是这一些信托公司的部门设置里将出现地区性业务的管理部门和其他创新性业务部门。

2. 信托营销专门化

一些比较具有战略眼光的信托公司，还专辟负责营销自己信托产品的部门。由于“代为确定管理方式的信托资金”从不得超过200户投资人的限定向不超过50户合格的自然人投资者的转变，信托公司业务趋向高端、趋向长期和趋向财富管理的方式已经十分明确，所以具有较多资金的高端客户的开发将成为重中之重，所以这种设置对于信托公司过去是，今后更是非常理性的应对办法。

3. 重视投资银行业务

在长达3年多的清理整顿期间，信托公司业务停滞而其他如证券公司、咨询公司、顾问公司和投资管理公司们占据了投资银行业务的很大比重。但完成重新登记的各信托公司无不把这一领域的业务作为重点来开发，所以许多公司不仅设置投资银行部，而且纷纷细化开设兼并收购部、企业重组部等等。最近颁行2007年版“新两规”后，部分信托业者甚至是拥有资深学养的业者认为受制于多方面的因素，信托公司兼营的投资银行业务和中介业务不会成为信托公司的重要业务，但笔者依然对此持乐观积极态度。因为面对商业银行业、保险业在投资功能上的刚刚开闸，证券业在证券市场之外的依然受限，毕竟信托公司业拥有现阶段金融业唯一的跨资金、资产和资本市场的投资专业人员团队，我们没有理由不在混业经营已久的外国金融业登陆之初发挥我们的这一优势。其实，即便是不够乐观的那些业者们看来，信托公司也完全可能在短期融资券、资产证券化信托产品、信托受益证券的承销业务方面有所开拓。尤其是以受益证券为载体的公募性质的标准化信托产品，信托公司作为承销商将是顺理成章的。

4. 自有资产单设部门管理

如上所述，监管部门不仅要求不同委托人的信托财产分别管理、分别记账，还特别强调了“信托公司应当将信托财产与其固有财产分别管理、分别记账，并将不同委托人的信托财产分别管理、分别记账”，所以部门设置上必须使这一原则得到体认。如果委托人遇到一个把自有资产和信托资产“混”为一体的信托公司，其评价和是否委托它管理资产恐怕就不言而喻了。

5. 非信托业务专门设置

监管部门还要求“信托公司应当依法建账，对信托业务与非信托业务分别核算，并对每项信托业务单独核算”，所以也会不同程度地体现到部门设置上来。还有一点需要说明的是，曾经是信托投资公司专营的委托存款和委托贷款业务，现在受到了许多金融机构甚至商业银行的竞争冲击。但不少原来区位性的信托投资公司，或者地方政府开办的信托投资公司仍有许多这方面的业务联系，因此，对这种虽然收益不高但几乎没有风险且法规限制较少的业务不会不设置专人管理和拓展的。只不过由于对既往名声不彰的“A类B类委托”矫枉过正的原因，许多地方把这类业务改头换面重新命名了。例如，笔者在信托实践中就曾经将数10亿元的真正的委托存贷款业务转化为单一资金信托业务，成为职业生涯之中一笔无法抹去的记忆。

6. 努力开发中间业务

与真正的资产委托业务同样风险相当低，但收益较之甚至要高的中间业务，如2007年版中国银监会“新两规”规定信托公司可以开展的居间业务、代保管和保管箱业务及经济咨询业务等也是诸多信托公司开发的新领域，为此专设的部门也自然会出现。

7. 职能部门设置规范化

根据中国银监会等国家主管部门要求，信托公司不仅应当设立功能齐全的分账制财务会计部门，还应该设置内部审计部门，对本公司的业务经营活动进行审计和监督，并以此把信托公司内部合规经营机制具体化、常态化。加上研究发展部门、人力资源部门、计划部门以及办公室等等综合部门，有些公司还专设信息技术部门。这些规范化设置，不仅仅是业务部门发展的需要，也是信托投资公司自身规范发展的基础。

其实，任何一种机构设置都表现出管理者的理念和企业特点，同时也是对企业战略的一种组织落实。也就是说，反映出该企业战略管理的水平和应变的能力。所以，近来有些信托公司推行一些比较新颖的管理思想和流程，就显示出一种积极探索、求新应变的好趋势。比如，是否可以在规范化的职能部门设置的基础上，将业务部门的“区隔”部分或全部撤除，把部门的业务“分封”变为积极良性的竞争，就是一种值得实验的新思路。

5.3.2 日常管理

公司战略一经制定并着手实施，信托公司就将通过日常的经营管理脚踏实地，分阶段、分步骤地按照要求去达到和调整阶段目标和最终目标。另外，信托公司受到金融立法环境的严格约束，在日常管理中，应严格贯彻这些法规的原则和精神。日常管理在管理学里被细分为人力、财产、业务等方面。

一、基础管理

基础管理工作的重点是，通过这一日常管理过程落实、贯彻企业管理原则和构筑企业管理的基础。基础管理工作主要有以下两个方面：

1. 信息的收集、处理、分析和上报工作

管理循环中信息的收集、处理、分析和上报工作，主要涉及内部管理流程运行情况，实际运行与年、季度和月计划契合情况，外部市场信息情况，特别是本公司信托产品和金融服务反馈信息等等。

2. 业务资料的归纳建档工作

虽然办公自动化和电子文档等先进工具的引入已经非常普及，但原始文档工作的重要性依然不减。特别是法律法规的要求和信托业务固有的长期性和连续性，更加强了这一要求。

二、人力资源管理

人是最宝贵的资源。信托业更是如此，对于信托公司而言，除了对金融从业人员的基本要求之外，还有两项特殊的资格管理。

1. 高级管理人员资格管理

中国银监会对信托公司的高级管理人员实行任职资格审查制度。信托投资公司的董事长、副董事长、监事长、总经理、副总经理、财务总监以及董事等都必须通过银监会的任职资格审查和考核，并在合格后方得任职。

2. 信托从业人员资格管理

中国银监会将组织对信托公司的信托从业人员实行信托业务资格考试制度，并且相对于一般从业人员，对较高端的信托经理实行更高标准的要求。经过考试考核合格的，将分别颁发信托从业人员或信托经理的资格证书；未经考试或者考试不合格的，不得从事信托业务，没有信托经理资格的，更是不能经办信托业务，不能担任信托项目执行经理。具体考试办法目前正由中国信托业协会协助国家行业主管部门制定。

信托公司的高级管理人员和信托从业人员违反法律、行政法规或中国人民银行或中国银监会有关规定的，国家行业主管部门还有权采取罚款、取消任职资格或从业资格等处罚措施。

三、业务管理

业务管理的重点是，通过这一日常管理过程实现信托原则和经营规则的落实与贯彻。其主要内容包括：

1. 信托公司的信托业务部门应当在业务上独立于公司的其他部门，其人员不得与公司其他部门的人员相互兼职，具体业务信息不得与公司的其他部门共享。

2. 应当在依法建账的基础上，将不同的信托财产分别管理，并将信托财产与自有财产分别管理，其各自的债权和债务不得相互抵消。

3. 信托公司不得随意将信托资金运用于本身或其关系人等。

4. 由于信托固有的连续性，除信托文件另有规定外，信托公司解散、破产、被撤销或者被解除受托人职务时信托不终止，信托财产及信托事物应当按信托文件规定的方式移交给其他信托公司继续处理。

四、风险控制

根据信托业的业务特点，信托公司可以设计和制定自己的风险监管指标。

1. 信托资金的业务比例限制

对于委托人授权信托公司确定管理方式的信托资金，可以制定存入银行和购买政府债券的最低比率，投资于股票、公司债券和不动产总额的最高比例，以及单项投资额的最高比例等等。

2. 自有资金及有关兼营业务的比例限制

可以制定诸如投资股权、各种债券和非自用不动产总额的最高比例，对单个非金融企业股权投资的最高比例，提供担保的最高比例及同业拆入的最高比例等指标。

3. 信托赔偿准备金及其比例

根据2007年版中国银监会“新两规”的规定，信托公司每年应当从税后利润提取5%作为信托赔偿准备金，但该赔偿准备金累计总额达到公司注册资本的20%时，可不再提取。为了进一步保证信托赔偿准备金的安全性和流动性，还规定信托公司的赔偿准备金应存放于经营稳健、具有一定实力的境内商业银行，或者用于购买国债等低风险高流动性证券品种。

五、财务审计

按照2007年版中国银监会《治理指引》的规定，信托公司应当设立内部审计部门，对本公司的业务经营活动进行审计和监督。审计部门应根据经济和金融法规、公司内部制度对公司财务管理进行定期和不定期的内部稽核、审计，提出意见和建议。主要涉及的内容如：业务合法合规性，是否体现了节省、有效和效率的精神，是否达到了安全、流动和效益的统一等等。信托公司的审计部门应当至少每半年向公司董事会提交内部审计报告，同时向中国银监会报送上述报告的副本。

六、合规管理

信托公司应当设立合规管理部门，负责公司的合规稽核，对公司各部门及其人员行为的合规情况进行全程监控，协助高级管理层有效识别和管理信托公司所面临的合规风险。

此外，对拟离任的高级管理人员，信托公司还应当进行离任审计，并将审计结果报中国银监会备案。

5.4 财务管理

信托公司的财务管理可分为四个方面：出纳管理、资金管理、财产管理、保险管理。鉴于信托财产的独立性及投资人自担风险的特点，为加强对信托资金运用的监管，每一个方面都要涉及自有资金和财产及信托资金和财产的区别对待。

5.4.1 出纳管理

出纳管理就是针对信托公司自有的和信托资产中的现金、银行存款、有价证券、贵金属等贵重品的收入、支出、登记、保管及报告等出纳事务的管理。主要包括以下几个方面：

一、出纳经管职责

主要包括：首先，对现金、银行存款、有价证券等，设置信托资产出纳员和自有资产出纳员两种岗位，岗位间相互平行，不得交叉；其次，对贵重品由指定的部门或人员保管，信托贵重品和自有贵重品应分别由不同部门或人员保管。

二、出纳管理政策

主要包括：（1）凭合法凭证付款，凡手续不全或不符合公司规章制度及国家法令规定的款项不得支付；（2）按规定程序付款，禁止随意在自有资金和信托资金账号之间划转款项，未经委托人允许禁止在不同的信托资金账号之间划转款项；（3）出纳与会计分开，必须分由不同人担任，以达相互监督的效果；（4）按照财务法规规范的盘点、对账、报告、印鉴管理和保密制度；（5）低库存限额，库存现金不仅容易失窃且不会生息，过多持有风险升高而且形同资金的浪费，因此，在保证公司正常业务开展所需现金的前提下力求使之最少。对于信托资金，一般不应以库存现金形态存在。

三、出纳管理目标

出纳管理应达到以下目标：（1）收支清楚，无盈亏短溢现象发生；（2）保管安全，无丢失、被盗危险；（3）记录正确全面，职责分明；（4）自有资金账号和信托资金账号分别管理，不同性质的资金严禁混用。

5.4.2 资金管理

信托公司资金管理的标的物是库存现金、银行存款以及随时可以变现的有价证券。资金管理的目标是：（1）对信托资金和自有资金实行严格区分；（2）提升资金的安全性、流动性和效益性；（3）集中统一地实施资金的计划、调度和控制；（4）严格遵守行政法规确定的资金运用比例限制；（5）满足公司的融资需求。为防止信托资金的挪用，中国银监会还规定信托公司应当按照信托合同载明的信托资金运用范围运用信托资金。除非信托合同已经载明该信托的类别为受托人代为确定管理方式的资金信托，信托公司均不得以信托合同没有明确限制为由，在信托合同载明的信托资金运用范围之外运用信托资金。

信托公司资金管理经管职责可设定如下：

1. 信托公司计划财务部门是资金计划和调度的职能管理部门，负责公司资金的统筹安排，定期对公司资金管理工作做出统一计划，并检查监督具体实施情况。

2. 信托公司自有资金业务须指定确定的部门负责，以利于公司资金的统一和高效的运用以及投资风险的控制。自有资金的运用形式有：存放于银行或者用于同业拆放、贷款、票据贴现、融资租赁和投资，一定限度内的自用固定资产和股权投资。

3. 信托公司信托资金业务由不同信托管理部门负责，同一部门内信托资金的获取和运用也应由不同项目、不同岗位和不同的人员完成。信托资金的运用形式比自有资金宽，如固定资产和股权投资没有限定比例，还可以采用委托人指明的其他运用方式等。以受托人利益的最大化为前提，在协调好部门之间的利益分配关系后可以跨部门合作使用资金。

4. 制定涉及资金管理的每一级业务部门和财务部门、财务总监、总经理、董事长和董事会的资金管理权限明细表，报董事会批准后遵照实施。

公司资金管理应遵循金融法规关于信托资金和自有资金运用的比例指标，国家行业主管部门规定的比例指标目前有两项：（1）信托公司所有者权益项下依照规定计算出的净资产为他人提供担保时，其总和不得超过该净资产的50%；（2）信托公司同业拆入资金的余额不得超过其净资产的20%。

5.4.3 财产管理

信托公司的资产管理主要涉及自用固定资产的购置和用于投资目的动产、不动产或其他财产。资产管理涉及购置、管理和处置三大阶段。购置前应该组织调研和比较，涉及较大额度的应予论证并作出可行性分析报告；购置后，应该建账建档，专人负责，还应该按照财务管理规则予以保管、盘点、对账、折旧等管理。对经营性的有专管部门和专管人员负责经营和适时提出处置报告，由相应决策部门批准后处分并取获收益。

对于无形资产也应类比有形资产的经验和制度，还要特别注意取得法律保护。无形资产的成本包括为取得该项无形资产所发生的一切费用，对没有发生费用而在长期经营中形成的无形资产（如商誉）虽然并不作价记账，但同样须予以保护。信托公司在以所拥有的无形资产对外投资时，或者接受作为权益投资的无形资产或信托无形资产时均应采取适当的方式进行估价(如未来收益现价法)。无形资产作为公司的长期权益，应该注重以法律手段保护。如发现其他方面侵犯了本公司的无形资产，应及时提出诉讼。

通过向保险公司投保获得的信托公司在遇险时的权益，也可以看作是一种权益资产，当然也属于资产管理的范围。信托公司应该比较不同的保险公司的资信情况和所提供的保险方案，进行成本效益分析，对所有的有较大价值的自有固定资产和所有的信托动产和不动产都向保险公司投保财产险。信托公司还应该遵循法律法规对员工投保社劳等险种。

5.5 会计管理

对于任何一个企业而言，会计体系或称会计报告体系的功能当然不是简单的记账核算而已，从现代管理学的动态观念出发，它首先要能够使用数值和术语组成的财务信息来表示一个信托投资公司的财务健康和财务能力，同时还是企业落实计划、组织、监督和调控构成的管理循环的有力工具。当然，从企业的最高层面来看，会计报告体系还为企业的不同利益方面提供检验、监测手段和决策依据。这些不同利益方面主要有：（1）投资人，董事会是投资人的代表机构；（2）债权人，主要是向信托公司融出资金的人以及提供应付但尚未支付的货物和服务的人；（3）信托业务的委托人和受益人；（4）经理层；（5）雇员，即目前在公司工作的人；（6）潜在相关利益人，指可能的投资人、债权人和雇员；（7）政府及行业监管机构。

对于信托公司而言，会计体系的特殊性在于，业务体系中固有资金与信托资金、不同信托的资金，由于均须建立单独的会计账户并分别核算，所以必须在银行分别开设单独的银行账户，在证券交易机构分别开设独立的证券账户与资金账户。

5.5.1　信托业会计法律法规

目前信托业会计法律法规主要由《中华人民共和国公司法》、《中华人民共和国会计法》、《中华人民共和国信托法》，中国银监会“新两规”作为基本构架，连同财政部颁行的其他有关行政法规如《股份制企业会计制度》等组成。而业内期盼已久的《信托投资企业会计制度》等专项制度也已经和即将陆续出台。

可以预料，随着中国会计准则体系的逐步建立和完善，随着会计人员素质的普遍提高，随着中国的货币市场和资本市场与国际货币资本市场的逐步融合，作为政府颁布的行业会计制度，《股份有限公司会计制度》会渐渐地退出信托业历史舞台。各信托公司将本着会计准则的精神，根据其业务特点和新业务的发展制定本企业的会计制度。

信托业会计法律法规的逐步健全，一定会推动信托业和信托公司会计管理的进步，并进一步向国际会计体系靠拢。

5.5.2　财务会计报告体系的管理

根据现行信托业会计法律法规的要求，信托公司的会计核算必须严格按两大业务类型划分：一是自有资金业务核算；二是信托委托业务核算。

1. 自有资金业务核算

自有资金业务核算包括：公司经营管理费用的核算，资本金及各类自有资金运用（如同业拆放、资产投资和有价证券投资等）的核算，信托公司自用固定资产的核算，特种金融债券的核算，股东权益的核算等等。

2. 信托业务核算

信托业务核算包括：（1）按法律法规要求严格分户核算的：资金信托业务核算，有价证券信托业务的核算，动产、不动产和其他财产信托业务的核算；（2）委托存贷款业务的核算；（3）兼营业务（代理业务、同业拆借、保险箱业务和咨询业务）的核算。

上述核算分类不仅决定了财会部门在内部分组、分岗位上将按信托业务和自有资金业务的不同来设置（不少信托公司还专门分设了不同的财务部门），而且在不同信托业务之间的岗位人员安排上也应视情况予以考虑。例如，信托业务核算岗位的设置可进一步划分为个人信托业务和团体信托业务的核算，也可考虑设置个人信托业务管理部和团体信托业务管理部。无论信托业务会计工作量的难易多寡，都必须在科目和账户的设置上严格区分两类不同的业务，并且履行信托业务原则为每一信托设立独立的会计账簿。当然对于委托人委托信托公司代为确定管理方式的信托资金，可以作为同一信托合并为一份独立的会计账簿。

由于信托本身固有的法律特征，信托公司的会计主体不是一元的，即不仅信托公司本身是会计主体（一般的企业仅此而已），而且每一个信托无论大小都必须被作为会计主体。这种会计主体多元的特殊情况，要求财会部门除了对信托公司这一会计主体按期准备资产负债表、损益表和现金流量表外，还应为每一信托的关系人（委托人及受益人）准备一份关于所委托资金或财产的当前状况和经营成果的报表，并且按照信托文件的要求或关系人的即期要求提供。

5.5.3　内部报告体系管理

信托公司内部报告体系的管理属于管理会计的范畴。其主要构成如下：

1. 预算工作

通过对下一年度的各项业务营业收入的估算，营业成本和费用的估计，筹资的安排，投资和其他资金运用的规模估计等制定年度预计损益表、预计资产负债表和预计现金流量表。为了更及时地反映客观环境和公司内部各因素的变化对公司的利润水平、财务状况的影响，信托公司可以在调整原预算的基础上按季度或每半年一次编制下12个月的滚动预算，以使控制更加适时。预算形成的营业收入目标、成本费用目标、利润目标、投资回报等将分解到各分支机构和部门，再由各部门和分支机构分解直至员工。

2. 报告工作

除每月、每季度按部门、按业务（每一信托业务）分别就实际经营情况与当期预算进行比较和报告外，还应每半年组织一次由分管计划工作的公司负责人牵头的各有关部门的会议，对预算执行的实际结果和预算目标之间的差异进行分析，找出差异的原因，调整经营步伐和力度，并且还可以作为下一年度的预算的参考依据。当然，预算执行情况的分析还将有助于业绩考评和奖励的计算或分配。

3. 项目评估

按照公司要求，配合业务部门对信托公司计划投资的项目在投资前进行可行性分析工作。项目的可行性分析研究及可行性报告一般包括市场可行性、技术可行性、组织可行性和财务可行性等方面，是理性的投资决策全面的信息基础。项目可行性研究及报告由有关业务部门组织实施和完成，但财会部门应主要对报告的财务可行性方面进行评价，提出意见和建议。

4. 信托、同行及其他业务等服务的成本核算和价格制定

财会部门应参照行业惯例和变化趋势，与业务部门一道共同研究针对每一项信托、投行及其他业务等服务计算出本企业的计划成本、计划盈利水平和计划价格水平，供业务部门向客户报价实施。还应该与业务部门保持良好的市场信息反馈渠道，为今后的调整和重新定价积累依据。

第6章 如何使用信托

信托种类形形色色，金融信托更是五花八门。作为一种高效的金融投资工具，信托可以使委托人及受益人的权益扩张，并为其发展增添力量。本章重点介绍在金融信托业《中华人民共和国信托法》及“新两规”的平台上政府、企业、社会团体如何运用信托，社会大众如何使用信托进行个人投资的问题。

信托以及信托业的产生、发展与各国国情息息相关，信托业在金融业的地位、功能当然也无法脱离所在国的经济发展状况、金融发展历史以及金融体制的轨道。甚至无法脱离该国文化、历史和传统习惯。中国信托和信托业当然也不能超越这样一个客观规律。面对目前这个需求和供应并存的巨大市场，面对中国经济发展这千载难逢的历史性机遇，我们没有理由不培育出一个生机勃勃的信托业，没有理由不贡献出绚丽多彩、实用有效的信托产品。这是信托业者的历史责任，但要实现它，不仅需要信托业者的努力，还需要各行各业的创业者甚至作为中小投资人的社会大众的积极参与。那么，就让我们从了解信托这种金融工具的使用开始。

6.1 资金信托与信托功能

6.1.1　不要让资金信托一叶障目

随着经济活动的多样化，各行各业、各式各样的经济主体要求信托业提供多样化、多层次、多方位的信托产品。虽然我们的信托公司群体复苏只有短短的五年时间，但为用户提供的信托产品和金融服务已颇为广泛。例如，仅仅信托品种就有资金信托、动产信托、不动产信托、证券信托、财产信托和财产权信托等等。而且随着经济发展社会还会不断向信托业提出新的数量和品种需求，迫使信托公司们作出更多的金融创新，从而把信托推向更高的水平和更为广阔的天地。在这个趋势中，我们的信托财产在跨越货币资金或实物财产的局限后，也会像发达国家一样波及更多的财产范围。可以说凡是有财产权，或者说可以用货币计量的并受到法律保护的东西，都可以成为信托财产，如无形资产中的专利权、著作权、商标权、商誉等等。

所以，作为目前信托天空中最明亮的资金信托，虽然受到投资人追捧，成为社会关注的焦点，但毕竟只是信托业的主要产品之一罢了。我们在本章后面的文字中，将主要介绍资金信托之外的信托产品和及运用方式，探讨运用信托工具为不同经济主体服务的思路。

6.1.2　今日信托之功能

这里，不打算重复指点形形色色的信托产品，而从新形势下信托公司肩负着管理社会财富的重任的角度出发，从信托公司应该发挥积极、稳妥、审慎的机构投资者功能的要求着眼，从信托公司群体产品拓展的可能方向探讨信托及信托业的功能。也希望与不同类型的读者交流，以便我们能够结合业内业外的智慧一起来推陈出新、创造辉煌。

一、拓展长期资金融通的渠道

我们可以看到，目前社会上，一方面二十多年的改革开放使得林林总总的企业和团体拥有了大量资产积累，个人储蓄居高不下甚至连创新高；另一方面银行连续八次的降息以来的息率长期低落、股市的长期萎靡不振以及社会投资渠道匮乏，形成了散落、闲置和僵滞的大量社会资金，这些资金来源广泛、金额巨大，特别是社保基金，住房公积金，保险资金，企业年金，各类慈善、教育、互助以及专项基金和政府、企业的计划外资金及冗余资金。这类资金一般期限较长，甚至除了最基本的保值增值要求外，持有人对于资金的投向、期限及方式均无定见（部分政府资金或基金有一些政策特殊限定），作为信托公司而言，只要品牌、信誉和既往业绩能够取得这些资金持有人的信任，就能够获得相当大的运作空间。信托公司可以充分运用信托工具，例如贷款、实业投资、证券投资、金融租赁、同业拆借等使受托资金发挥最大效用，取得最佳增益。针对目前许多中期、长期项目无法取得资金支持，仅仅依赖各级政府财政甚至国债投资的尴尬局面，信托公司组织社会资金以长期信托的方式注入，不仅会给长期投资市场带来新的活力和动力，也必然会影响社会投资的资本结构以至所有制性质，引发政府和全社会期待的民间（非政府）投资的热潮。

二、处置运营巨大不良资产的有效方式

以处理四大国有商业银行历年来形成的巨量不良资产为标的而组成四大资产管理公司并开了不良资产管理业的先河以来，虽然历经数年千辛万苦的努力工作，巨大不良资产的处置仍然处于绵延不绝的局面。而且，另外十几家股份制商业银行未经剥离的不良资产和剥离了不良资产后几年中四大行又产生的新不良资产层层叠叠地堆起来，成为已经面临 WTO 严峻挑战的中国金融业单薄肩膀上的一个巨大负担。由于国家政策限制，在这一处置不良资产的过程中以出售为主，一般不允许资产管理公司再行投入和经营。这就给了信托公司一个绝好的工作机会和巨大的信托产品设计空间，让以动产和不动产信托为主的融物类信托产品和以盘活不良资产为目的的一些融资类信托产品以及混合类的信托产品获得了粉墨登场的可能。五年来，许多信托公司深耕其间，收获颇丰。例如，素以积极创新见长的中信信托投资公司几年来就先后与华融、东方资产管理公司合作推出了相关的资产处置信托项目，并在2005、2006年度出现了“突破性进展”，获得了良好的运作收益。

三、巨量社会积压商品盘活途径

与巨量不良资产类似但形式上全然不同的还有超过1万亿元的社会商品积压、企业及民间过剩的和过时的生产能力。这类资产同样无法在国民经济循环中发挥积极效用，只能呆滞、怠速运行，不同的是其资产质量一般比前者好，但权属关系更分散、复杂。有些不适合我国现有消费水平或者消费时尚的过时商品和生产能力已经成为所有者甚至社会的负担，甚至到了愿意贴钱贴工奉送的地步。灵活和无孔不入的民间资本曾经消化过许多此类资产，一些浙江福建的民营企业把大量压库的20世纪70年代风格的大红大紫的印花被面销往南部非洲，形成当地服装“时尚”，以及把大量人力三轮车销往第三世界贫油国家的成功案例都曾经成为坊间美谈，但对于解决堆积如山的社会商品积压问题依然是杯水车薪，更不用说还有势单力薄的民营企业家们无法或难以企及的生产能力的盘活问题。最近一些民营企业就陷入了一方面找到了消化我国过时、过剩甚至是限令淘汰的生产能力诸如窗式空调、小尺寸电视、轧钢和制鞋设备的海外市场；但一方面又深为缺乏资金和信用支持而苦恼的尴尬局面。这种情况除了比不良资产处置里缺少一点不动产信托的色彩外，应该说几乎同样为信托产品和信托公司群体开辟了充分的发挥空间。

四、WTO时代产业整合的工具

鉴于我们对中国信托市场的分析，信托公司可以利用信托工具和金融资本的巨大资金转换优势，开展内容多样的长期融资业务，从而为建立资本运营体系提供完备的金融服务。面对我国加入WTO，我国产业资本面临与国际同业“巨无霸”们不同“重量级”的竞争，大规模的产业整合将不可避免。但没有金融资本的介入，没有大量资金的支持，这样的产业整合难以完成。这无疑将是信托公司向产业资本所能提供的最重要支持，也是产业界对信托业的殷切希望。一位国内奶业巨子就曾经直言不讳的告诉笔者，他们就是为了更有效地完成其产业整合才准备参股信托公司的。

同样，信托公司可以利用其国际联系和资源条件，推行国内外产业资本与国内外金融资本的战略联合；通过国内外金融市场和资本市场为产业资本加油输血、增加后劲；并且利用跨行业、跨国的产权交易、收购兼并等资本经营方式进一步进行战略调整，为中国企业的发展发挥独到的作用。

五、完善资本市场的利器

针对资本市场目前不完善和现代企业制度不到位的种种不良现象，如“一股独大”和“内部人控制”等，在信托公司业务模式发展比较成熟之后，可以大力开展产业资本经营权的托管。这不仅有助于消除上述种种弊端，而且企业经营权托管还可以向企业提供更多途径，从资本市场上获得资金筹措、公司融资等支持。

六、为市场提供金融产品的创新源泉

信托业的特点就是能够针对社会发展中不同时期的需求热点，设计出不同的信托产品以满足社会需要。而 1999 年整顿之前的信托公司信托财产的来源与范围过于狭小，只限于财政委托、企业委托、劳保基金、科研基金、各学会基金等几类货币资金，加之对信托本原业务的理念差异，所以信托业处于本业萎缩甚至荒废状态。今后扩大信托财产权的范畴，使得信托业的天空豁然开朗，一个资金信托、有价证券信托、动产信托、不动产信托及其他财产与财产权信托百花齐放的新局面将会展开。信托公司原则上获得了充分的业务创新权，足以支持发展各式各样符合信托原则的本原业务。例如：组建证券投资基金、产业投资基金、基础产业基金、风险投资创业基金；推出住房按揭贷款信托、资产证券凭证、股权信托（包括上市公司法人股信托）、资产担保债券、土地和土地开发信托等等。在这方面，信托公司可在取得资产受托资格的基础上，向社会发行信托受益凭证或其他类证券产品。

6.2 政府如何使用信托

6.2.1 政府与信托业

对于我国大多数地方政府而言，信托都是一个熟悉而又陌生的事物，而且常常是一个误区。20世纪90年代，一些省市自治区的各级政府利用窗口型信托公司向海内外大量、盲目融入资金，但又由于投融资机制及种种其他原因，留下了巨大的坏账和不良资产“黑洞”。所以在1999年开始的信托业第五次整顿之初，许多地方政府都对辖区内的信托投资公司趋向于撤销或者不予登记，甚或出现了市长频繁亲自出马出售辖区内拟保留的信托投资公司、多个省市自治区拟保留的信托投资公司指标自行作废，以至于多个省市自治区完全没有了信托机构的怪现象。但是，获准重新登记的信托投资公司及其集合资金信托的闪亮登场，对地方投融资机制改革和地方经济的推动作用一经显现，信托投资公司就成了兼并、收购、参股的最大热点之一。不仅企业界参与积极、不惜重金，并购信托投资公司股权的出价记录被一再刷新，达到数亿元之巨。而这一边，市长省长三番五次跑中国人民银行、中国银监会的有之，地方政府对信托投资公司迁入本地给予公司和高级管理人员个人诸多优惠政策的有之，对已经提出迁出本地的信托投资公司强烈反对的也有之。在这样一片“信托热”中，我们要认真思索的是：信托公司究竟能够为地方政府和地方经济作出哪些贡献，政府如何能够有效地使用信托呢？这是一个需要认真讨论的命题。

我们回顾国际经济发展的历史，包括许多发展中国家及地区的经验都表明，经济发展与金融深化是相互促进和相互依赖的。我们从中可以了解到，没有商品经济从原始经济基础上的崛起，就没有信托、银行产生的土壤。而经济发展水平越高，对金融服务提出的要求就会越多越广越高。反过来，金融体系的经营和创新越频繁、越有效，就越能为经济的进一步持续发展添加动力。所以，信托业作为金融产业的最重要成员之一，不仅在其混沌初开的英国、后来居上的美国和日本，就连发展中国家和地区，它的拓展也是与所在国家或地区的经济发展几乎同步的。我国创记录地持续高速发展中的经济，尤其是地方经济，当然也需要信托这么一支生力军的积极参与。

我们还注意到，对于发达国家，金融业面临的问题往往是资金供应相对过剩，例如从当年老摩根们在英国和欧洲发债、推销信托融资以来，欧洲一直是国际融资最活跃的地方之一。而对于发展中国家和地区来说，面临的共同问题是政府甚至全社会资金短缺，不过有时候也表现为社会储蓄尚好而仅仅是政府资金短缺。对于我国大多数地区特别是中东部地区而言，后者出现的频次更大、更为普遍：一方面是政府需要筹资搞建设而为融资渠道所困，于是不断"请进来、派出去"，祭出引进"外资"的"法事"；另一方面是当地居民和社会存款高居不下，甚至不断创出新高。而大多数地区的银行又困于好的贷款项目相对缺乏，无法找到足够多的贷款出口，只能成为存大于贷的"存差行"。这种似乎是冰炭同炉的尴尬情况甚至还有蔓延之势。笔者熟知的一位信托投资公司老总作为某市经济顾问，曾经为市长分析出地方财政的四大限制因素：第一，依靠财政收入滚动式再投入的发展模式已经空间有限，难以再大行扩张；第二，发行债券的权利归中央政府、地方财政不能染指的体制无望改变；第三，无论多好的项目，没有足够的资本金也无法取得银行贷款支持；第四，贷款来的钱不能够充作项目资本金。一位曾经高居国家金融管理部门顶层、现在任职于省级领导岗位的领导同志也对每年全国10多万亿元的固定资产投资中的资本金问题更是强烈质疑："哪里有那么多钱?!"

面对只能以加大引进外资力度寻求途径的省市领导，笔者曾经力推这样的"三种外资"概念：第一种是境外资金，第二种是区域外资金，第三种是体制外资金。这第三种"外资"常常就在地方区域之内，但是传统的融资体制无法利用，甚至其中大部被作为当地银行"富余"资金上存到其总行。不过遗憾的是，这第三种概念的"外资"往往不为地方领导所认同。可是对于高速发展中的我国地方经济来说，对于希望能够为官一任、造福一方的地方领导来说，都很清楚获得足够的资金支持对实现经济持续高速发展的重要作用。那么资金来源除了大家广泛认可的第一种、第二种外资（国外或者区域外的资金），动员区域内的民间积累和储蓄（无论将其称为第三种"外资"还是内资）是不可或缺的，问题是：怎么动员和由谁来完成这一任务呢？

我们通常说金融制度及金融业的效率及能力，首先表现为对国内或区域内积累和储蓄的动员能力；其次才是吸收外资的能力；然后是组织、安排投资的效率。我们前面已经陈述过我国原有的金融体系对于启动民间投资的作用有限，使多年来依靠政府投资和国债投资拉动经济发展的倾向难以改变，启动社会、民间力量为地方经济服务的办法、效用都还差强人意。而信托业通过资金信托、资产信托等一系列金融信托形式恰恰能够发挥积极作用，推动民间的资产积累和储蓄向社会资本和社会生产力转化，同时还因为投资环境的多元化等因素使得引进外国资本更容易实现。所以，信托这种古老而又有效的金融工具，对我们的政府特别是不能发债的地方政府有着特殊的作用，应该予以足够重视。

6.2.2 政府使用信托的路径

那么，政府具体应该怎样使用信托呢？对信托及信托业已经有了相当了解之后，可以从以下诸方面入手。

一、尊重信托和信托业发展规律，充分支持信托公司开拓业务

例如，国内信托业传统悠久、发展较好的上海等地，不仅积极拿出政府手中的“靓女”项目作为信托标的，还提供政府财政补贴等手段间接给予项目收益支持，使得当地信托公司推出的信托项目一炮而红、接连成功。此外，上海、深圳等地还积极筑巢引凤，提供优惠条件以吸引外地信托公司和金融机构安家落户。这些优惠条件不仅包括发放公司“安家费”、高级管理人员经济补贴和涉及工作场地、工作条件、经营和购置方面的税收优惠以及引进人才和户籍政策等等基础因素。对于重新注册登记、广泛吸纳人才的信托公司来说，这种支持是十分重要的，吸引力也是巨大的。

二、礼请信托专家作为政府财务顾问，共同研发设计新的资金融通方案

由于较长一段时间国内民间投资不够活跃，甚至一些区域经济中民间投资处于非常的低潮期，经济发展处于片面依赖国有投资、国债投资的不良局面，有的经济学家一度甚至认为我们患上了“凯恩斯”依赖症（凯恩斯主义倡导在市场经济中进行政府干预）。其实，作为“经济人”而不是经济学家的我们可以清楚看到，民间投资低迷和“储蓄—投资”转换机制不灵，或者说没有足够和有效的大众投资工具是最具体的表现。而政府在这样的背景下重新恢复和发展信托业，无疑表示了从政策层面和技术层面对启动民间投资、打破“依赖症候”和发展不均衡性的决心。而信托无疑是利用民间投资的绝好形式，只要政府愿意礼贤下士，与信托业者从官方和民间两个方向认真研究，就一定能够有所发现、有所建树，从而大大推动民间资产积累和储蓄向社会资本和社会生产力的转化进程。

三、学习国外成功经验，充分利用信托的长期融资功能

我们的东邻日本，是很早引入现代信托概念的大陆法系国家。日本作为一个东方国家，居民储蓄相当发达，它在利用和转化储蓄方面曾经取得了非凡的成功。日本的信托业立法规定，信托机构主要以信托银行形式出现，并且赋予其很强的资金聚集功能，使之与银行业形成战略分工，成为国民大众长期储蓄并兼有投资功能的机构。通过信托受益权的证券化使得受益权可以自由流通转让，使信托银行吸收了大量的社会游资。而自由流通的机制，既使社会大众的资金进出自由、灵活，也使得信托银行可以把吸收来的资金主要用于中长期贷款业务。这样的设计不仅可以为化工、机械、能源等等基础产业提供长期稳定的资金，也为公共设施、公用工程和部门提供了稳定的投资和融资。此外，还为发展第三产业和发展个人住宅融通了大量资金。可以说日本经济当年持续高速发展，信托银行作出过不可磨灭的巨大贡献。目前我国信托业虽然尚未获得发行信托受益凭证等公开募集社会资金的权利，但我们依然可以通过集合资金信托（信托计划）的方式精心设计出长期化的融资模式。这种可能性的依据是：

1. 居民财富结构的变化

20 多年来居民收入大幅度增长，居民财富的结构已发生了变化，应付临时性货币支出所占份额已很低，追求利息和利得的财富资本化倾向十分明显，使个人信托业务的开展有了一定的社会经济基础。

2. 居民在资产形式的选择和处理上出现了变化

随着个人财富的增加和金融意识的增强，对资产保值增值的要求日益迫切，居民在债券、股票、基金、外汇等方面的投资迅速增长，在资产形式的选择和处理上出现了针对性强、远期受益目标明确的特点。

3. 居民寻求专业的理财服务和远期受益

随着经济发展，各种各样的企业、公司和合伙制经济组织陆续出现，它们在各自领域内的不断发展和财富积累也成为潜在的民间投资的动力和源泉。这些本来就是为了营利组成的经济组织追求利息和利得的财富资本化倾向自然不言而喻，而寻求专业的理财服务和远期受益的要求也日益增强。

4. 不同类别的经济主体也要求金融服务的多样化

经济活动的多元化，还产生出大量其他非营利组织、社会团体、学会协会和基金会等机构，这些不同类别的经济主体也要求金融业提供多样化、多

层次、多方位的金融服务。

5. 地区经济发展的不平衡性也要求信托服务

虽然发展中国家和地区的总体趋势是政府资金短缺和赤字财政相当普遍，但作为一个地域跨度、经济水平都差异巨大的国度，我国一些经济发达程度较高的地区已经出现了政府资金有余的局面，同时即便在政府资金总体短缺的地区，也有部门或局部资金有余的现象，所以也为信托公司增添了另外一类重要的用户资源。

事实上，作为资深信托业者的友人们和笔者本人，在过去这几年的信托业务实践中已经深深体验到了上述种种投资需求的迅速苏醒过程和巨大成长性。今后我们除了要不断呼吁开放公募形式的信托外，也会在利用私募形式的集合资金信托筹集大资金的实战经验基础上与政府及其他资金需求方积极协同，运用信托工具解决他们的长期性需求。

四、树立诚信形象，改善投资环境，充分发挥信托对外资金的融入功能

信托作为一种引进国外资金的有效形式，曾经在100多年前从英国和欧洲国家为美洲新大陆的经济发展筹集了大量资金。20世纪70～80年代，中国信托业也曾积极使用这一方式引进了大量外资，成就了十大“窗口”公司（许多省市的“国际信托投资公司”）的繁荣。但在遇到经济发展的“逆潮”，信托偿付受到威胁时，情况就完全两样了。在以老摩根（杰克·皮尔邦特·摩根）为首的一些金融家的积极游说下，美国一些州政府被迫动用公共资产保证了信托资金及收益的偿付，使得欧洲“新大陆信托”的投资热潮继续如火如荼。而我们的一些地方政府先是挤占、挪用所属信托投资公司的信托资产，或者背离科学决策的投资模式以行政干预资金使用，使信托资金损失严重；然后又借口不参与企业经济活动而袖手旁观，听凭信托投资公司破产死亡。这种不正确的做法和态度，应该说是造成一些信托业“重灾区”省市的直接成因，也必然对这些地区今后若干年的发展产生不良的影响。2002年笔者曾与某省一位经济主管官员及一位与他合作的境外名大律师激辩，力图证明这一观点。但在两位自诩拥有收拾信托投资公司“残局”“丰富经验”者面前，笔者终因人微言轻而效果不彰。现在回头来看国内信托业这几年的发展实践，举凡一些通过信托利用国外、区域外资金和民间资金较好的省市、地区同时也无一不是政府经济信用较好的地区。对那场

"不同观念"的碰撞，这不啻于一个事后的诠释和评判，可惜对该地不良情况于事无补，所以处于胜者地位的笔者依然无法欣然。

五、端正政府在经济发展中的角色，强化支持和服务功能

根据中共十五大以来关于国有资产从竞争性领域撤出的精神，政府在经济发展和经济运行中逐渐从"运动员"转换为"裁判员"和后勤支持角色。许多地区，特别是经济较发达地区的政府纷纷把基础和公共设施直接投资改为对上述项目的收益补贴或保障措施。例如浙江某市甚至摈弃"所有制歧视"的传统观念，把原来准备用于公共卫生设施和设备的投资作为"贴息"，鼓励民营企业参加与国有企业的投标竞标。在这个案例中，该市政府不但解决了原有投资不足的老问题，还引发了当地民间投资的热潮。而如果当时该地的信托公司不是在清理整顿之中，相信会更有一番作为。重新登记完毕的我国信托业，只要有当地政府的有力支持，对现有财政收入的使用进行重新审视，把政府一元的、全面的和直接的投资方式转化为间接的、多元的方式，政府资金则主要用于改善投资项目条件和提供债务收益保障。这样就一定能够起到"少花钱，办大事"，拉动民间投资的倍乘效应。

六、使用委托管理办法，间接退出经营领域

对于一些暂时无法撤出又经营不善的经营性资产，政府还可以采用委托信托公司管理的办法解决问题。事实上，一些既有的国有资产和国有企业特别是困境中的国有企业，并非真的有什么无法妥善经营的不治之症。它们有的是分配制度方面的痼疾，有的是经济规模方面的原因，有的干脆只是现金流方面的问题，例如我们屡屡碰到的烂尾楼和烂尾项目就是典型例子。地处北京核心区的某房地产项目本来条件不错，但因为属于某省退出经营领域的遗留问题项目，行政色彩和官僚作风严重，虽然项目管理人出于公心积极四处联络争取解决，但仅仅因"只能售出"的死命令，没有继续经营的权利就使该项目呆滞长达近十年，造成了极大的资源浪费。2002 年初报载四大资产管理公司之一的一位总裁大声疾呼给予他们一定的继续投资权就会大大有利于收回、处置和处理国有商业银行形成的巨额不良资产，也为我们提供了有力佐证。而信托业正可以发挥机动灵活的服务和产品设计特点，针对不同的资产、不同的项目量身定做，发挥"金融轻骑兵"排忧解难的积极角

色。例如，笔者所在经营团队多年来倡导的与银行业“贴近到一米距离”的设计思想就受到业界和政府、银行方面的热烈参与与研讨。

七、有效调动各种经济因素，合理开发土地资源

许多地方政府手中最重要的资源是土地，但运用和调动其他各种经济因素，合理开发土地这一不可再生资源却困难重重，其中最突出的问题可能就是资金问题。而充分使用政府政策导向和优惠条件支持，再积极利用信托工具汇聚社会资金，首先完成土地一级开发，为商业房地产打好基础的办法是典型的利用信托工具的模式之一。例如，对于许多大中城市都面临的老城区改造和新区开发的问题，就完全可以通过信托公司去汇聚社会资金，同时采用受托管理、处置盘活原有居民的住房等存量资产的办法加速进程。

如上种种，其实只是政府使用信托的冰山一角，而充分发挥信托的功能为地方经济发展服务足够我们“穷一生而上下求索之”。当然，我们关注的要点其实在于信托能够提供的多重功能：第一，沟通储蓄与投资，提供发展所需资金；第二，促进生产资本集中、交易成本降低，形成规模经营与发展；第三，扶植新兴产业，帮助困境企业，保持经济的平稳安定；第四，繁荣金融市场，促进财富向资本的转化和形成；第五，有效利用各种生产资源，合理开发土地，改善投资环境；第六，促进金融创新，提高竞争能力和工作效率，使整个金融业更有效地为经济发展服务；第七，吸引外资和促进对外投资，为本国、本区域的经济腾飞增加动力，为对外经济联系发挥窗口作用。

最后，我们也要提醒大家，在经济运行上必须遵从客观规律，积极贯彻中共十五大以来国有经济的整体布局精神，杜绝重蹈信托业成为政府机关附庸的“二财政”、“二计委”覆辙的危险，让信托业健康成长发展，为区域国民经济主战场发挥更大效用。

6.3 企业如何使用信托

信托业对于建立和完善国有资本运营体系的作用，随着我国资本市场的

完善和企业制度的改造已经越来越为人们所认识。近年来，许多信托公司通过有效运作，“化腐朽为神奇”、“变被动为主动”的国有资产成功运营范例已不鲜见，在其他非公有制企业领域里的发挥空间也同样广阔。跨越所有制的限制，信托业已经和即将能为企业做些什么呢？下面我们参考国外先进的信托业务予以介绍。

6.3.1 工商企业与信托

一、企业融资的全新方式

相对于农业规模经济中土地向种田能手的集中，企业也需要社会其他生产要素特别是资金的集中支持。虽然目前企业理论上能够以通过银行的债权融资和通过上市在资本市场股权融资两种方式解决资金需求问题，但实践中常常因为规模、资信等等原因而处于“上市”无路、“告贷”无门的境地。信托作为一种独特的融资方式，既不需要达到资本市场近乎苛刻的标准、经历冗长的报批程序和等待过程，也不需要满足银行对于资信状况的严格审定和对抵押品的法权要求（例如，土地证书、用地规划证书、建筑规划证书、建筑开工证书，甚至销售证书和房产证书等），只要是能够拿出可行的项目和真正的财产保证，就能够找出取得企业发展必须资金的途径和办法。所以，作为企业融资的一种新的方式，笔者多年来将其称之为非传统金融模式（相对于传统的银行贷款和上市融资模式），信托业可以提供多种多样的极具创造空间的企业融资服务。

二、公司债务信托业务

国外法人信托中最常见的一种就是抵押公司债信托，甚至在美国，公司信托就是专指抵押公司债信托。抵押公司债信托的意思就是在因业务经营而希望获得资金的客户公司的正式委托下，由信托机构代替债券持有人（投资人）行使抵押权和其他权利的信托业务。由于投资人是分散在社会中的为数众多的个人，他们不可能监督融入资金的企业是否遵守协议，也不可能共同保管抵押品，故日本、美国等国法律规定融入资金的公司债券发行人与债券持有人（投资人）之间，须有第三者为受托管理人，代公司债券的债权人行使抵押权或维护其他的权利。信托机构发行公司债券之前，必须向社会公众发布发债企业及其经营财务状况的尽职调查结论，发债后还继续行事监督权和处置权。如发现发债企业违反协议，信托机构作为受托人有权依约处置抵押资产。由此可见，在抵押公司债信托中有两个信托过程：其一，债券持有人是资金委托人和受益人（我们将在后面一节“还有谁可以使用信托”的“个人信托”和“其他情况下使用的信托”中详细论述发生在自然人方面的信托）；其二，信托机构受发债企业的资产委托并使之转化为证券形式而获得资金支持，所以发债企业也是委托人和受益人。信托机构受托发行公司债券业务，可以向公众证明该债券发行的合法可靠，又可代办发行的繁琐事务及还本付息等，还可以通过此举提高发债企业的信誉而扩大发行量，对发债企业和债券持有人（投资人）都有利。我国虽然目前尚未开放抵押公司债信托债券（公开募集）的业务，但通过私募，即有限投资人和不通过公共传媒宣传的方式，也是可以颇有所作为的。事实上，这几年来的国内信托实践中，不少信托公司就曾以拟融资客户拥有的上市公司股权如法人股资产作担保，通过发行集合资金信托（资金信托计划）成功地筹集资金。这类信托产品，无疑是属于“公司债务信托”类型。而另外一些案例中，信托公司通过单一资金信托和其他私募信托形式开发的许多以公司资产为担保的贷款型信托产品，当然也在此类之中。如上种种，与经典的国外“抵押公司债信托债券”相比，内容已经无异，只是差在“债券”或者说是“公募”形态上而已了。

三、商务管理权信托

持有股权的权益有两种：一是权利，主要表现为表决权；二是收益权，获得分红和股权增益两方面的收益。商务管理信托是典型的代人理财，亦称公司理财。信托公司由某公司中全体或多数股东推举作为受托人，拥有保管股票、代委托人行使表决权、处理公司事务、将每年收入股息转发给“商务管理权信托凭证”持有人等权利。这种信托本来就是针对健全公司法人治理结构、保全股东利益而设立的，在国外实践中也确实起到了促进和提高公司行政效能的巨大影响作用。它对于我国股票市场“一股独大”形成的种种弊端也有相当的正面作用：一方面针对所有人缺位，特别是中小投资人利益受到侵害的“内部人控制”问题，可以起到药到病除的监督震慑作用；另一方面，熟悉商情，有经验、有能力的信托公司介入管理，也会使企业自主经营，排除“瞎指挥”和其他侵害企业自身的事件发生，在保护投资人根本利益的同时也保护了职业经理人的权益。事实上，我们通过解剖分析许多经营不良的上市公司，特别是即将和已经退市的公司群体时，不难发现众多因为实际控制人的原因而伤害上述两者利益的鲜活案例。这种损害包括对中国证券市场的损害行为其实完全可以避免，至少大大减少。

四、融资类企业财产信托

融资类企业财产信托是企业将其需要销售的动产和不动产作为信托财产委托给信托机构处置的信托，主要在卖方企业无法找到有足够购买力的买方客户时使用。即由信托机构在尽职调查的基础上，以获得买方其他财产权信托（第二个信托）或者以其他财产权抵押为前提，为买方提供信用担保。然后由买方取得动产和不动产，再由信托机构督促买方按期清偿价款，代收的款项用于偿还卖方的贷款。信托机构以买方抵押物或第二个信托保障卖方利益即第一个信托的完满执行。如卖方在这一过程中急需资金，信托机构可以给予融通。所以，无论这一融资是否真的发生，但这种信托形式往往被称作以融资为特色的信托。

五、融物类企业财产信托

与上述融资类信托的情况相反，以买方企业为主体，在它选定所需的动产或不动产后，或是没有足够购买力，但能够通过这些动产或不动产的使用产生效益而逐步付清款项；或是不愿一次性付清价款，希望用其其他收益来逐步完成支付。但买方企业信用情况又不为卖方所了解，于是双方约定将购入财产的所有权转移给信托机构。信托机构向卖方提供买方信用保证，根据需要还可提供融资。然后买方得以对动产、不动产进行使用或运营（销售、加工销售等），并从获得的收益中清偿卖方的价款或信托机构的贷款。

这种融物类信托从原理上是一种租赁行为，称作财产管理信托、财产管理和处置信托或者经营（服务）性租赁、经营（服务）后销售租赁均可。但我国租赁业受资产规模所限，无法完成大型、超大型的设施设备的租赁，如果采用信托方式或者信托与租赁企业合作方式就能够突破资本门槛，使买方、卖方和中介方企业都获得长足发展。最近的实证就是，国内三巨头之一的某家航空公司需要为一笔24架飞机的定单采用租赁方式，而国内一家著名金融租赁公司限于注册资本因素仅仅只能提供最小一架的担保，最后只好放弃这单重要业务。可见融物类企业财产信托大有发展空间。

六、其他类企业财产信托

信托公司还可以为了帮助某些行业、某些地区、某些企业单位之间实现闲置物资设备和其他财产的相互流通，主动组织资源信息，充当信用中介。其信托方式可以是采取上述融资类，也可以是融物类。

另外，中国银监会2007年版的《信托公司集合资金信托计划管理办法》给信托公司业务范围增加了居间业务，实施上，可以体现为各类企业使用信托机构的一种新方式，请参看本书第4章的专门介绍。

七、为产业整合助力的信托品种

对在某些行业、某些地区的经济发展处于行业领袖或者领头羊地位的企业，信托公司可以帮助它们输出经营赢利模式，横向、纵向和混合整合相关产业。在这种相关企业间兼并重组、资源组合的过程中，信托公司不仅可以提供投资银行类、咨询类和中介类的服务，更重要的是可以通过信托方式筹集大量资金使产业整合得以顺利完成。这种拥有咨询、顾问和融资一体化的服务模式，和许多自身业者们一样，笔者有过大量的实践和体验，并且业务前景十分开阔。而国内一些目光远大的企业家们早在此次信托业清理整顿完成之前就尝试和进入信托业，一位国内饲料业大王企业的CEO更是直言不讳：我们收购信托公司的股权就是要做行业整合。在产业整合里信托的功用之重要可见一斑。这里涉及的信托方式当然既包括了上述融资类信托，也包括了融物类信托。

八、推动专业化管理的信托品种

由于经济发展水平的提高，对于专业化管理的要求越来越迫切，因此产生了一些具有专业化管理技能如生产（服务）管理、市场营销管理、技术（产品）研发管理等的职业经理人和团队。他们本身往往组成一些具有特殊行业特点的专家型企业，虽然没有产业整合的魄力和实力，但其技术、专长的特殊性也会产生较强烈的市场需求。信托公司可以为这些本身经济实力并不很强的企业研发出信托产品，使他们的技能得以发挥，信托财产被专业化管理而产生效益增量，使双方都能够“额外”获益。这类信托一般以融物性为多。

此外，与信托业行业相关度较高的咨询性、顾问性行业，还可以与信托公司结盟，以提供对不同企业客户的专家服务，在信托为核心的群体效应基础上达到“多赢”的聚合效应。

九、特定用途的资金委托业务

这里主要是指委托贷款和委托投资类业务。过去一些信托公司假委托贷款之名而行真贷款之实，给信托业、金融业和社会经济发展造成了巨大伤害。现在，资金委托业务这一过去信托业的专有业务领域已经受到了银行业的激烈竞争，但每年各级政府数百亿的资金要以委托贷款或委托投资的方式投入到基础产业、高新产业或工业技改项目中，无疑是信托公司良好的市场机会和发展机会。当然表现形式上因为前述矫枉过正的原因，现在多用单一资金信托的方式实现。

十、证券类信托业务

信托公司还可以充当企业发行股票和债券的登记、转让代理人和红利分配的代理人。信托公司作为代理人，根据与发行证券的公司签订的合同提供服务。同时，信托公司还可以为顾客办理股息再投资业务，也可在股东延期兑换和集中使用之前，按照合同约定运用这笔资金。

此外，中国银监会2007年版的《信托公司管理办法》规定的业务范围中，证券承销业务已经引起广泛关注，虽然信托公司恢复像20世纪90年代初期、中期那样活跃在股票承销领域的情景尚需时日，但至少大门已经开启。而且发挥信托机构承销国债和（即将大大扩展规模的）企业债的传统优势当然不在话下。

十一、准房地产投资信托（REITs）

REITs（Real Estate Investment Trusts）就是房地产投资信托基金，其实质是一种证券化的产业投资信托基金。即通过发行收益凭证的方式集合公众投资者的资金，由专门投资机构进行房地产投资经营管理，并将投资综合收益按比例分配给投资者的一种信托基金。REITs通过专业机构的悉心打理，通过多元化的投资，选择不同地区、不同类型的房地产项目进行投资组合，在有效降低风险的同时使投资人获取长期稳定的投资收益。美国、日本、韩国、新加坡、澳大利亚等国的交易所都已有REITs上市，类同普通股票一样交易。鉴于REITs上市交易流通为主、封闭运行为辅的经营模式，我们可以类比于我国的开放式基金与封闭式基金。根据REITs的投资类型，我们通常可以将其分为三大类。（1）资产类（Equity）：投资并拥有房地产，主要收入来源于房地产的租金。（2）房地产贷款类（Mortgage）：投资房地产抵押贷款或房地产贷款支持证券（MBS），收益主要来源于房地产贷款的利息。（3）混合类（Hybrid）：顾名思义，采取上述两类的混合投资模式，即房地产投资、贷款兼而有之。据REITs大国美国的统计数据，其中绝大部分是从事资产类投资，纯粹的房地产贷款类REITs的份额不足其总量的5%。

美国的REITs在20世纪80年代借势于房地产税收改革的政策东风而出现大幅度地迅猛增长，首先是1986年的税法改革允许REITs直接管理地产，其后于1993年取消了退休基金对REITs投资限制，退休基金的庞大资金池给了REITs巨大的发展空间。迄今在美国REITs已有300多家，市值早已突破3000亿美元大关。近年来欧洲、亚洲、南美洲的20来个国家和地区都针对REITs制定专门的立法，推进了REITs的快速普及和发展，自2000年起，REITs在亚洲有了突破性的发展。新加坡、日本、韩国和中国台湾近年来推出的REITs投资产品在很大程度上吸收了美国REITs的发展经验。与美国模式的主要差别在于亚洲各国和地区普遍通过修改投资、信托等有关法律，采用专项立法对REITs的设立、结构、投资资产、收入及其分配等方面予以明确的规定。因此，相对美国模式而言，亚洲各国和地区姑且称之为“泛亚模式”的REITs立法和监管更为仔细、严格。

虽然地产业、金融业乃至其他多个行业的有识之士多方呼吁，但囿于经济发展、地产及金融业实际状态，以及宏观调控等多方面的因素，我国目前尚未颁布REITs的法律法规。国际意义上的REITs在性质上属于信托基金，除少数外绝大多数通过公募设立，所以目前国内尚无任何这种意义上的REITs产品问世。但信托的天空既然取决于信托业者的想象空间，中国式的私募REITs，或称“准REITs”也就应运而生了。2007年3月28日，中信信托投资有限公司和中国工商银行为深圳华侨城地产推出的“华侨城租赁收益权直接融资项目”就是典型范例。据媒体透露，2006年筹备开始的时候，项目拥有人华侨城地产非常希望能够直接做成向公众发行的REITs，争取打破公募坚冰，在深圳股票交易所挂牌上市。但经过中信信托、中国工商银行及其本身对国内政策及时机的研判，遂改用私募渠道，将发行对象由社会公众转换成为定向募集的投资者。

这笔最终融资金额 6.5 亿元的“准 REITs”——房地产信托产品，以华侨城地产深圳本部的部分收益型物业，包括商铺、写字楼、厂房和国际公寓等物业的未来 5 年租金收益，委托中信信托发行房地产（财产）信托产品，由中国工商银行深圳分行担任托管和监管银行。所融资金除支持华侨城地产子公司购置土地费用外，还包括股权投资费用和部分用于偿还短期银行贷款。由于设计合理，该产品当天就被机构投资者抢购一空。

这只深圳华侨城地产的“准 REITs”产品以及早前问世的天津滨海新区“领锐”等，之所以称之为是“准 REITs”，就是因为它们还都属于私募股权投资，与国际意义上上市公募的主流 REITs 有所不同。但即便是世界 REITs 大国美国的统计中也不乏私募 REITs 的身影，更何况我们的私募“准 REITs”又有着在国家公募 REITs 政策开冻之前的先机之利，信托业、地产业及有志于此的仁人志士们又有什么理由不努力为之呢。

6.3.2 银行业、其他企业与信托

近年，我国银行业的发展是为国内外密切关注的。曾经作为“中国崩溃论”最重要论据之一的就曾经是中国以四大国有商业银行为代表的银行业及其它们似乎无法解决的坏账和不良资产困局。但让这些可笑的偏执狂论者们大跌眼镜的是，中国银行业不仅没有拖累中国经济，而且自己也在困难中不断进取奋起，甚或屡创辉煌，中国工商银行震惊中外的全球最大 IPO（初次公开发行股票）规模就是不争的事实。当然，发展不表明没有问题和不足，甚至显露出更有进一步的改进需求。说到底，银行也属于企业范畴，不过是一种经营货币业务和间接投资的特殊企业而已，所以能够为工商企业提供服务的信托业，当然也有着与银行业相得益彰的需求和合作领域。根据近五年来的信托实践，特别是银信合作实践。可以说，银行业使用信托及信托工具已经非常普遍，有些先行者甚至已入化境。为什么银行与信托之间的合作如此广泛又热络呢，这与中国信托公司群体先天性的融资能力不足，与我们现行的信托运行与管理体制方面的制度缺失有相当大的关系。但同时也与中国银行业业务开展方面存在的一些问题关联甚深。

中国银行业存在哪些业务难题呢？

1. 追求规模粗放经营

中国银行业素来追求规模经营，于是从上到下的指标体系最起码的要求是达到某个融资指标。所以，有两种现象甚或见怪不怪：其一是“每逢佳节倍思亲”，就是在指标时点（季度末、半年末和年末）一定会全体动员四处拉储，保证储蓄余额达到领导钦定的数量；其二是调入收入水平较高的银行业，常常不是考察业务能力，而是看能不能带来余额及客户的增加。应该说，近年来这一倾向有所改善，但储蓄余额作为主要业务考核指标在许多地方依然存在，只要一天不消失，吸储难就一天不会彻底改变。

2. 流动性过剩与贷款难并存

一方面，无论各种论者对中国银行业的评论孰曲孰直，但存在流动性过剩是不争的事实。另一方面，日趋严格的贷款责任制度，特别是无论责任人调到任何单位都抹不去的坏账记录终身制，也使得贷款项目从审贷体系过关渠道并不通畅，甚至难度日高。加入 WTO 之后，市场竞争的日趋激烈也使得工商企业两极分化，好的企业和项目众银行紧追不放，市场成功度方面确定性低的大家都不敢问津。而最为严重的是，东方人对储蓄的热衷和中国百姓对银行体系的过度依赖，加之连续多年的股市低迷、投资渠道缺乏都把储蓄余额日渐一日地不断推高。一位资深银行业者以他多年担任分行行长的体会，把银行描述成一个泄洪能力有限，但山洪滚滚而来，一方面还必须吸储，一方面又不得不卖力加高堤坝的水库，可谓十分形象。所以，放出贷款难已经成为比吸储难更加难以完成的指标。

3. 不良资产处置难

令中国银行业烦恼的问题还不仅仅是以上两个，最为困难的问题是不良资产处置。我们在本书前面的章节中有过很多讨论，这里着重需要说明的是：不良资产的出现绝对不是中国特色，更不是商业银行某个发展阶段所独有的现象。也就是说，不会因为我们实行了贷款责任终身制或者其他风险控制制度就能够完全杜绝坏账。所以，虽然我们对中国银行业的发展前景持乐观态度，但就像机械不会没有故障一样，商业银行业也一定会出现坏账。而处理坏账并非银行这个金融巨无霸的强项，这也是不争的事实。

所以可以说，商业银行吸储难、贷出贷款更难，而不良资产处置最难。对于这种情形，作为商业银行最主要的同盟军的信托业能够做些什么呢？让我们来看：

一、商业银行债权信托

最近五年的信托实践中，许多信托公司开展了以商业银行为交易对手，以商业银行承诺回购其贷款债权为担保手段的信托产品。例如，青岛海协信托投资公司在2004年和2005年就与两家股份制商业银行的青岛市分行完成了两笔此类交易。从银行方面，不仅实现了一年之后的债权的即期变现，而且取得了改善报表特别是流动性指标的直接效果。而对于信托公司也收获颇多，其一是扩展了业务和绩效；其二是巩固了银信合作关系；其三作为一家放贷款给银行的企业，在习惯于银行放贷角色的其他工商企业中间树立了空前良好的形象，而取得信任对于今后开展信托理财业务的作用更是不可小觑。所以，五年来越来越多的信托公司开展了属于这一范畴的信托业务，不仅说明了该业务空间的广阔，也诠释了对于银信双方的裨益和引力。

二、债权资产或未来债权资产的准证券化

与前面的例子类同和不同的是，各家商业银行不仅拥有相当多的信贷资产，一些银行还存在未来的贷款项目，我们姑且称之为即将投入的债权资产。在资产证券化呼声甚高、但国家政策尚未正式开闸的今天，信托公司群体纷纷采用灵活的信托工具和手段，为这些银行解决问题、扩展业务作出了典范。例如，中信信托投资公司、北京国际信托投资公司等单位为国家开发银行发行的多个信托产品就是最好的例子。这些产品均以后者承诺在信托期末或之前发放贷款而作为担保手段，虽然收益一般较低，但因为国开行的信用程度高而属于确定性强即风险度低的产品，不仅投资人买账，各家信托公司也热情较高。属于典型的未来债权资产的准证券化信托产品。

三、银行业不良资产处置

最近几年来，信托公司群体们针对社会巨额不良资产的各类不动产信托都产生了不错的市场响应，而信托公司们面对的往往是那些地段优越、沉沦多年的“标志性”项目，例如中泰信托投资公司2004年推出的“杭州凯悦财产信托优先受益权投资计划”就是典型的例子。该项目地处杭州西湖畔景观和交通条件最优越的湖滨路、平海路口45亩黄金地块。原计划兴建地上八层、地下三层的顶级大酒店、购物广场和酒店式公寓。由于地段优越、定位高企，该项目号称“浙江省第一座五星级酒店”。甚至由于涉及高层领导人以下逐级的批复而号称“三民工程”，但由于项目主办方投入资金严重不足和后天诸多原因，致使其“十年惊梦”、“伤痕累累”，牵涉了大量银行贷款资金。截至2004年5月产生了很多诉讼，在杭州市中级法院和西湖区法院留有数十份卷宗，仅在市中院开庭的案子就达十多起。而中泰信托的介入，使得该项目起死回生，于2005年6月18日正式开业，成为杭州当地最高档次的酒店。而其洗尽铅华、重现辉煌的主要投入“就是中泰方面注入的信贷资金”。另外一个典型案例发生在沈阳太原街，一幢原来的建筑材料大厦沉寂多年，因为弘泰信托投资公司的数千万元贷款和一个精妙的设计，使之摇身一变成为沈阳第一座公寓式酒店，获得了良好的销售记录。此案例不仅为项目主办方和弘泰信托带来了业绩提升，而且一举从吸储、放贷和资产处置三方面都有建树而闻名遐迩。而素以突出产品差异化为经营理念的中信信托业一直将资产证券化信托和资产管理作为其重点经营的领域。它们不仅在2005年、2006年先后与华融资产管理公司、东方资产管理公司合作推出了相关的资产处置信托项目，还与国家开发银行、招商银行、中国民生银行、中国农业银行等商业银行在资产证券化的公募和私募领域合作取得了突破进展。

四、银行理财产品的投资、管理

自2005年中国银监会2号令以来，商业银行业广泛开展了理财产品和服务，为中国老百姓提供了一种比之储蓄存款拥有很多优势的投资工具。但是，正如我们在本书前面章节中论述过的那样，由于长期的分业经营的金融体制的局限，国内银行业根本不具备货币、票据、债券、外汇之外的投资团队，更遑论事业投资领域里的专门人才了。所以正如笔者2005年10月在中国信托业协会青岛研讨会上预测的那样，商业银行理财资金与信托公司业的结合必将和已经成为必然。这一点，通过最近一年来的信托实践和实际情况作出了正面的诠释。细心的投资者都会发现，商业银行的理财产品已经越来越偏爱投资于由信托公司设立的几何资金信托计划，而商业银行理财的预期收益率也跃出了先前多年的谷底。随着中国银监会2007年版“新两规”实施以来，金融业者们普遍预期，银信合作将进入“蜜月期”。2007年以来层出不穷的银行理财产品中，以信托业与银行业合作的新品往往更具吸引力，例如5月份上海国际信托投资公司与上海银行合作打造的“慧财”人民币理财产品就是一例。该人民币理财产品为信托挂钩产品，募得资金购买“上投国瑞·万科资产支持信托合同”项目下的优先受益单位，由上海国际信托投资有限公司担任信托管理人，万科股份有限公司提供信用保障。该理财产品期限2年，预期年收益率6%，到期一次性偿还本金并分配收益。该理财产品个人客户每次购买的起点金额为5万元，并以1万元为基本单位递增，单份最高认购限额100万元，单户最高限额1000万元。仅以2007年第一季度的不完全统计来看，就有近一半的信托公司参与了与银行的理财合作。不少银信合作的理财产品中，都是以银行单一委托人作为将其募集的理财资金交给信托公司。而资金投放方向上，不仅包括信托公司几年来的传统领域，甚至包括在证券市场打新股或者投资二级市场。许多信托同业们在近两年的实践中的优异表现，证明了这一业务结合点的广阔空间，而且至少在最近几年内，还将继续得到验证。

总体说来，以企业为主体客户的商事信托是任何国家的任何信托机构都无法忽视的重要业务。随着近几年来我国信托业的逐渐恢复和发展，在企业客户领域里，信托公司一方面为各企业筹划集资举债，推介各种各样的项目、资产和其他计划；一方面又为企业、团体和社会的资金安排出路，提供许多投资机会的良好形势已经拉开序幕，更繁荣昌盛的局面也一定会到来。

6.4 还有谁可以使用信托

信托作为一种久经考验和行之有效的理财制度，当然也会应用到社会的其他方方面面，包括为公益事业设立信托，也包括为个人使用的信托，受益人涉及个人和团体的混合性信托等等。

6.4.1 公益信托

信托的一项重要职能就是社会福利职能，它常常通过开办公益信托来体现。公益信托一般以捐赠或募集的款项作为基金，为了特定的公益事业而设立。公益基金近年来在我国发展很快，由政府、社会团体、单位或个人资助、赞助、捐赠的，以社会进步和社会福利等社会公益事业为目的而设立的各种基金相继成立，如儿童福利基金、残疾人福利基金、见义勇为基金等。由信托公司受托对其进行管理、营运，并将所得收益或约定的款项转移给指定的公益项目或受益人的业务，称公益基金信托。

说到公益信托，就不能不提及全世界范围都大名鼎鼎的诺贝尔奖。诺贝尔奖是以瑞典著名化学家、实业家、硝化甘油炸药发明人阿尔弗雷德·贝恩哈德·诺贝尔（1833～1896 年）的部分遗产作为基金创立的。诺贝尔在逝世的前一年留下的遗嘱中明确将其遗产中的 3100 万瑞典克朗，当时约合 920 万美元作为基金，用以颁发物理、化学、生理或医学、文学及和平五项奖项的奖金，授予世界各国在这些领域对人类作出重大贡献的人或组织。其后一直到 1968 年瑞典中央银行于建行 300 周年之际，提供资金增设诺贝尔经济学奖（全称为“瑞典中央银行纪念阿尔弗雷德·伯恩德·诺贝尔经济科学奖金”，亦称“纪念诺贝尔经济学奖”），并于 1969 年开始与其他五项奖同时颁发。诺贝尔经济学奖的评选原则是授予在经济科学研究领域作出有重大价值贡献的人，并优先奖励那些早期作出重大贡献者。此端一开，1990 年诺贝尔的一位重侄孙克劳斯·诺贝尔又提出增设诺贝尔地球奖，授予杰出的环境成就获得者。该奖于 1991 年 6 月 5 日世界环境日首次颁发。现在的诺贝尔奖项达到七项，其中六项由这笔诺贝尔遗产基金支付。这些奖项每年将需要高达 500 万美金资金，另外还有不菲的基金会工作费用。据统计迄今为止，该基金在奖金发放与管理费用方面的支出已超过了 5 亿美元。这就让不知就里的世人看来，该笔基金似乎有着取之不竭、用之不尽的聚宝盆或者摇钱树。其实，它非但没有这样的宝物，而如果没有信托制度的助力，这笔财富的源泉恐怕早就面临干涸的绝境了。

这是因为，在诺贝尔的遗嘱中规定奖金的基金只能投放于低风险的投资，以其每年的利润和利息作为奖金来源。在诺贝尔基金会成立之初，管理思想和运营手段比较保守，对章程规定的安全且收益稳定的投资范围理解的过于狭隘，主要是采取银行存款等手段来处置运用。所以随着每年奖金的发放与基金会运营费用，基金会的资产日渐枯竭，1953 年时，甚至到了仅余 300 多万美元的困难境地。面对这种几乎难以为继的局面，诺贝尔基金会被迫作出更改章程的重大改革，引进现代财富管理思想和经营手段，通过信托的介入将投资方向向证券和不动产方面倾斜。随着投资报酬的滚动增长，1993 年诺贝尔基金会的总资产已升到 2 亿多美元，进入了一个健康运行的良好轨道。可以说，诺贝尔奖信托是典型的公益信托业务。而且是一项具有巨大示范效应和良好广告效应的极其成功的公益基金信托。

我们从诺贝尔奖的百年历程中，可以看到公益基金信托既有别于个人委托的信托，也有别于一般的企业或团体委托的信托。它是一种委托人可能是个人或者团体，而受益人也同样可能是个人或者团体，但往往都通过代理人来与受托人——信托公司打交道的特殊信托。具体说来，由于公益基金信托是一种他益信托，所以在业务关系中，筹集和管理这类公益基金的机构，一般是该基金会，实际上只是委托人的代理人；真正的委托人，实际上是资助、赞助或捐赠资金的单位和个人；而受益人，有的是社会某一部分人，有的是个人。而使用公益基金信托的收益或约定款项建设和管理公益项目的机构，则是受益人的代理人。

一、办理公益基金信托的基本前提

1. 委托人（即筹集和管理各种公益基金的机构），在信托协议中它们以自己的名义签约，必须是经有关部门批准并已经登记的合法组织或团体，有经过政府有关主管部门批准的管理基金的章程或办法；

2. 筹集、管理基金的手段及资金必须合法；

3. 指定的资金用途或受益人必须符合其章程和办法的规定；

4. 应当依法设置信托监察人并建立有效的社会监督机制。

二、公益基金信托的资金筹集和开户管理

准备信托管理的公益基金的筹集一般有两种办法：第一，由委托方先行筹集资金，集中起来后委托信托公司进行管理处置。这种做法适用于日常、不定期的并且比较零散的资助、赞助和捐赠款项的筹集。第二，由信托公司代为办理，即由委托方在信托公司开立代理收付账户和公益基金信托账户，并将有关账号向捐赠、赞助和资助者公布，由它们直接将款项汇给受托的信托公司。这种作法适用于资助、赞助或捐赠者都是单位以及筹集时间比较集中而且是有组织地筹集资金的情况。

三、公益基金信托的营运管理和支付要求

公益基金信托的支付一般有两种，一种是定期支付营运收益，一种是到期公益基金本金和营运收益一并收回。前一种在选定资金用途时，主要要求经济效益高、承担能力强、安全稳妥，期限可相对长一些；后一种则要把到期收回作为最重要的指标来保证。但无论如何支付，作为受托人的信托公司都必须严格遵守《中华人民共和国信托法》的规定："公益信托的信托财产及其收益，不得用于非公益目的。"

在近几年的国内信托实践中，已经有一些信托投公司开风气之先，推出了多个公益基金信托，而代表着中国信托业的中国信托业协会甫经问世，就在成立大会上倡议发起了公益基金信托。事实上，公益基金信托作为一种国家鼓励发展的为全社会或部分社会公众服务的信托品种，随着社会经济水平和道德水平的提高，一定会出现长足发展。可以预言，中国的公益基金信托，将在信托公司的业务中占据越来越重要的位置。

6.4.2 个人信托

信托本来就是起源于自然人之间信任关系的一种理财制度，随着我国社会经济的发展和人们富裕程度的提高，个人使用信托的机会和途径会增加很多。个人作为委托人请信托公司代为管理、经营、处置或打理财产，以实现其指定目的一类的信托业务就会占有信托公司越来越大的业务比重。

一、个人使用信托的一般情况

1. 个人财产处置、管理信托

作为受托人，信托公司能够提供多种个人信托业务，主要分为生前有效的信托和委托人身后生效的遗嘱信托。前一种可避免委托人亲自管理财产，进行繁琐复杂的投资决策，而由信托公司提供专业化、规模化的理财服务，受益人一般都是委托人自己，目前最为多见；后一种是委托人通过建立遗嘱信托，把财产以信托的形式分配给指定的受益人。理论上，前一种信托也可以直接或间接地转为后一种。这两种信托业务都是根据信托协议条款管理信托资产，委托人可以在信托协议上规定严格的投资方式，或者赋予信托公司相当大的自主权，让其进行投资决策。此种信托管理的主要目标是，在保证信托本金获得适当的即期收益的基础上，避免信托财产承受过大风险。

2. 个人财产监护、管理信托

就是指对于一些未成年人、老年人、病残人士和无完全行为能力的人士无法自己管理的某些财产进行监护和经营管理的信托。与前面的个人财产处置、管理信托不同的是，这种信托的重点在于护养受益人，使之受到良好的教育、培养、颐养和治疗、康复。

3. 自由职业者退休金信托

随着知识经济和信息时代的到来，被称作 SOHU 的自由职业者（或称自我雇佣者）越来越多，他们的退休养老问题也随之而来。美国 1962 年就颁行了有关对自我雇佣者退休金税收优惠的法律，后来又不断增加了其他一些法案予以强化，形成了由自我雇佣者出资并身兼委托人与受益人双重角色，由信托机构作为受托人管理的退休金信托。这种近年有不断上升趋势的信托，也可以考虑在我国一些“解除劳动合同一次性补偿”（俗称“买断工龄”）的人群中试用。

4. 其他个人信托

随着经济生活的多元化，人们出于各种不同喜好、目的和要求还会有各式各样的财产信托要求，例如，人寿保险信托、特定赠予信托、养老金信托、个人退休金储蓄信托、储蓄计划信托等等。信托业者除了积极量体裁衣提供服务外，也应该自行创造新的信托品种，为公众提供服务。

从社会发展对资金需求的角度来看，作为自然人的社会公众通过信托公司设立自益或者他益的信托，无论其目的有何不同、种类五花八门，但作为请专家代为理财的需求这几年的增加幅度和速度都是十分引人注目的。虽然个别信托公司经营出现问题，总体监管环境趋紧，但对信托产品渴求的情况依然随处可见。这不仅再次证明了改革开放国策的巨大成功，也为信托业的高速发展显示了空间。我们作为资深业者，不能不对克服眼前的困难和健康发展的未来充满信心。

二、符合现阶段中国特色的个人信托

中国银监会 2007 年版的《信托公司集合资金信托计划管理办法》，首次提出了合格的自然人投资者的概念。监管者主要的立法本意之一就是保护投资人特别是中小投资人或者说是社会中低收入者的利益，对于风险主要由信托资产承担的集合资金信托，为合格自然人投资者设置“资金门槛”就成为一种必然的结果。虽然本书第4章、第5章曾就自然人投资者的概念和界定有过表述，但事关重大，这里再复述一次，以便引起读者诸君，特别是潜在投资人的充分注意。

1. 合格自然人投资者的定义和标准解析

中国银监会2007年版的《信托公司集合资金信托计划管理办法》中指出：“合格投资者是指符合下列条件之一，能够识别、判断和承担信托计划相应风险的人：（一）投资一个信托计划的最低金额不少于100万元人民币的自然人、法人或者依法成立的其他组织；（二）个人或家庭金融资产总计在其认购时超过100万元人民币，且能提供相关财产证明的自然人；（三）个人收入在最近三年内每年收入超过20万元人民币或者夫妻双方合计收入在最近三年内每年收入超过30万元人民币，且能提供相关收入证明的自然人”。应该说，“新办法”非常明确地定义了合格自然人投资者的量化标准，但这只是最低标准，就像2002年版“老办法”规定的200份时的5万元标准，在信托实践中往往因为“时间优先、数量优先”的规则而必须达到20万元、40万元甚至更高才能申购成功一样，按2007年版“新办法”发行的产品往往都要数百万元才能够成功。但是，即便如此，这些量化指标也仅仅是成为集合资金信托（资金信托计划）的和各自然人投资者的必要条件。而要成为一个合格自然人投资者的充分条件是：“能够识别、判断和承担信托计划相应风险的人”。可见，仅仅达到上述量化的收入指标，不具有对集合资金信托（资金信托计划）的充分了解，不能够识别可能招致的风险，或者不能对这一风险作出应有的判断和最终承担能力的人，也不能算是合格的自然人投资者。所以，我们信托业者不仅要提供合格的信托产品，更重要的是要宣传、普及信托、信托业务及其法律知识。鉴于中国商事信托业的百年历史和现状，这是信托人一件义不容辞又任重而道远的历史使命，也是笔者和同仁们撰写这本小册子乃至本丛书的初衷。

2. 集合资金信托之外的个人信托业务

我们已经很清楚地说明了集合资金信托（资金信托计划）的合格自然人投资者必须具备的条件，我们也十分清楚地意识到，囿于每个产品50个自然人的限制，加之集合资金信托在信托公司业务比重上的下降，不是人人都有机会参与其间的。那么，对于无缘集合资金信托，又没有能力独自投资一个现有的单一资金信托产品的自然人投资者，信托的广阔天空体现在哪里呢？

(1) 正如我们在本书前面章节里旗帜鲜明地宣示的那样：不要为资金信托一叶障目。你的资产，无论有形还是无形的，都有可能成为设立信托的依据，也就是说你能够通过其他资产（财产）信托来获得财富管理的服务。

(2) 虽然你的资金可能暂时无法达到资金信托要求标准的要求，但你也仍然拥有获得信托公司的财富管理服务的办法：①信托公司和信托业者们会适应新的“一法两规”的要求，陆续开发出适合这些投资规模的信托产品；②有投资需求而又无缘集合资金信托（资金信托计划）产品的朋友们也可以主动与愿意在创新原野上开拓的信托业者们沟通，请注意：信托不是信托公司和信托业者们独占的领地，你、我、他（她）都是潜在的创新者；③即便前两项你都暂时无法做到，条条大路依然会带你到达“罗马城”——与信托携手的办法依然很多，例如我们新增的“居间”业务、传统的“见证”业务，也都能够提供一张新的或旧的“船票”，让你登上信托这艘古老、沧桑，但又充满动力、活力的客船。

6.4.3 其他情况下使用的信托

现代信托一经问世，就显现出极强的生命力和对新环境的非凡适应能力。于是，从英伦三岛传往新大陆再回到欧洲，又远播到东方，加上100多年来不断推陈出新，信托的天空实在是缤纷多姿。即便在我们有限的视野里，也有些信托品种错综复杂而难以分类，有些又涵盖广泛涉及范围甚广，我们难以一一简单区分清楚，以下列举国内信托实践中较有代表性的几个领域和案例，结合介绍几种舶来品信托，或许能够启迪思路，为团体或者个人客户使用信托有所助益。

一、社保基金—银行—信托公司三合一的信托产品

社保基金是我国经济社会发展的“稳定器”，将为弥补今后人口全面老龄化时期的社会保障奠定基础。近十年来，在国家、企业和公众的共同努力下，几乎是从零启动的社保基金资产规模逐步扩大，截至2006年底，全国社保基金管理资产总额已近3000亿元。按照全国社保基金管理委员会的计划，基金规模将在近年内达到1万亿元水平。但随着全国社保基金管理的资

产规模不断扩大，其投资压力和紧迫性不断加大。而相对于波澜起伏的资本市场而言，投资实业无疑具有波动较小、收益稳定的特点，所以通过信托工具和银行信用的组合，就一定能够另辟蹊径，为社保资金保值增值贡献力量。

例如2007年5月北京国际信托投资公司联合国家开发银行推出的，与全国社会保障基金理事会合作，利用社保基金设立的单一资金信托产品就是典型案例。该信托的设计模式为由北京国投向全国社保基金理事会定向发行一年期银信合作信托融资产品，为西部大开发重点建设项目重庆至长沙高速公路建设项目募集10亿元低成本资金，从而支持重庆作为大西南交通枢纽的公路网建设。而由国家开发银行提供不可撤销连带责任担保并承诺进行后续贷款管理，这也为社保基金的投资资金安全提供了有力保障。

通过这只信托产品我们可以看到，将全国社保基金与北京国投、国家开发银行、重庆高速公路发展有限公司合为一体，充分发挥了各方的优势。而借道信托平台和银行信用，把优裕的社保基金与良好的实业投资项目有效连接起来，无疑将会在非常广泛的范围内拓展社保资金的理财途径，丰富其投资品种，以稳定、良好的收益来提高其增值保值能力。

对信托公司而言，中国银监会2007年版的“新两规”的颁行，必然将面临信托本原业务即主业回归的重大调整。而北京国投等一批领跑的信托公司加强与全国社保基金及国家开发银行等大型机构的合作，正是形势发展的必然，也将成为信托公司战略转型的重要标志。而对全国社保基金一方而言，这一预示着社保基金已经在信托投资领域从2005年试点基础上走向规模化推广操作阶段，而对于推动社保基金的多元化投资和运作将产生深远影响的这一信托品种：“该项目是全国社保基金首次运用信托方式大规模投入西部大开发项目，也是社保基金继2005年底试水信托投资以后又一次规模化信托投资运作”，中国财政经济界的耆老、全国社保基金理事长项怀诚如是说。

二、社会主义新农村建设中信托的功能与定位

党的十六届五中全会提出了建设社会主义新农村的重大历史任务，温家宝总理在全国金融工作会议上所作的指示中又进一步强调了金融领域的三大任务：（1）要从多方面采取有效措施，加强对农村的金融服务，为建设社会主义新农村提供有力的金融支持；（2）要加快建立健全适应“三农”特

点的多层次、广覆盖、可持续的农村金融体系；（3）要大力推进农村金融产品和服务创新，加大对农村金融的政策支持。信托业作为金融体系中最重要的方面军之一，当然应该也完全能够依靠信托特有的制度优势，在建设社会主义新农村的世纪工程中发挥重要作用。面对这一历史使命和发展机遇，信托业可以从以下方式入手：

1. 信托业的优势在于其产品种类和用途的巨大创新空间

信托公司群体可以根据不同农村地区的实际情况，利用信托工具和自身特点，有针对性地设计开发出与新时期农村情况相适合的信托产品，利用“金融创新、信托下乡”助推农村经济及社会发展，对社会主义新农村建设的战略目标发挥不可或缺的独到作用。例如农村的村镇规划建设方面，由于经济发展水平等原因，农村宅基地使用混乱、村镇建设缺乏规划等问题由来已久，如果由信托公司担任受托人，发展农民集资建房，再辅以信托产品支持，就不仅可以有效解决这一历史性难题，在改善农民群众的居住环境和生活条件的基础上树立社会主义新农村的全新形象。再例如，针对近年来在部分地区由于农民大批外出务工导致的土地抛荒现象，如果实行农村土地信托制度，就可以有效遏制抛荒现象，推动土地流转而促进农业土地集约化经营。即无法或不愿自己经营土地的农民作为委托人将土地承包经营权在一定期限内转移给信托公司，由信托公司担任受托人管理经营。信托公司可以采取出租、以土地使用权作为出资入股投资等方式由“种田能手”或农业企业规模化地管理运营。一举把众多农民的“鸡肋”难题转化为农业土地经营的规模效益，使受益人的利益最大化的同时，还能够相当程度地提高社会资源利用和农业生产效率。另外，利用信托方式统一采购农用物资和农业机械、引进农业技术，甚至统一销售农产品，都可以在规模化经营的基础上有效降低交易成本和控制风险，有利于农村从小农经济向现代化、规模化的转化。同理，农村合作医疗保险资金也可以通过信托工具和信托产品保值增值，有利于缓解当前农村合作医疗资金不足的问题。

2. 信托公司可以更好地与农村金融机构进行银信合作

信托公司可以与农村金融机构，例如农村信用社体系进行各种类型的银信合作，解决其与银行同样存在甚至更为严峻的三大经营难题（参见本章第3节）。具体的领域有：（1）理财产品开发，鉴于农村金融机构与商业银行的综合实力比较，前者储蓄资金压力更大、寻求理财资金投放途径更为迫切；（2）信托产品销售，随着中国银监会“新两规”的颁行，地缘限制因素下降，信托产品在农村的销售空间将大幅扩展；（3）不良信贷资产处置，农村金融机构与商业银行的综合实力方面的差距，也必然表现在信贷资产质量及处置等方面，而信托方式的介入，无疑将增加新的动力；（4）随着金融监管政策的发展，农村金融机构贷款资产的证券化的大门也将开启，当然也是信托公司群体的重大发展机遇。

3. 信托业可以更好地利用多种金融工具

信托公司群体既可以通过投资入股，也可以通过收购兼并重组等多种方式参与到农村金融体系的建设中去。一方面，中国银监会 2006 年 12 月 22 日公布了《关于调整放宽农村地区银行业金融机构准入政策更好支持社会主义新农村建设的若干意见》，不仅支持各类资本参股、收购、重组现有农村地区银行业金融机构，而且还鼓励其在农村地区新设主要为当地农户提供金融服务的村镇银行。针对后者，中国银监会 2007 年 1 月 22 日颁布了《村镇银行组建审批工作指引》，明确了村镇银行组建程序和申请材料要求。另一方面，2007 年版的中国银监会《信托公司管理办法》规定，信托公司自有资金只能对金融机构进行股权投资。这表明管理层不但鼓励信托公司参股包括农村乡镇银行在内的各类金融企业，而且也符合中国银监会“适度提高境内投资人入股农村地区村镇银行持股比例”的战略安排。从远期着眼，国家行业监管部门的政策导向，也不外乎鼓励信托公司和金融机构直接交互持股，发展混业经营以对付来势汹汹而来的国际金融大鳄。

4. 信托公司群体还可以作为农村金融机构的财务顾问提供多种服务

例如：（1）在其组建、重组等关键时段积极介入，提供投资银行等专业服务，充分利用自身各种资源特别是人才优势的资源，充分发挥信托制度的优势，提供其他投行机构无法提供的投行与信托组合产品；（2）在今后运营阶段，对因为历史原因而存在不同程度经营状况不佳的许多农村金融机构，例如农村信用社，提供改善治理结构和提高管理技术方面的顾问服务；（3）对农村金融机构引入外部战略投资者等需求提供咨询，乃至居间、见证等单项或多项服务。

总之，无论从促进农村金融体系的完善，还是从信托业自身发展角度来看，社会主义新农村建设都是未来一个时期经济建设中给予信托乃至金融业的历史性机遇，所以也必将是信托公司群体演出威武雄壮话剧的大舞台。

三、员工持股信托

第二次世界大战以后“大众资本主义”或者“全员资本主义”风气日盛，一些公司纷纷开始实行员工持股计划。在美日等西方国家，以员工持股会形式在一定时期内积蓄员工的工资和奖金等，在员工持股计划的实施点购买本公司股权。为了充分发挥资金效率，往往在积蓄期内由员工持股会在信托机构开设账户，并以代理委托人身份将其交给信托机构开设为员工持股信托。但这类信托的方式无非是管理有价证券信托的形式或者非完全资金信托形式（日本叫做“金外信托”或者“金钱信托之外的金钱信托”）。其实说到底，由员工出资和公司拨出来的奖金先行购买了本公司股票再办理信托的，就是管理有价证券信托；反之，部分是以现金形式（而公司奖金则常以股票形式）交付信托机构的，就是非完全资金信托。特例中也有全部以现金形式交付的。美国企业中，为了吸引人才常常向一些员工提供部分贷款。当然这些都是美国股市上升时期的故事，在跨世纪的三四年里美国纽约交易所和那斯达克交易所指数双双大跌，许许多多美丽的员工持股计划也随同五彩缤纷的股市泡沫一起消逝了。

近年西风东渐，我国也有类似员工持股会的组织形式出现，可以预期员工持股信托也会渐次问世。当然无论是企业还是员工，都应该首先认真经营好企业，因为毕竟员工持股信托的本意不是讲给别人（更不是讲给自己）的一个美妙神话或者童话，只有“发展才是硬道理”！

四、利润分享信托

在经济上升年代，一些公司为了鼓励和稳定员工但又不“稀释”股权，开设了一种公司利润分享信托。即由公司作为委托人，每年拿出一定比例的所得税前利润设立信托，但与员工持股信托不同的是员工无须支付，也不占有公司股权。如无伤害公司利益等违反规则事件，一般在员工离开公司时分取应得部分，所以又被称为“金手铐”信托。

五、形成财产信托

形成财产信托名称来源于日本1971年颁行的一个叫做《促进劳动者形成财产法》的法律，主要是为了老员工（多为50岁以上适用）的福利而

“形成财产”，一般有：第一，由企业出部分补助金并代扣代缴员工部分工资组成的形成财产信托，员工具有委托人和受益人双重角色；第二，在员工至少一年的形成财产储蓄基础上，企业完全出资的形成财产奖金信托，企业是委托人，员工是受益人；第三，员工与公司协议后组成形成财产基金，出资条件与形成财产奖金信托类同，但信托的委托人是基金会，受益人是入会的员工自己。形成财产信托的目的是为了鼓励员工和企业通过长期储蓄的手段为员工“形成”财产，以便用于改善住宅、生活条件和养老金之需。这也形成了一部分社会长期资金，使信托业为国民经济建设筹集长期资金打下了基础。

六、储蓄计划信托

这种信托实际上是一些公司把养老金计划和储蓄计划结合在一起的信托。委托人是该公司，信托财产除养老金部分外，还有员工的储蓄和公司部分补助金。受益人是参加计划的员工，在退休时享用。但此类储蓄计划信托比较灵活，甚至可以允许员工退休前享受信托收益。

信托以其闻名遐迩的众多固有品种和不断创新的能力会装点出和我们的想象力空间一样宽阔的璀璨星海。而创造这个空前盛况的神明们，不仅包括今天我们中国的信托业者，信托的关系人（委托人、受益人），也包括我们这本小书的读者。

第7章 如何选择资金信托

本章谈论的重心是目前社会公众关注的热点——资金信托，谈到资金信托就离不开信托公司。首先介绍已经问世的资金信托的林林总总；然后诸层剥笋，提示读者选公司重于选品种以及如何选公司，选品种重在选品质以及如何考量品质，选品种如何考虑地域，从而为读者提供一些对形形色色的信托产品的评价办法。

7.1 雨后春笋般的信托和信托业

在国外，信托的天空已然是璨若星海，并且在未来的岁月里还会不断有新的信托产品问世。在我国，近几年来信托和信托业也如同雨后春笋般恢复萌发，信托产品特别是资金信托产品更是层出不穷，让人大有眼花缭乱之感。作为这本书的重点章节，我们将针对最常见、最引人注目也最名目繁多的资金信托，从委托人如何选择的角度予以介绍。

7.1.1 大起大落的信托业为什么能够生存

要选择信托，当然要了解信托业，尤其是我们这个引进信托较早但曾经严重水土不服的中国信托业。说起来，早在旧中国现代信托兴盛之初的 20 世纪最初10年和国外信托早已大行其道的20世纪70年代，我国就先后两次以信托投资公司的形式引进了这个英美法系的舶来“怪物”。但坦率地说，我们仅仅是用了“信托”之名，而几未甚至全未行“信托”之实。所以有了疯狂炒卖的“冒险家乐园”时光，以及令人今日读之都为之心惊胆战的“信交风潮”；有了我们身边发生过的风风火火的“二计委”和“二财政”时光，信托投资公司成为各级政府和行业主管部门手中绕开中央计划和基本建设规模控制的捷径；有了与许多单位和个人利益相关的轰轰烈烈的“二银行”以及“高进高出”（高息揽储和高息放贷）时光和随后惨惨淡淡的“二证券”的重重挫折，有了许多“著名”信托投资公司和“巨无霸”信托投资公司的撤销倒闭和黯然退场。如此说来，是不是中国经济中就天然缺乏信托生存的土壤呢？我们是不是不需要信托和信托业呢？结论显然是否定的。

在前面的有关章节里我们已从理论角度证明，在现代的市场条件下，信托已经发展成为投资大众喜闻乐见、广为接受的财产代理管理方式，信托业也早已成为现代金融业的三大支柱之一。其实在我国经济生活和经济发展的实践，也充分验证了信托业和信托生存的基础及其屡劫屡生的生命力。信托凭借其具有的财产独立性、传承性以及收益实绩分配等基本特征，而满足了社会对财产管理的需求。例如，信托交易具有其他交易远远不能比拟的经济性、实用性、灵活性等等不可替代的优势。这些都使得信托和信托业能够颠扑不破地生存发展下去。为了增强委托人或者潜在委托人选择资金信托的信心，我们再从社会经济均衡发展和信托实践的角度简述一下。

一、经济发展的多元化和多种财产所有制的存在是信托产生的社会基础

具体表现在三个方面：（1）我国改革开放继续进行，个人和不同的利益群体手中的闲散、闲置和效率不高的资金和财富出现并逐步增加；（2）社会保障制度建立，公益事业发展，社会保障类基金和公益基金大量出现；（3）生产经营性企业和一些非企业法人团体的运行出现了各自所有的富余资金。不同的利益主体对财富资源配置的多重需求，使我国实行信托制度和以此为主业的信托业成为现实的需要。

二、信托是一种广泛的投资渠道

我国投资体制和财政体制的改革，使政府计划主导经济，政府投资占据

社会总投资中绝大部分甚至是全部份额的局面一去不复返了。而信托作为疏通民间投资渠道，建立“储蓄—投资”转换机制的效用不可忽视。因此，对造就一个适应日益多元化的经济成分、多样化的经营方式、多方面的经济联系的全新经济新格局，信托可以作出许多独特的贡献。

三、信托是一种国际通行的理财制度

信托作为一种国际通行的理财制度，有着专业化的对话平台，具有特殊的沟通效果。在 WTO 之后国际经济一体化进程中，特别是国际经济联系越来越倾向于从货币经济转向信用经济的大背景下，信托的国际金融作用、对经济活动的支持推动作用都会越来越重要，所以国际经济合作、对外开放和融资都需要信托和信托业。中国信托业会很快修复过往因部分信托“出事”等受到损害的形象，重新活跃在国际金融舞台。

四、信托在我国现行及未来税赋方面的优势突出

例如，在我国现行的税收体系中规定，企业的投资收入在分配时必须先缴纳一次法人所得税，分配到自然人股东时还须缴纳个人所得税，这就形成了两次纳税。再例如，已经在我国资本市场萌芽和快速增长的 MBO 即职工持股计划，按目前常规往往采用影子公司形式，这也必然导致两次纳税的问题。这些导致企业纳税负担增加的多重纳税问题，不仅对企业效益甚至生存发展影响巨大，而且十分不利于我国投资机制的改革和增加民间投资的战略部署。而从信托实务角度来看，信托财产本身具有独立性，通过信托条款的灵活设定，加之信托公司只是名义所有权人，所以信托财产只承担后一次自然人所得税。由于投资收益只缴纳一次所得税，可以得到合法地提高投资总体效益的结果。

五、规模经济和专业化分工形成信托的交易成本优势

现代意义上的经营性信托（商事信托）从萌生到今天的发展历史，本身就是一个追求专业化和规模经济、节约交易费用的过程。对于各式各样的投资人提出的种类繁复的信托要求，没有任何个人信托者和其他代理投资人能够像信托业那样，拥有几乎在任何行业都“内行”的具有高超专业能力和管理技巧的专业队伍来满足这些要求。信托公司通过专业化的受托人服务

和对信托财产的专业化管理，不但能够在较低信托报酬率基础上存活发展，而且由于信托交易规模化、专业化的机构操作，能够保障达到规模经济水平，进一步降低信托交易费用。例如早期曾受到全社会关注的上海外环隧道项目，就是典型的规模经济依赖型项目。事实上，不仅难以找到满足隧道工程投资要求的单一投资人，就是提出这个信托计划的信托公司本身仅凭自有资金也难以全部承担，但通过信托工具汇聚了社会投资人的资金并达致了规模化经营，直接结果就是交易成本比率的大幅下降和各方收益率的上升。从其当时提供的预计回报来看，该集合资金信托的年回报率预计在5%以上，远高于当时三年期凭证式国债2.07%的利率，也高于当时三年期银行存款2.52%和三年期企业债券3.5%的税前收益率。对于集委托人和受益人于一身的投资人而言，在风险程度差异性不大的情况下，获得了比以往投资形式收益好的投资机会，这必然推进了外环隧道项目信托计划交易的圆满完成以及公众和舆论的反复热捧。三年后，该信托以实现预期收益兑付而告完满结束，而与此同期的数百个集合资金信托产品的兑付更是证明了公众与舆论的认同的合理性。

六、信托业金融特许经营权的价值效应

现代经济生活必然产生对信托的需求，而信托业在许多国家都处于限制准入的金融业特许经营范围，我国更是把信托业作为具有较高的政策壁垒的严格限制准入的金融行业之一。中国银监会2007年版的《信托公司管理办法》第七条就明确规定设立信托公司，应当经中国银监会批准，并领取金融许可证。未经中国银监会批准，任何单位和个人不得经营信托业务，任何经营单位不得在其名称中使用“信托公司”字样。这种特许经营权的价值效应可以从两方面体现出来，一方面，对财产信托的社会需求须由信托业来满足，信托公司本身还会开发潜在的信托需求；另一方面，信托公司本身具有贷款、融资和租赁等金融业务手段，非金融单位可通过信托形式，以信托公司的名义间接完成非金融单位不能直接实现的业务需求，迄今为止推出的千百个集合资金信托中的大多数，无论从早期的“新上海国际大厦项目”、“北京CBD开发贷款项目”，还是近年层出不穷的“最新”信托产品中都验证这种功能。

正是因为如此，数度大起大落的中国信托业才能够在艰苦摸索和去伪存真地奋斗了20多年之后，完成了一次凤凰涅磐式的浴火重生，于是就有了进入2001年以来的所谓新信托时代。首先，以《中华人民共和国信托法》，随后陆续颁布实施的2002年版中国人民银行《信托投资公司管理办法》和《资金信托业务管理暂行办法》为标志，中国信托业基本结束了第五次整顿开始以来长达三年的停滞状态，一举跃出谷底而步入了规范发展的轨道。而最新的2007年版中国银监会《信托公司管理办法》和《信托公司集合资金信托计划管理办法》其内容较原《管理办法》对信托公司业务开展的可操作性方面进行了重大调整，使信托公司在许多业务领域里的规定更具体、更精准，势必推动信托公司群体摆脱一味依靠类似银行短期贷款的单调模式，走向业务长期化、投资化或曰财富管理化的正确方向。可以说，时至今日由《信托法》和“新两规”等法律法规构成的信托公司规范经营的政策平台已经趋于完善。这场始于2001年9月首家和2002年3月首批16家信托投资公司获得重新批准和完成登记为开端的中国59家信托公司群体开始了几年来轰轰烈烈的推陈出新局面，虽经风风雨雨，但依然以2007年初公布的2006年度不俗业绩证实了信托以及信托业群体在中国土壤上的顽强生命力而随着一批信托企业重新申领“信托公司”的金融许可证，中国信托业的发展将进入一个全新阶段。

7.1.2 信托产品和发展评点

如前所述，几年来已经完成重新登记的59家信托公司和整个信托业一改多年来沉寂落寞的被动局面，纷纷行动起来，推出和正在推出自己的各种资金信托。仅仅集合资金信托就已经有数千种之多，而且门类较广、品种繁多。这里，我们对这些已经问世的信托品种及其特点给予简单的介绍和评介。

一、基础设施类信托领风气之先

从早期上海爱建信托投资公司的“上海外环隧道项目”、北京国际信托投资公司的“北京CBD开发贷款项目”、天津北方信托投资公司的“天津滨海开发区基础设施项目”、中泰信托投资公司的“粤桂高速公路（广西段）项目”、厦门国际信托投资公司的“厦门环岛路三期建设项目”、青岛海协信托投资公司的“即墨市基础设施建设项目”，到后来数不胜数的基础设施投资项目等都属此类。它们显现出信托业为基础设施开发和国民经济建设筹集中长期资金的基本功能，也符合信托业先进国家的发展潮流。当然，目前公募型集合资金信托尚未获得主管部门批准，所以这几年来推出的这些集合资金信托虽然引人注目，但毕竟只是信托合同不超过200份的潺潺细流，加之“新两规”对合格的自然人投资者50人的数量限制，都使得该类产品无法真正为社会投资机制发挥彻底改观级别的实质性作用。

二、房地产类项目信托比重较大

地产是许多国家经济高速发展的支柱产业，而中国经济创纪录地长期高速发展，每年数千万人口城市化的转移也必然导致中国地产业的持续向好。国内信托公司群体从发行资金信托开始，就一直为地产业的发展提供了源源不断的动力。从最初引起市场关注的上海国际信托投资公司的“新上海国际大厦项目”、北京国际信托公司的“北京三环新城经济适用住房开发建设项目”、百瑞信托投资公司的“北京信远大厦项目”等，到2003年之后的中煤信托投资公司（现名中诚信托投资公司）的“北京市车公庄危改小区贷款项目”、天津北方国际信托投资公司连发A、B、C、D的“滨江金耀广场项目”，以及福建联华信托投资公司创新色彩浓厚的“联信·宝利中国优质房地产投资”不确定具体投资项目的集合资金信托（截至2005年底已经成功发行至第七号，融集资金超过8亿元）都属于此类。特别是2004年4月宏观调控政策后，国内地产业在获得银行信贷支持比较困难的大环境中，信托业给予那些优秀地产开发企业的支持就更为意义深远了：第一，信托投资公司通过发行集合资金信托给这些企业筹集了资金，解决了企业的需求；第二，这些地产企业熟悉了信托工具，能够学会在国家信贷尺度不同的情况下制定与自身战略发展规划相适应的融资计划，而过去许多甚至是规模很大的地产企业只会依赖银行信贷，随着信贷政策松紧而盛衰兴亡，在过去二十多年的几个“巨变时节”，这类例子简直不胜枚举；第三，被解出资金困局的一些聪明的地产企业不仅学会了使用信托工具筹划未来的资金用度，甚至开始了运用它兼并收购其他地产乃至地产企业的运作，所以说信托给了中国地产业行业整合、升级换代的途径和动力也并不为过。

三、贷款类信托多于投资类信托

尽管信托资金的投向主要是基础设施和房地产类，但投放方式截然不同。以最早问世的两只为例，“上海外环隧道项目”是将从委托人手中汇聚起来的信托资金以资本金的形式投资于外环隧道建设发展有限公司，因而属于“投资类型的信托”，信托收益的来源是外环隧道公司的赢利分红；上海国际信托的“新上海国际大厦项目”则是将信托资金以信托贷款方式贷放于新上海国际大厦项目和以之命名的有限责任公司，因而属于“贷款类型信托”，其收益的来源只是贷款利息。对于大多数为地方政府筹集基础建设资金的集合资金信托产品，信托投资公司都设计了多重担保措施，以青岛海协信托投资公司的即墨市“城西新社区道路建设及配套设施项目集合资金信托”为例，它们就设计了三重“防火墙”：第一道“防火墙”，借款人或由第三方以其合法所有的、评估价值为信托贷款总额2倍以上的土地使用权作为贷款抵押；第二道“防火墙”，由政府信用作保证，即该市人民政府承诺在借款人未能按信托合同偿还贷款本息时，由市财政安排资金用于偿还信托贷款本息，并且人大已经就此通过专项决议；第三道“防火墙”，信托公司将在贷款期间实行全程监督贷款流向，严格限定贷款用途，并关注工程建设进度，定期进行贷后检查。从现在已推出的百余种集合资金信托产品中，我们不难看到，属于贷款类的信托大大多于投资类的信托。由此可见，信托公司群体中，作“信托（贷款）”的人才和资源配置，远远大于作“投资”的部分。这就显露出有些学者称之为“类银行贷款业务”的倾向。

四、信托产品以银行代销和自行发放并行

从集合资金信托创设初期，首先推出产品的上海国际信托投资公司、北京国际信托投资公司、上海爱建信托投资公司等都属于成立年限较早的老牌公司，虽然证券业务和交易场所已经依法从这些信托公司中分离出去，但它们也多有自己的营业场所，所以尽管不少早期的集合资金信托都在其文件中刊载由某某银行代销或者代理发行的字样，但真正由银行网点发行的比重不大，往往由信托公司自己的营业部一发了之。而真正完全交由银行代销的则是中泰信托投资公司在2003年2月19日推出的“鑫泰·贷款资金信托计划”项目，由交通银行上海分行销售。此后，由于银行网点众多、老百姓亲和力高的特点，这一方法反而盛行起来，多为许多重新恢复或者登记后迁址新地的较“新”的信托投资公司所喜闻乐见。但最近的趋势是，一方面随着最早期的信托产品兑付高峰的到来，国家行业主管部门对信托产品的数量有所控制；另一方面社会各界对信托产品逐渐认可，而信托特别是资金信托需求增幅较大引起的集合资金信托产品供不应求，导致客户直接联系甚至上门求购，所以信托公司自办发行的比例又有回升。在上海、北京及东部沿海地区等一些堪称行业排头兵的信托公司里，集合资金信托产品常常是预售阶段就一抢而空，许多客户争作这些公司 VIP 俱乐部的会员以期获得优先购买（投资）权。无论这种上海、北京等大城市的市民踊跃购买信托产品，而许多其他城市的居民只能对其表示热切关注的局面，还是信托业自办发行和委托银行业代销都非常火爆的局面，也都从不同角度显示了信托产品的公众吸引力和信托业发展的巨大潜力。

五、集合资金信托以本地品种为主

在 2002 年陆续推出的集合资金信托时，虽然各地许多其他城市的社会公众有购买愿望，但由于当时大多数信托投资公司尚在“自扫门前雪”的初级阶段，加之政策上不允许设立分支机构，所以集合资金信托以本地品种为主的局面初步形成。截至 2004 年 5 月中国银监会发出“46 号”《通知》，对信托投资公司“异地经营”集合资金信托提出若干限制之后，真正能够达标在异地开展此项业务的信托投资公司寥寥可数。所以，依据其后的监管政策和执行情况，信托投资公司多在注册地发展的总体形势基本形成。但另一方面，积极进取的中国信托业迅速积聚力量和开发业务，它们多从为企业客户和较大客户服务在角度出发，积极开拓单一资金信托跨地域地为客户提供服务。2005 年初公布的行业统计数据证明，单一资金信托以其适应委托人和融资需求人两方面的需求、灵活方便等等优点，大幅超越了被多方事先看好的集合资金信托。可以相信，在信托业内外几年来的共同努力下，随着中国银监会 2007 年版“新两规”的实施，而一大批申请并获得换发“信托公司”金融许可证的信托机构将在“创新业务”方面首先开禁、率先获得试点机会和“异地经营”（在注册地之外开展集合资金信托业务）的资格。因此，不远的将来，信托产品地域性限制会有所突破，局面会大为改观。

六、富有创新性和扩张性

虽然早在2002年的"一法两规"的颁行，给了中国信托业一个良好的发展契机，但毕竟当时刚刚清理整顿和分业完毕的信托投资公司要寻求、探索新业务途径，为了解决求生存和争发展的根本问题，50多家信托投资公司五年多来一直都在努力推出信托新产品并积极拓宽金融服务领域。早期各信托投资公司分别推出的信托品种大多都属于集合资金信托，而且囿于200份和5万元的限制，使信托服务路子不够宽阔。出现了集合资金信托（资金信托计划）一枝独秀的局面，但仅仅有这样的产品是根本不够的。一方面，社会对信托的需要是多方面的，委托人有的需要通过信托投资增值财产，有的需要信托筹备个人及家庭教育、医疗之需，有的需要准备养老抚幼，也有的需要运用信托进行事务管理或财产管理，从而需要信托机构提供更多种类的信托服务；另一方面，信托公司如果不能不断推出新品种，也不利于其自身及群体的生存与发展，甚至可能再次导致盲目竞争而产生新的问题。因此，整个信托业都在积极总结经验，不断研究开发新的信托品种，事实上，近几年来的中国信托业无论怎么看都是一个前所未有的规范发展阶段，许许多多的新产品诸如动产信托、不动产信托、公益信托等等都已经陆续出现，信托财产的范围也已经大大扩张。随着中国银监会2007年版"新两规"的实施，行业监管尺度的进一步规范和完善，有理由相信，信托本身强烈的创新性和扩张性还会进一步发挥出来，信托的品种和领域也会随之进一步大幅扩张。

七、信托制度正在执行中进一步完善

信托作为一种代理理财制度，目前无论在实务操作上，还是在信托制度本身都存在不少需要完善之处。例如，法律规定委托人和受益人具有对信托财产情况不可侵犯的知情权，但实际执行中却存在一些问题。如某客运营运权项目集合资金信托文件载明其收益率已确定为5.8%，似乎是与该营运公司达成的承诺安排。但如果不对这5.8%的确定依据进行详细说明，就极易造成暗箱操作的感觉，不可避免地处于对投资人"公平、公正、公开"原则有所背离的阴影之中。再例如，银行利率上升时，5.8%成了收益的上限；而银行利率下降时，如果可以"适当"下调收益水平，就会直接使投资者失去了利率上升带来的收益，而无法防止利率下调时收益减少的风险。反之，营运公司却天然获得一个无成本的选择权，收益与风险关系失衡。此外，还有一些信托产品存在信息披露不足的缺陷，例如有些信托投资公司推出的投资类的集合资金信托中，将委托人根据对风险的承受度（或称“风险好恶”）分为“优先级别”和“劣后级别”。也就是说“优先级别”的基本不承担亏损风险，但收益水平相对较低；而“劣后级别”承担较大风险，比如在信托投资的项目没有盈利甚至亏损时还要用其本金为“优先级别”提供补偿。所以同理，当该信托一旦盈利，在“优先级别”依照信托文件的约定分配收益、取回本金后，无论“劣后级别”分配的收益是前者的多少倍或者百分之几百也都是应该的。以为这样的设计是与我国现行法律法规相符合的，也是遵从了“风险收益相对应”的公平合理的原则的。但问题可能就出在发行这些信托产品的信托公司身上，它们或者一开始就对该信托收益心中有数，而故意隐瞒或不完整披露信息，甚至渲染风险；或者将“劣后级别”的份额完全包掉。这样就会促使其他委托人被它们做出对“优先级别”的相关承诺“一叶障目”，而接受事实上不公平的“设计”。所以，信托业界一大批有识之士和监管当局都众口一词地呼吁信托公司在产品设计和信息披露中尽力实现“三公”，保护委托人、社会公众也包括信托业的根本利益当然，这一问题的根本解决只能够通过将现在的集合资金信托逐步公募化，只有那样才能保证真正的“公平、公正、公开”。这已经成为中国信托业的基本共识。

信托制度完善的另外一个方面，就是监管体制的逐渐完善。任何快速发展的事物，如果不加以必要的引导和规范都可能出问题，信托和信托业都不能例外。但毕竟中国信托法律法规的颁行和中国信托业的这次全面复苏只有五年时间，监管体系和监管人员的配置和培训都是逐步形成的，并且难免受到过往一些负面的影响，所以不断地调整是必然的。面对目前信托业重新恢复与发展的大好形势，全行业和各信托公司都十分珍惜并作了大量工作，如加强业务管理，大力防范风险，强化公司治理。有理由相信，困难是暂时的，信托制度和监管体系在执行中进一步完善的趋势是不可逆转的。

当然，任何情况下，不同的团体和个体都会有高低上下之分。决定信托产品优劣的最关键因素是其“制造商”——信托公司的现状、经营思路和经营水平。

7.2 选公司重于选品种

有人说：信托关系中，最重要的是受托人——毕竟是他在管理你的钱财，而且，用的还是他的名义。鉴于国外信托史上由于疏于管理而引发的不良事件，也鉴于20世纪20年代中国信托机构的不良记录和20多年来的种种试错经历，我们不能不得出选择资金信托乃至选择所有信托首先要选公司，选公司重于选品种的结论。

信托公司作为受托人在信托关系中的重要性当然是国家信托立法时予以特别关注的重点。因此，当初全国人大财经委员会在提请审议《中华人民共和国信托法》的说明中就明确指出：信托法的起草原则，第一就是重在对受托人作出约束规定，以维护信托财产的安全，保障受益人的利益；第二是体现分业经营，把信托公司办成符合市场经济需要的专业财产管理机构，并在此基础上发挥其中长期的金融职能；第三是稳定和规范信托公司的经营活动；第四是既要符合国际通行作法，又要结合中国国情，具有可操作性。而上述这些原则不仅在信托立法时受到重视，在行业主管部门特别是非银行金融机构管理部门依法行政时也同样予以特别关注。《中华人民共和国信托法》颁行之后，《信托投资公司管理办法》和《资金信托业务管理暂行办法》很快地陆续修订颁行足以显示出主管部门强调信托业务、信托公司管理和规范的效率和决心。而时隔五年中国银监会2007年版《信托公司管理办法》和《信托公司集合资金信托计划管理办法》在"老两规"基础上的修订、颁行和实施，也进一步显示了国家行业主管部门与时俱进、实事求是的监管意志和促进信托业健康发展的政策导向。

既然选择信托首先要选好信托公司，那么如何选择呢？当然不是仅仅听它怎么表白。为了在重新登记注册的众多信托公司群里优中选优，我们还是从信托公司的类型及其经营现状、经营思路说起。

7.2.1　现存信托公司的股本构成和管理体制

从当前全国已保留的50多家信托公司的股本构成和管理体制看，大致可以分成以下几类。它们各具特长又各有所短，孰优孰劣就仁智有别了。我们尽可能客观地给予介绍。

一、超越分业限制的金融集团型

虽然国际金融业越来越倾向于打破长达半个多世纪的分业经营壁垒而实行混业经营的模式，但鉴于目前的经济和金融发展水平，我国依然保持银行业、证券业、信托业的分业经营。但一些具有超前意识和相当雄厚实力的信托公司在执行信证分离、剥离证券和实业资产的分业过程中，通过发起创立、投资并运用兼并收购等手段，组建控股集团公司，然后再利用资本纽带控股信托公司、证券公司以及实业投资公司。这类公司的优势比较明显，首先是在符合分业经营的前提下，继续拥有证券经营资源；其次是原有的实业投资继续经营获利。这些都使其不仅业务空间广阔，而且生存压力特别是信托业务停滞期生存压力降低，避免了因生存压力过大而冒险违规操作的诱因。但这类企业也会在船大动力足经营形势好的优势状态下忽视现代企业制度改造，使得信托业原有的一些痼疾难以获得根治。另外，随着向混业经营过渡的趋势愈来愈明显，许多银行业、保险业及其他金融业集团也在伺机收购信托公司而构成新型的超越分业限制的金融集团，在本书杀青的时候，有的收购已近尾声。

二、拥有浓厚政府背景的传统模式型

此类信托公司当初往往是由地方政府或者下属计委、经委、财政厅（局）投资，现在依然是政府一股独大，所以缺点常常是在企业机制、管理模式和经营理念上缺乏活力和自我发展的内在动力。许多员工甚至高管人员缺乏足够的危机意识和竞争意识，公司整体的市场能力和创新能力都比较欠缺，有些还忙于原有业务的分业整合。但优点或者说优势是，与地方政府有着千丝万缕的联系，吸收政府预算外资金、获得政府较好项目和其他资源的能力较强；此外获得当地资金资源、信托委托管理等方面资源的能力较强；加上保留信托公司的地缘政策（每省市一家或少数几家）的影响，在信托业2002年恢复起的一段时间，受到“地方保护”的政策优惠，会取得较大的本地信托市场份额。

三、大型企业集团隶属型

具有相当战略眼光的一些大型超大型产业集团，在1995年第四次信托业清理整顿时就相机进入信托业。其中有些铩羽而归，也有些成功地站住脚并且已经有所发展。2002年底开始，为全面复苏的信托业和一炮而红的集合资金信托产品所吸引，不少国内大型企业集团收购、兼并信托投资公司甚至成为潮流。由这些先后进入信托业的“巨无霸”企业绝对控股或者完全控股的信托投资公司，以拥有其母公司内部资源，从而获得运营稳定、经营平稳、收益较为均衡、生存压力小等项优点。但与此同时，也因为与其母公司关联性大而不可避免地存在一些缺点：一般自主权较小，对集团外开发能力和动力也相对受限，常常沦为母公司企业内部财务公司的角色。

四、最接近现代企业制度的重大改制型

鉴于第五次整顿前的实际运营情况，并且仰仗当地政府或者上级主管机关的开明立场，一部分信托公司在重新登记过程中，完成了脱胎换骨式的现代企业制度改造。虽然由于条件所限，这种改造往往不够彻底，但由于在股本成分中引入了占较大股份比例的战略投资人，有的还突破所有制障碍吸收了民营资本甚至是外资，在资本层面上形成了初具规模的法人治理结构。这类企业生存和发展能力较强而颇具活力，对改变传统的管理模式、制定全新竞争机制和分配激励机制具有较强的原动力，处于积极贴近市场、大胆拓展的进攻状态。但也具有一些缺点，例如股东之间的磨合、协调任务较重。还有一些企业原有基础不够好（这也是原有股东出让的动因之一），如果在改制过程中负担清除不够彻底就容易形成隐患。

7.2.2　信托公司的经营现状和经营思路

自2002年起，经历了一系列重大的洗礼、重组、整合并最终完成重新登记的50多家信托公司先后纷纷登场，最短的也开始信托业务活动三年多了，这为我们鉴定、选择信托公司增加了一个通过其经营现状和经营思路考察的途径。

一、积极进取开拓类的信托公司

2002年春，以上海几家信托公司为突出代表的一批公司，抓住重新登记之初的大好时机，在当地政府强有力的政策支持下，在三个多月的时间内就实质性地推出了信托产品，仅上海一地当时就推出数个深受社会公众投资人欢迎的集合资金信托（资金信托计划）项目，并且获得资金规模达数十亿元人民币。其后，信托公司群体基本上保持了与全国经济发展水平东高西低相符的态势，形成了一批以积极进取努力开拓型优秀企业。这类企业是代表中国信托业最新形象的群体，它们设计出来的信托产品多数与奥运概念、世贸概念、重点基础建设和市政工程、经济开发区建设有关。但一如前节所述，通常都是在公司所在地发行集合资金信托（资金信托计划）合同，对于异地的公众来说投资不便。有鉴于此，一些颇具创新精神的信托公司已经突破地域限制发行了异地项目的集合资金信托（资金信托计划），或者在公司所在地之外发行集合资金信托（资金信托计划）。还有一些信托公司提出抢滩战略和人才战略，在强化成本管理、风险管理和流程管理的基础上积极准备在外地新开发项目，随着监管部门对信托投资公司分类管理的实施，相信读者们看到本书的时候就已经出现了这类信托产品。此外，这一类型的公司一般都拥有国债承销资格，许多已经成为国债一级自营商并正在准备按照“新两规”要求申请股票承销资格。

二、蓄势待发类的信托公司

2002年后许多经过整顿重组、重新登记的信托公司，对信托和信托业的发展前景持乐观态度，但有的因为重新登记过程受阻，重出江湖较晚；有的因为涉及再次重组、迁址等事务性工作，拖累数年；还有的虽然没有这些麻烦，但毕竟当初一下子断掉了证券经营这个曾经赖以生存的重大利润来源，所以也感到了巨大的生存压力。无论是因为重新登记较晚，还是调整股东结构、机构设置、引进人才或者迁移新址耽误了时间，这类信托公司都没有能在“正确的时空点”正确地投入较多人力、物力进行新业务、新产品、新投资领域和资金来源的研究和探索，错过了2002~2004年春的“黄金发展期”。所以，只能在监管形势趋紧的环境下采取积极稳健的摸索发展方式。它们大多十分关注同行业业务进展情况，高度关注决策层的政策动向，并借助国外的一些经验和相关行业的专业力量对公司的发展规划、内控制度、分配办法进行设计，筹划一些较为系统的新产品储备。它们还认真关注同行业业务进展情况，特别发挥与所在地省区地方政府的资本纽带关系或者多年来积蓄的人脉关系，积极保持与中国人民银行总行、中国银监会和区域行业监管部门的良好沟通和协调。这些信托公司最关心的是守法纪合规矩，但又必须开展新业务，在生存与发展的夹缝中探求和摸索。

三、背景坚实发展受限类的信托公司

前些年一些在国民经济中处于发展优势甚至垄断地位的行业里颇有眼光的企业陆续进入了信托行业，例如电力、钢铁、能源等行业的大型超大型企业获得了一些信托公司的绝对控股权甚至全部股权。这些由大企业大集团作为背景的信托公司，优势一面是依托母公司或者控股公司十分强大的实力和发展空间，又有相当固定的集团内部业务、业务收入或其他交叉业务，形成了比较雄厚的经济基础和业务关系，生存和发展似乎都不成问题。缺点是这些信托公司虽然在人事、机构等方面也不同程度地进行了一些相应调整和健全，但因为一股独大及其衍生出的一些问题，使得现代企业制度改造往往不够到位。虽然这些公司的高管甚至业务骨干对信托、信托业、国家信托政策及信托前景等诸多方面的认识都较为深刻正确，但由于集团公司对信托业的理解所限，并限于当前政策面的约束，这些信托公司大都采取在集团内部发展为主的策略，有些甚至只起到集团内部财务公司的作用。反过来，也有一些控股集团的领导对当初收购信托公司股权的交易感到某种程度的失望。如监管趋紧的大环境、关联交易等业务成本高企，特别是中国银监会“新两规”防止信托公司沦为大股东融资平台的制度设计也使得一些这样企业集团的预期目标失落，这些因素都会在今后几年内使这些信托公司出现变动的可能。不过，即便退一步讲，信托财产毕竟是完全隔离于信托机构自身清算范围之外的，所以这类信托公司的内部变化对委托人的财产完全不会构成危险，因此这类信托公司及其产品还是属于可靠的范围之内。

四、继续转型调整类的信托公司

在第五次信托整顿中还有一些信托公司股权没有变化或者变化很小，

仍然由原政府或行业机构控股，没有完全脱离政府附属机关的色彩。某些政府背景的信托投资公司甚至仍然沿用处长、科长的职务序列。这类信托投资公司正在进行继续向现代企业制度转型调整的工作，自然把规避政策风险、经营风险作为压倒一切的首要因素，期待着中国人民银行、中国银监会等行业主管部门出台更明确的新政策、新规定，希冀在法律法规基本健全，一切都明确化、规范化以后再全面展开信托业务。所以，它们只是偶有集合资金信托（资金信托计划）问世，还是属于业务“试水”阶段。

五、出现重大问题而停业的信托投资公司

沉舟侧畔千帆过，病树前头万木春。信托业也不能脱离企业生老病死的发展规律，2002 年后完成整顿和重新登记的少数信托投资公司，不幸因为其内部管理和控股股东单位的原因出现了重大的经营风险而遭到停业整顿，有些甚至是曾经一度领新风气之先的“著名企业”。从 2004 年 3 月庆泰信托投资公司一份“债券投资信托计划”到期不能返还本金及收益；到影响更大的 2004 年 7 月新疆金新信托投资公司的“乳品行业战略并购资金信托计划”，同样也是因本金和收益到期不能返还引起的风波，不仅导致了控股股东“德隆系”的崩溃，还连带影响了系出同门的宁夏伊斯兰国际信托投资有限公司双双停业；截至目前，先后已经有包括浙江金信信托投资股份有限公司、上海爱建信托投资有限公司、吉林泛亚信托投资有限公司等 6 家企业退出战斗系列。而因为这些问题的发生，使得中国银监会等行业监管部门进一步强化了监管力度以保护投资人的权益。对于信托关系中的委托人来说，这些企业虽然目前没有信托产品推出，但这些不良事件的出现也必将有助于强化大家的风险意识，去认真评价、评判作为受托人的信托公司的资产、经营和产品品质。

7.2.3　信托公司评判指标

在详细讨论和分析了 2002 年来重新登记完成和即将完成的信托公司的股本构成、管理体制、经营现状和经营思路之后，为了便于读者对信托公司作一个简单易行的品质判断，我们制定了如下一个指标系统，以供政府机构、企业公司、社会团体、个人投资者和一切可能使用信托工具筹资、融资和投资的潜在客户使用。

1．公司资产状况

原有业务清理整顿情况如何？是否按照要求在2005年末真正完成了负债业务清理？债权方面，放出贷款回收情况如何？未回收部分质量如何？属于贷款质量几级？原有长期投资比例及资产质量如何？有无收益？是否具有变现能力？

2．公司现代企业制度改造及治理情况

决策制度、业务负责分工制度、人力资源开发制度、工资报酬及激励制度是否建立健全？是否真正得以实施以及运行实际情况如何？

3．股东/控股情况

谁是股东，控股程度如何？是否一股独大？控股股东投资信托公司（股权相对集中时尤甚）的主要目的是什么？股东意见（股权相对分散时尤甚）是否一致？特别是在分配和发展两个方面意见是否一致？

4．公司所在区位

是否在经济发达地域？是否在信托业集中、发达地域？该地区信托投资公司数量，别的公司的实际情况如何等等？

5．现有业务和发展规划

是否已有集合资金信托（资金信托计划）推出？即往信托品种运行情况如何？有否与信托业“一法两规”原则和基础抵触的行为发生及整改效果如何？有无被监管机构批评、处分的先例等等；

6．其他

在中国银监会2007年版“新两规”颁行实施后，是否完成信托投资公司申请变更公司名称？是否申请换发新的金融许可证？说到底，是否达到中国银监会规定此项变更应当具备的条件：（1）具有良好的公司治理、内部控制、合规和风险管理机制；（2）具有良好的社会信誉和业绩，具有规范的信息披露制度；（3）具有满足业务开展需要的高级管理人员和专业人员；（4）最近3年内无重大违法、违规行为；（5）已到期信托产品均能正常清算，现有信托产品运行平稳；（6）最近年度提足各项损失准备后净资产不低于3亿元人民币；（7）公司不存在重大未决诉讼等事项；（8）中国银监会通过《信托公司治理指引》等文件规定的其他审慎性条件。

7.3 选品种重在选品质

信托的宽阔经营范围从资金信托产品的丰富多彩即可略见一斑，虽然当初只是短短的三个月时间，虽然2002年整顿后刚刚恢复生气的中国信托业就已经为社会贡献出了数十个集合资金信托（资金信托计划）品种，而在其后五年的时间内，更是推出了繁花似锦的数千个信托品种和总量超过3000亿元人民币的信托资产规模。信托如今不仅涉及我们谈到过的基础设施和房地产业，还涉及公共交通和运输业，汽车租赁和按揭等汽车金融业，教育及医疗卫生业，有些还回归到金融业内部，涉及了应收账款信托、外汇整存信托和“运用于抵押、质押贷款、金融机构同业拆借及投资”的非指定信托。甚至“房地产投资信托基金（REITs）”等代表着世界金融潮流的领域也不乏国内信托机构的身影。所以，如果从信托业外人士的角度来看，今日的信托现状难免有令人眼花缭乱甚至无所适从的感觉，更不要说去评价、选择和能动地使用信托工具来理财和投资了。其实，在做好了选择公司的基础工作的基础上，在信托公司们不断推出的浩若星海的信托品种优中择优，也不是没有章法可循的。我们从以下五个方面予以分别论述：

7.3.1 资金投放项目的收益及回报

投资自然期望理想的回报，因此考察资金信托的资金使用计划所投放项目的回报是否丰厚、是否可靠自然是最重要的选择依据之一。但我们不能够只片面比较回报给投资人的收益率，还要分析其项目收益的保障、项目收益及对投资人的回报是否具体、稳定，其回报期是每年、每半年还是直到信托期末等多方面的因素。

1. 即期收益/未来收益

很多项目在完成后才能够获得收益，例如最早的“上海外环隧道项目”就是在三年后一次性支付本金和收益给投资人；但也有逐年或者每半年就回报给投资人的，例如“新上海国际大厦项目”。所以，第一，投资人要从利率的角度动态比较，不能够直接定义4个百分点就一定比5个百分点的收益低；第二，与即期收益比，未来收益还存在着不确定性，而在金融行业的词汇里，不确定性就是风险。

2. 具体收益/笼统收益

最初推出的绝大多数集合资金信托（资金信托计划）项目都在信托文件里十分明确地告诉潜在的投资人群体：第一，资金是如何投放的；第二，项目的收益是如何产生和分配的。但从现代市场学的观点来看，由于我国信托业，特别是集合资金信托（资金信托计划）项目还是成长期产品，对于信托资金使用和回报的标准体系还不够完备，所以也有一些信托产品对此语焉不详，例如曾有一个产品就只是笼统地表述为：采取同业拆放、贷款、股权投资、证券投资、短期项目投资等方式，单项或组合运用信托资金，具体运用方式根据市场情况决定。而笼统就等同于不确定，不确定就是风险。

3. 自身回报/其他回报

许多信托产品的收益产生于其自身的回报——贷款利息收入或者投资利得，但也有相当多的集合资金信托（资金信托计划）的收益设计为其他来源，例如房地产项目在未建成和出售之前是没有收益的。对于自身回报当然要判断其收益水平和可靠程度，对非自身回报的情形更要作出客观判断：第一，项目的收益往往取决于发行信托产品的信托公司的业务能力和经营能力，所以我们上面一节首先就论及了选信托重在选公司的最重要命题；第二，许多项目是由使用人的其他收入构成的，例如贷款人的利息保证或者政府基础设施补贴等等，所以就要连带考察、评判之。

7.3.2　信托品种所涉信托种类

信托种类可以根据信托资金投放形式分为贷款性质和投资性质，即收取贷款利息或者是分取资本利得（就是分红）形式；还可以按照信托资金投向分为实业领域或者金融领域。风险投资类（以中国最早的全国性信托投资公司之一的中创公司创立而风靡海内外的名词称之为：新技术创业投资）因其属于以短期资本运营收入为主要目的投资所以也应该属于后者：金融领域。

1. 从信托资金投放方向看

从信托资金投放方向看，最早的集合资金信托（资金信托计划）主要都集中在实业领域，随着我国信托业的进一步发展，外汇投资类、证券投资类资金信托已经出现，并且后者在2005年底以来的股市复苏中扮演了耀眼角色。许多信托公司的业绩在股市大涨的2006年突飞猛进也使得委托人与受托人都获利颇丰。而其他如期货投资类信托、风险投资基金类信托都必然会陆续出现，也就是说信托必然会进入金融类投资领域。信托项目涉及的种类及其目的直接关乎其收益程度和安全可靠性，需要切记的是：高收益必然蕴涵着高风险，低收益当然就更要争取高度的本金安全和收益稳定性。

2. 从信托资金投放形式看

从信托资金投放形式看，最早的“上海磁悬浮列车项目信托计划”，是将信托资金以资本金的形式投资于上海浦东磁悬浮列车建设项目，由上海国际信托公司作为受托人代为持有该项目公司20%的股权，所以属于投资类型的信托；与此相反，“北京CBD土地开发和基础设施建设项目信托计划”是将信托资金以贷款形式投放出去，所以收益自然来自贷款利息收入。前者，当集合资金信托（资金信托计划）到期通过股权变现退出建设项目，收益的不确定之处在于股权是否能够顺利脱手。后者集合资金信托（资金信托计划）期满即贷款到期，借款人公司一次性偿还本金及利息，收益的不确定之处在于借款人公司的资产质量及贷款抵押担保条件。

7.3.3　信托品种所涉行业及其发展

目前较多的信托品种集中在房地产开发和基础设施方面，基础设施行业发展稳定、持续性强，对通货膨胀和通货紧缩敏感度不高，但收益率平稳而不高，是典型的高抗风险性项目。由于加入WTO后国际经贸和国际交往带来的经济活动的巨大增量和对基础设施要求的提高，还有2008年奥运会、2010年世界博览会等概念的推波助澜，所涉行业状况及发展空间都较理想，自然是不错的信托项目选择。涉及提高公共交通能力、汽车按揭和汽车金融等方面的项目也会因为人们对于改善出行条件的要求而提高项目的“含金量”。涉及教育、卫生等行业的项目也同样会有不错的前景。但这一切都不是一成不变的，例如几年前获利能力和发展势头相当不错的通讯行业现在就面临全球性的滑坡，曾经被认为是明星行业的进出口业早也遇到过类似状况，而刚刚还是最佳发展行业的地产业也因为不断地宏观调控聚集了——因地因时而异的不确定性。而在2000年以来一直“跌跌”不休、长期低迷的中国股市却在2005年破冰启动之后，获得了2006年和2007年的快速增长，指数从1000点左右飙升至4000点以上，让许许多多看空的人屡屡跌破眼镜，而让涉及股市的信托产品赚的盆满囤圆。是不是股市就一定会好下去、涨上去呢？理智的人们都会认为，股市不是财富“永动机”，高收益的伴生品一定是高度的不确定性。不知道读者们看到本书时中国股市的这一波行情发展会怎样，笔者只是希望它能够稳健向好，不要发生过于激烈的跌宕起伏。

总而言之，要考察集合资金信托（资金信托计划）项目的好坏优劣，一定要从其所涉及的行业及其发展状况和发展潜力出发，还要考虑处在什么样宏观环境下，国家发展政策及法律法规的影响。因此，还不可避免地涉及全国经济及全球经济周期和运行“健康”程度的因素。

7.3.4 信托文件是否清晰、规范

信托文件，以要求最为严格规范的集合资金信托（资金信托计划）为例，一般涉及信托计划说明书和正式信托文件，即认购风险申明书和资金信托合同。其他信托品种虽然各有千秋，但信托合同和风险申明书是不可或缺的要件，而且也应该具备不同程度的信托产品说明文件。这些文件是表述投资者和信托公司责任、权利、义务及风险关系的正式文本。在信托业发达的国家一般都有约定俗成、形成模式的信托文件，甚至一些国家还统一了信托文件特别是信托合同的文本格式。而2002年我国信托业在几无参考先例的情况下，只好由各家信托投资公司根据中国人民银行《集合资金信托管理办法》中列明的17项信托合同的必载内容来自行编写，其后辗转复制，所以文本不一、水平各有高下，不免存在一些内容遗漏和用语含糊的问题。虽然中国银监会2007年版的《信托公司集合资金信托计划管理办法》又再一次规定了15项信托合同的必载内容（参见本书第5章有关部分），但囿于历史原因，也为了避免以后引发纠纷，委托人应该尽量向信托公司的市场推介人员问清情况。

另外，信托资金管理的信息披露问题也与投资者的权益密切相关。根据现行法律法规要求：第一，信托公司应当依照法律法规的规定和信托计划文件的约定按时披露信息，并保证所披露信息的真实性、准确性和完整性；第二，受益人有权向信托公司查询与其信托财产相关的信息，信托公司应在不

损害其他受益人合法权益的前提下，准确、及时、完整地提供相关信息，不得拒绝、推诿。中国银监会2007年版的《信托公司集合资金信托计划管理办法》特设专门的第六章“信息披露与监督管理”来规范集合资金信托计划的信息披露工作。本书第4章有过专门介绍，请读者参看。

总之，除了定期的信托信息披露之外，如果发生对信托存续基本条件有重大影响的临时事项，担任委托人的信托公司还必须做临时披露。而具体披露什么和披露的具体条款，对这些内容投资人都应该仔细了解，作出自己的判断，切莫盲目赶潮流。总结起来，如上述种种信托文件最要紧的就是表述信托关系是否清晰、规范，信息披露是否充分。

7.3.5　受益人大会制度

中国银监会2007年版的《信托公司集合资金信托计划管理办法》首次提出“受益人大会”制度，并特设专门的第七章加以论述。其中：(1) 明确了受益人大会由信托计划的全体受益人组成的原则和依照“本办法规定”行使职权的范围；(2) 在集合资金信托计划文件未有事先约定时“出现提前终止信托合同或者延长信托期限”等5类重大事项就必须“召开受益人大会审议决定”的详细规定；(3) 受托人负责召集受益人大会的责任，以及受托人未履行责任时代表信托单位10%以上的受益人即可自行召集的权利；(4) 受益人大会召集、召开和表决的有关规定；(5) 需要2/3以上和全体通过的重大事项的具体内容；(6) 受益人大会的通知相关当事人和报告中国银监会的要求。本书第4章也曾对此作过专门介绍，请需要的读者参看、查阅。

由于受益人大会制度刚刚倡导，而且必须召开受益人大会的事项也不一定必然发生，所以可以想见近期未必有其出现。但如果有信托公司能够就其集合资金信托（资金信托计划）认真承诺实行这一制度，将会使得其产品和公司本身都更受到委托人的青睐和尊重。

7.3.6　风险程度及控制措施

集合资金信托（资金信托计划）的风险主要有政策性风险、经营性风险和管理性风险等方面，这些都可以通过信托文件和信托信息的披露和披露方式予以考察。我们下面分别予以论述。

一、政策性风险

目前由于信托公司自2002年清理整顿和重新登记以来都只有区区几年光景，加之并购市场上信托公司的股权价格高企，它们对于得之不易、“售价”不菲的金融特许经营权感到弥足珍贵，在不良资产清理比较彻底因而生存压力不大的情况下，政策性因素掌握一般都不会差，所以政策性风险度较低，但社会公众特别是有兴趣投资的人应该从熟悉我国的信托和信托业的法律法规入手，兼及一两本介绍信托的书，比照信托文件和信托信息的披露进行检验。毕竟投资不是一件小事情，尤其在资金信托还是私募（或曰“半公募”）的大背景下，更不应该完全撒手不管。

二、经营性风险

众所周知，信托投资的目的是为了获得收益回报，而获得信托投资收益的保障就在于投资项目的现金流。目前集合资金信托（资金信托计划）的共同特点是都属于“指定管理资金信托”范畴，回报应该是投资项目的现金流来源——贷款利息或者投资利得。所以考察、评判一个项目的优劣就一定要关注其现金流及其来源的说明。信托产品的赢利性固然重要，但缺乏现金流的保证，安全性和流动性就难免空中楼阁的危险。

三、管理性风险

《中华人民共和国信托法》规定信托财产必须与信托公司固有财产分离，监管部门的新老两个版本的“两规”虽然时隔五年但也同样明确规定信托财产必须分别列账、单独处置。所以每个信托品种下的资金在该信托公司的业务总流程中应该自成一个子系统并保持相对独立，所以就要仔细分析其披露的公司业务结构、操作流程和相应的管理方针等等。

当然，随着信托业的继续发展，信托公司的经营业绩和品牌水准都会逐步显现甚至拉开档次，而对其以往业务记录的考察自然也是一个重要方面。好在中国银监会2004年度推出信托公司信息公开披露制度，30多家信托公司被要求公布年报，2006要求公布年报的47家，加上2家上市公司，几乎所有的信托公司都参与其中，给了大家一个公平共正公开的窗口，使得投资人及社会公众对信托产品风险程度及控制方面的了解得以保证。

7.4 品种地域说

7.4.1　信托地缘何以厚此薄彼

我们回顾中国现代信托业历史的时候，会发现一种特殊的地缘现象，那就是上海堪称为中国信托业的滥觞之所，因而也是兵家必争之地。不仅20世纪20年代的“信交风潮”（详见本书第2章），甚至长达8年的抗日战争都不能够改变信托业蜂拥而至在上海地区集中的现象。相当长的时间里，上海集中了全国多达80%以上的信托机构和信托资产的90%以上。虽然，20世纪70年代末开始的全国信托业遍地开花，使这种地缘分布的格局发生了很大的改变，但依然没有改变上海的信托业领头地位。现在，中国人民银行和中国银监会批准在上海设立和正式迁往上海的信托投资公司多达6家，它们分别是：上海国际信托投资公司、上海爱建信托投资公司、中泰信托投资公司、华宝信托投资公司、中海信托投资有限责任公司和安信信托投资股份有限公司。但情况并非如表面这么简单，许多公司或明或暗地在上海设立办事处、地区总部或者业务总部，有的还成立了具有独立法人地位的研究所、投资公司等等。据2002年底的不完全统计，当时已获得重新登记的信托投资公司中几乎有一半在上海设立了种类繁多的办事和商事机构。而这种“地域集中”的情况随着中国银监会2007年版“新两规”的实施和一批换发过新的金融许可证的创新类信托公司的问世，在今后几年里必将愈演愈烈。

事实上，通过2005年中国信托业协会组织的“中华信托万里行”活动对全国信托行业的基础情况所作的了解和调查，协会的统计数据中可以看到，与东部相比，地处中西部的信托公司在地理环境、经济总量以及思想开放程度、改革开放力度方面都有很大差异。就信托公司群体而言，西部地区的公司困难比较大、出现问题的比较多，有些地方是“信托空白区”，甚至被认为是“信托公司的重灾区”。其中有体制上的问题也有政策上的问题，还有信托公司本身经营管理方面的问题。中国信托业协会在充分认识到了这些问题和相关的一些的研究后，正在向监管部门反映。

那么为什么信托业乃至金融业会有这种地缘上的厚此薄彼现象呢？这种现象是我们独有的吗？这种情况是正常的吗？我们不妨从以下两个角度来看一看。

一、金融业择地生存的普遍性

中国信托业孔雀东南飞的现象其实说怪也不怪，在国外现代信托史上也普遍存在类似的地缘不平衡现象。最大的不平衡就是，在以高尚绅士的诚信为基础（虽然也不乏丑闻）的英国式民事信托为主旋律的欧洲信托业中，以收费和经营为目的的商事信托久历数百年发展也没有什么值得称道的重大突破，但一传到充满开拓蛮荒氛围，富有勇气、胆量、进取心和积极创业的企业家精神的美洲新大陆，再加上以“五月花号”邮轮为代表的新移民潮的不断加温，商事信托就迅速发展为以经营性信托机构为主的形式，并且在美国，特别是其东北部地区如火如荼地发展起来。这一点，如果你仔细浏览现代信托史就会得到验证：现代信托虽然始于英国并且无可争议地是从英伦三岛传播到美国的，但以信托机构（信托公司或者后来银行的信托部）为组织形式、以营利为目的的当代信托业务和信托业主流确实是开始于美国的。

大如一国，小到一地几乎完全是一样的。就是当商事信托回潮英伦三岛以后，伦敦和爱丁堡也长期是英国的信托业乃至金融业的蜂拥猬集之地。而以华尔街为首的美国东北部地区更是辐射全球的金融业、信托业和信托基金业中心。可见金融业择地生存，俗话说“扎堆儿”的现象是普遍存在的。

二、如何面对信托业的地缘不平衡发展

我们曾经说到，作为向外开放门户的大连是现代信托在中国的最早登陆地之一，同样是海陆码头的天津早年也曾经有过强大的信托机构，但很快就都被上海领了发展壮大的风气之先。究其原因，从信托产生存在及发展的依据和理由（我们曾经在前面的几个章节中论述过）中我们可以清楚地看到，无非就是经济发展和金融活动两方面的水平所决定的。以前面说到的国外金融业“扎堆儿”现象为例，其根本原因当然也是与这些地域经济发展的不平衡性直接相关的，例如大伦敦地区，它曾经是资本主义工商业崛起的传统地区，在被马克思称之为“一百年中创造的价值超过人类历史上所有的积累”的过程中成为地缘乃至世界经济的核心。而更为有力的佐证是，美国在引进信托而商事信托大行其道的最初19世纪70～80年代乃至整个19世纪的岁月里，在农业经济甚至继续蓄养奴隶的南部及西部诸州就几乎完全没有信托机构出现的记载。而美国1865年结束国内战争，战后经济迅猛发展，才通过铁路的建设、石油和钢铁等矿产资源的开发以及随之引发的土地及基础设施的开发热潮给了新大陆超越欧罗巴的机遇和现代信托业规模发展的机会。

我们这里不是简单地回顾和品评历史，而是通过回溯以往来研究信托业的发展规律，并且探索如何快速地发展信托和如何在发展中使用信托。这样的探索和研究告诉我们以下几个结论。

1．信托业发展上的地缘不平衡是普遍的正常的

信托业发展上的地缘不平衡是普遍的和正常的，这种现象虽然随着经济发展会有所缓解，但仍然会因发展水平的差距而长期存在。现代信托在国内国外跨越三个世纪的实践证明了这一点，而且还将为今后很长一个时期的新发展来证明。而对信托发展地缘平衡的人为过多干预是没有必要的，不顾经济发展水平一味要求改变的生硬努力难免形成南橘北枳的不良后果。

2．信托业的地缘不平衡现象是可以因势利导有所改变的

既然信托业天然地向经济发达地区倾斜，而且直接的调控又作用有限，那么是不是就一定强者恒强，弱者恒弱了呢？哲学告诉我们重要的不是研究和知会事物的内在发展规律，更不是消极地遵从规律而安身知命，而是如何主动地通过顺应规律去推动事物向有利于我们的方向发展。因此，作为准备使用信托工具来发展经济的政府部门，就应该向信托业发达地区和国家看齐，虽然没有办法立即提升经济发展的水平，但也可以在准备设计集合资金信托（资金信托计划）的项目里努力创造一个适合信托设立和生存的小气候条件。俗话说“种好梧桐树，招得凤凰来”不就是这个意思么？同样，准备使用信托盘活资产、进行资本运作的企业和团体，也同样可以通过横向比较而知不足，利用改善小环境来达致筑巢引凤的理想结果。而政府与民间两者之间的默契结合将会很大程度地改变这种地缘不平衡的现象，例如广西一家基础设施业公司通过自身努力并在当地政府的支持下，与信托公司共同开发并推出信托产品就是典型的例证（注：2001年以后，广西壮族自治区已经没有一家信托公司了）。

3. 信托业本身也会在发展中改变地缘不平衡现象

趋利避害是任何经营活动都不能够逃离的天然规律，信托公司也不能够免俗。兵法曰：水无常形，兵无常势。当然热点以外的地区也并非没有足够机会。任何事情，先发虽然有先发的优势，后发也必然存在后发的“空间”——前车之鉴即先发者的经验和教训就是后来者的天然财富。况且信托公司自己在发达地区“扎堆儿”似的一味猬集，也必然因竞争使得生存发展环境恶化，而在相对不够发达地区的发展空间广阔，又有“前车”经验教训可鉴，再加上信托业监管对属地的有关规定，以及信托公司本身在一些地区的特殊联系，避实就虚也未必就不会获得择利而行的良好效果。几年来，笔者所在的经营团队就因此而在并非热点的地域内小有斩获、颇多体验。而中国银监会 2007 年版的“新两规”给予创新类信托公司跨地域经营的倾斜政策无疑也会对此起到推波助澜的积极作用。

7.4.2　如何从地缘角度评价信托产品

2002 年新闻界曾经发表的一篇评论说：上海爱建信托投资公司的“上海外环隧道项目计划”获得了上海市政府的大力支持，其财政补贴兑现程度相当高，再加上上海市的经济实力，这两点在较大程度上保证了计划的成功。而其他地区差异较大，因此并不具有普遍推广意义，或者说不具有复制性。该报甚至由此得出结论：针对实业投资的集合资金信托（资金信托计划）应以贷款信托为主。虽然这种说法也一定程度地揭示了信托与经济发展的相互依存关系，但 5 年来集合资金信托和其他信托产品在全国城乡的遍地开花和中国银监会“新两规”的政策导向又都无情地证明了该种观点的谬误。可以说这是典型的以偏概全的错误推论。

品种地域的关系应该是这样的：

一、地域或区位经济发展水平和近期发展潜力

我们上一节讨论了信托业与经济发展水平的关系，但又说明了经济发展水平完全决定信托和信托公司发展的反推关系是不成立的，这还可以从以下两个方面予以证明。

1. 当地经济发展水平是影响信托品质的重要因素

当地经济发展水平不仅表现在经济规模和总体发展上，而且同时也关乎

信托项目本身的经济实力和当地民众的金融意识。我们还以那个上海案例来分析，显而易见，发展水平和发展势头都居于全国领先地位的上海，市政府所属项目自然是信托公司推出具有高品质信托产品的基础。而从另外一面来看，处于信托业最重要柱石之一地位的是集委托人和受益人为一体的投资人群体，上海当地的经济发展水平和几个世纪以来作为对外开放门户的地位都导致了上海社会大众的投资意识比较超前、金融意识强，而且有经济实力。而其他地区则由于观念、资金等各种因素的限制，即便是同样的资金信托产品甚或略好于上海发行的信托产品，其销售都不及上海火爆。反过来看，远远比上海接受信托和信托业要早的东邻日本，虽然信托业发展水平和经济发展水平都绝对属于世界一流高度，但如今其信托机构（信托银行）的日子却远远不是那么好过的。可见事物的普遍性和特殊性是并存的，一概而论是不够正确的。

2. 近期经济发展的潜力对信托产品影响巨大

以属于前些年发展不足地区，又是国有企业改制过程中企业破产职工下岗“重灾区”的东北某省为例，新一届政府班子励精图治，在跌入谷底后彻底进行现代企业制度改造，并准备以几年内7000亿元基本建设投资计划来创造堪称“东方鲁尔”的装备产业带。又恰恰赶上中央振兴东北老工业基地的大好形势，这种发展势头和发展空间聚集了越来越多的国内外金融机构参与其中。设想此时此刻，如果有一家当地的信托公司准备孔雀东南飞到竞争空间狭窄的长江三角洲地区或者其他热点城市，是不是就难免有缘木求鱼之嫌了呢？与此同样具有对照意义的西南西北地区，在国家西部大开发的大环境下，从信托产品内部着手，也一定会达到提高信托产品和提高信托公司经营水平的双重目的。

由此可见，区域经济发展程度的绝对水平和发展加速度，是两个不可或缺的重要考量因素，换句话说经济发展水平只是评价信托产品品质的重要外部因素之一，要评价信托品质还要在考察当地近期发展潜力、社会公众金融意识等方面的基础上看信托公司如何完善其内部品质因素。

二、当地财政经济实力及公信力

对于信托资金的投向，国内外都倾向于主要放在基础设施和其他中长期发展项目上。在我国现有发展水平情况下，大多数这些项目都属于政府或者与政府高度关联，所以除了我们在上面谈到的经济发展水平对信托产品的重要影响外，还要看到当地政府的财政能力和公信力对信托产品甚至信托业同样生死攸关。前面提到的新闻报道里就直接点明，上海爱建信托投资公司"上海外环隧道项目"的含金量相当程度上取决于"上海市政府的大力支持，其财政补贴兑现程度相当高"。而与此形成鲜明对照的是，数年前东北某市政府发行建设债券，虽然当时该市经济水平难说多高，但财政实力尚可，不幸的是他们在提前一年收回了项目资金的大好形势下，当任政府无视信用而将资金违规挪用投入另外一个项目。这一决策不仅导致了发行该债券的信托投资公司被动万分，投资人老老少少挤满办公场所，主要负责人代政府受过几乎无法休息、回家；而且更为严重的是损害了当地政府的公信力，虽然后来设法筹钱补回了投资人本息收入，但使得再次融资的难度增大。可以想象，这样的市长是难以取得社会公众的原谅的，事实上，该市后来多年的融资和公信力都大大受到损害。从信托业者角度来讲，如果能够与一个讲求信用的项目持有者——无论是政府还是企业保持良好沟通，不要说可以提前一年兑付债务，即便是因为特殊情况不能按期兑付也都可以找到解决问题的办法，并且维持项目持有者的公信力和未来再通过信托融资的能力。毕竟一个世纪以前的信托业前辈，美国老头儿J·P. 摩根给我们树立了绝佳的说服政府，从而在极其不好的经济情况下达到了于政府、于投资人甚至于信托本身都大为有利的良好结局。

所以，我们说，项目持有者以及当地的财政经济实力与信托品质直接有关，但其公信力比财政经济实力更重要。

三、风险投资为什么要有投资地域半径限制

我国信托业目前推出的资金信托产品，严格意义上讲是属于私募性质的，而且有诸如200份投资人或者50个合格的自然人投资者的数目上面的限制。这与在美国和西方发达国家盛行的私募风险投资的操作有许多类似之处。在这类风险投资中，有一个约定俗成并且广为接受的规则，那就是对其投资项目有一个地域半径上的限制，一般是投资在不超过所在地200公里的范围之内。而笔者多番问询设置这一限制的原因时，得到的无非是因为"可以招呼得过来"的回答。在高速公路网高度发达的硅谷等风险投资基金十分活跃的地区，200公里意味着2个小时甚或更短的车程。一位高新技术

项目投资家给笔者的书面回答中曾经提及他们的生活："作为投资高新技术项目的风险投资基金的管理合伙人，你必须无怨无悔地接受凌晨3点钟被电话吵醒、半小时以内出发、两个小时到达现场、三个小时后可能就决定自己充任这个项目首席执行官这样的一种生活。"所以，必须把"个人承担了无限责任的基金投放在自己伸手可及之处"。这一点，无疑是我们同样处于私募状态为主的中国信托业者们必须借鉴的。

如上种种，并非要求集合资金信托（资金信托计划）的投资人长上火眼金睛，并且废寝忘食地随时去关注自己投资的集合资金信托项目运营情况——那是信托业者的责任，并且大家投资的也不是特高收益和特高风险共存的风险基金，所以本节的目的只不过是希望我们的社会公众和投资人多一个检验信托产品质量的工具。在百花齐放、百家争鸣又难免良莠不齐的信托业新局面新形势下，我们以为这些工具是非常实用的。

第8章 漫话信托概念回览

本书设定的主要读者群是对信托、信托产品或者是信托机构有兴趣的业外朋友，抑或是准备入信托业之入门者。本书试图全面、客观、简要地向你作出一个介绍。而本章则是对全书的一个综合回览。

像我们在导言里说明的那样，如果你只是随便浏览本书，本章可以略去不读，如果你认为前面的阅读尚有收获，愿意总结一下，就请阅读本章列出的术语、概念和结语。页码一一注明了它们的出处，供你便利地回头察看。当然，如果你已全然无此需要，就恭喜已经入门了。

如果读者诸君希望更深入、系统地了解信托和信托业的理论和实务，请继续阅读《第一信托丛书》的其他分册。

8.1 林林总总话信托（10）

8.1.1 白描信托（10）

信托　信托公司　信托商店　寄售商行　实物信托　金融信托

现代信托和信托制度的源头

获人之信　受人之托　遵人之嘱　代人理财

8.1.1.1　走近信托（11）

商贸信托　贸易信托

一种社会行为　一种特殊的经济行为　一种特殊的法律关系　一种财产处置制度

8.1.1.2　信托定义种种（12）

现代信托起源地　1893年英国《受托人法》　衡平法　衡平法义务

日本《信托法》　韩国《信托法》

《中华人民共和国信托法》　信托行为　委托人　受托人　受益人　信任关系　信托关系的基石

信托发生期　信托资产的受托人名义拥有　信托资产的管理、运用和处分权　所产生权利义务的间接、直接归属　最终（实质上）的信托财产所有权　信托文件　信托文件的限定和约束

8.1.1.3　信托与其他财产管理形式的区别（14）

土地信托　房产、地产信托　不动产信托　动产信托　实物信托

信托财产的确认　确定性　合法性　自主性　财产权的转移　信托形成的基本前提

银行信用财产运用特点　信托信用财产运用特点

金融信托的特殊限定　信托财产的分离经营　财产权与收益权的分离　收益的不确定性　尽职尽责管理　赔付豁免手续费或代理费约定　现代信用经济的必然产物

投资信托　贷款信托　特定信托　无定向委托　长期性的社会金融服务方式

8.1.2　五花八门的信托（20）

8.1.2.1　以信托事项为依据的分类（20）

按信托关系发生基础划分：法定信托　鉴定信托　强制信托　自由信托　任意信托　明示信托

按信托目的划分：担保信托　管理信托　财产管理信托　处分信托　财产处分信托

按信托财产划分：资金信托　金钱信托　集合资金信托　资金信托计划　实物信托　动产信托　不动产信托　其他的非货币信托　权利信托

按信托行为的本质划分：民事信托　商事信托　营业信托　非营业信托

8.1.2.2　以信托业务为依据的分类（23）

信托业的核心组成部分　信托公司　业务范围

个人信托业务　生前信托　身后信托

法人信托业务　公司信托　社团信托　资金信托　实物类信托　发行附担保债券信托　表决权信托　企业并购重组信托

个人和法人通用信托业务　公益基金信托　雇员受益信托　养老金信托　红利信托　节约储蓄信托　失业利益信托

8.1.2.3　以信托关系为依据的分类（26）

从受益人角度划分的信托　公益信托　私益信托　他益信托　自益信托　宣示信托

从委托人角度划分的信托　个人信托　法人信托　通用信托　共同信托

从受托人角度划分的信托　商事信托　民事信托　自由信托　法定信托　鉴定信托　强制信托

8.2 信托的过去和现在（29）

8.2.1　信托的起源与发展（29）

8.2.1.1　信托的源头（30）

代理理财制度　私有制度的必然产物　世代相续　遗产继承

遗产继承两前提 财产的私有化形成制度 社会对继承人资格的确认

信托的雏形和萌芽 财产保留在氏族内部的制度 原生态的信托行为

最早的信托遗嘱《十二铜表法》 无市民权人的间接继承 财产的代位管理与处分 罗马皇帝与裁判官信托 信托遗赠

8.2.1.2 现代信托的原型"尤斯制"(USE)(32)

尤斯制 英国信托制度的基石 现代信托的原型

罗马法意义的使用权、用役权(用益权)

英国立法史上的《普通法》

衡平法 衡平法法院 衡平法判例 公平公理良知正义 1873年《司法条例》

亨利三世与《没收条例》 "用益权"与名义所有权 保障教会的土地"用益权"

8.2.1.3 完善的现代信托结构:"托拉斯"(Trust)(35)

200多年后的新英王亨利八世 1535年强行颁布的《尤斯条例》 双重尤斯 尤斯上的尤斯——用益权之上的用益权 委托人 受托人 第二层次受托人 名义受益人 受益人 接收捐赠人

8.2.2 中国信托考(38)

8.2.2.1 我国古代信托的萌芽阶段(38)

寺庙托管和广义的非指定目的的债权型资金信托的萌芽"柜坊"行业和"僦柜"

8.2.2.2 20世纪前半期的我国信托业(39)

1913年大连取引所信托株式会社 1914年上海美国领事馆 普益信托公司 中国老式方单或田单 道契 "永租契" "挂号商" "权柄单"

1917年上海商业储蓄银行保管部 1919年12月聚兴诚银行上海分行使用"信托"首次命名业务部门 1922年上海商业储蓄银行信托部

1920年7月上海物品证券交易所

上海1921年8月21日中国通商信托公司　40天内12家信托公司在上海成立　注册资本总额达8000余万元　远超1920年全国银行的资本总额

"信（托公司和）交（易所）时代"　"假信托交易之名，行投机牟利之实"　1921年夏秋之际起始的"信交风潮"

20世纪20年代末的信托业复苏　20世纪30年代的鼎盛发展期

旧中国官办信托业　中央信托局　"四行二局一库"　特种信托业务　特种储蓄业务　保险业务和保管业务

8.2.2.3　建国初期的社会主义信托业（45）

前苏联模式计划经济体制　官僚资本信托业的改造　民族资本主义信托业赎买政策和"限制、利用、改造"　新中国成立初期信托业的试办与停办

8.2.3　新时期的中国信托业（46）

8.2.3.1　业务恢复探索时期（47）

20世纪70年代末改革开放　中国信托业的复苏和发展　计划经济与市场经济　发展的历史局限　"二计委"、"二财政"、"二银行"和"二证券"的结束　信托的春天

1979年10月中国银行总行信托咨询总部　中国国际信托投资公司成立　1980年6月《国务院关于推动经济联合的通知》　1980年9月9日中国人民银行《关于积极开办信托业务的通知》　"窗口"型信托投资公司　信托投资公司数量突破1000家　2000家　国务院［1982］61号文件整顿国内信托业务　1983年1月中国人民银行工作会议　"委托、代理、租赁、咨询"四类业务　1983年下半年信托业第一次整顿

8.2.3.2　全面发展时期（48）

1984年中国人民银行："信托业务是金融的轻骑兵，也是金融百货公司，更侧重于金融的市场调节"

经济过热　信贷失控　货币投放失控　对现代信托认识的偏差　信托投资公司偏离信托本原业务

1985年第二次信托大整顿　"二计委"和"二财政"模式趋于式微

8.2.3.3　震荡发展时期（49）

1986年1月《中华人民共和国银行管理暂行条例》　1986年4月中国人民银行《金融信托投资机构清理暂行规定》　1988年全国金融信托机构达到745家　成为我国金融业的一支重要力量

全国性"投资饥渴"　超范围吸收存款　AB类委托贷款　1988年《中共中央、国务院关于清理整顿公司的决定》　第三次信托大整顿　业务清理　首次行业整顿　机构整顿

8.2.3.4　大力整顿时期（50）

1991年7月中国人民银行《信托投资公司验收标准》

1993年国务院《关于金融体制改革的决定》　"分业经营，分业管理"原则　提出制定《中华人民共和国信托法》以确定信托投资公司的市场定位和监管框架

1995年5月《中华人民共和国商业银行法》　银行业与信托业的分业管理和分业经营

1995年10月中银信托投资公司被关闭　"二银行"模式的丧钟

8.2.3.5　徘徊困境和转折时期（51）

几乎连续不断的四次信托大整顿　中国农村发展信托投资公司（1996年12月）、中国新技术创业投资公司（1998年6月）、广东国际信托投资公司（1998年10月）等著名信托公司相继宣布倒闭　中国信托业空前的困境

1999年1月国务院办公厅转发整顿信托投资公司的方案　保留少量规模较大、管理严格、真正从事受托理财业务的信托投资公司

第五次整顿　解决信托投资公司发展"定位"　真正从事受托理财业务的金融机构

8.2.3.6　全面规范和复苏期的中国信托业（52）

1985年第二次信托大整顿　"二计委"和"二财政"模式趋于式微

中国信托业全面规范和复苏的开端

一法两规法制平台的构建

2001 年 4 月 28 日第九届全国人民代表大会常务委员会第二十一次会议正式通过颁布《中华人民共和国信托法》，并自 2001 年 10 月 1 日起施行

2002 年 5 月 9 日，中国人民银行颁发［2002］第 5 号令再次修订《信托投资公司管理办法》

尚待完善的相关法规和巨大的市场需求

核心竞争力空前提高的信托投资公司群体

巨大市场需求和数量有限的信托机构

分业管理背景下的信托业务多元化

市场呼唤一个专业化、高素质的信托投资司群体和理财专家队伍

市场需要提供种类齐全、多元化兼具安全性和收益性的信托品种和相关服务

8.2.3.7　“信托新政”下的思辨与展望（54）

2007 年 2 月 14 日中国银监会《中国银监会关于实施〈信托公司管理办法〉和〈信托公司集合资金信托计划管理办法〉有关具体事项的通知》

2007 年 3 月 1 日中国银监会《信托公司管理办法》和《信托公司集合资金信托计划管理办法》正式实施

信托投资公司 vs 信托公司　清理固有资产业务　过渡期和立即更名　多家信托投资公司申请直接更名

8.3 信托法告诉了我们什么（57）

8.3.1　信托法学原理浅说（57）

基本的信托法学四概念：　所有权和收益权的分离性　信托财产的独立性　信托管理的连续性　信托责任的有限性

管理连续性：信托的存续不因受托人更迭受影响　遗产信托不因受托人缺位而影响设立　公益信托在信托终止时无归属人情况下独有的，“尽可能

类似”的其他公益目的延续性

8.3.2　信托的法律关系（59）

8.3.2.1　信托法律关系的主体（60）

信托法律关系的主体是指在信托业务中参与信托法律关系、享有权利和承担义务的当事人

信托法律关系通常的三方参加者：信托人或称委托人　受托人　受益人

委托人应当是具有完全民事行为能力的自然人、法人或者依法成立的其他组织

受益人是在信托中享有信托受益权的人　受益人可以是自然人、法人或者依法成立的其他组织　委托人可以是受益人，也可以是同一信托的唯一受益人

受托人应当是具有完全民事行为能力的自然人、法人　法律、行政法规对受托人资格的认定　中国人民银行、中国银监会具有行业准入的审批权　受托人可以是受益人，但不得是同一信托的唯一受益人

无法受到信托法有效保护的以其他名义设立的“信托”

8.3.2.2　信托法律关系的客体（63）

信托当事人之间的财产关系　财产因之成为信托法律关系的客体

信托财产　受托人承诺信托　信托文件的约定　财产转移到受托人名下

初始信托财产　受托人经营管理和处置　增值、孳生、损毁和灭失　信托财产的归结

不得作为信托财产的法律、法规禁止和限制　限制的解除和批准

8.3.2.3　信托法律关系的内容（64）

信托法律关系中三方当事人的权利、义务　无条件性、严格性和强制性

委托人的九项主要权利和四项主要义务

受托人的九项主要权利和十二项主要义务　恪尽职守、诚信谨慎、有效管理的义务　尽职尽责、守法经营的义务　泾渭分明、公平公正的义务　严于律己、过失赔偿的义务　用人不慎、代人受过的义务

受益人的十项主要权利

8.3.2.4　信托法律关系的设立、变更与终止（70）

信托的设立

设立信托必备的两个法律要件：合法的信托目的　确定的信托财产

信托应采取书面形式　信托文件　信托合同

信托合同的法律特征：以受托人的名义经营信托财产　信托因承诺或签约成立　信托财产转移到受托人名下　有偿合同

信托合同的主要条款：　信托目的　委托人、受托人的姓名或名称、住所　受益人或者受益人范围　信托财产的范围、种类及状况　受益人取得信托利益的形式、方法

信托的变更　变更前提：信托法律关系三要素（主体、客体、内容）发生了变化

委托人变更受益人或处分受益人信托受益权的四种情形

受益人之间问题的变更　受益人对全部或部分收益权的自动放弃

委托人事先设定条件下的自动生效变更

信托的终止　正常终止　非正常终止　终止的六种情况

8.3.3　形形色色的外国信托立法（73）

8.3.3.1　英国信托立法（73）

现代信托立法起源　1893 年《受托人条例》　1896 年《官选受托人条例》

受托人无偿服务　适任受托人匮乏

官选受托人出现　履任财产担保　对法院负责　受理信托收取报酬　有偿服务出现

法人受托人的出现　《团体法人条例》　《官设受托人条例》　《官设受托人收费章程》

1920 年《凡尔赛和平条约》在英国批准生效　“混合仲裁法院”的裁判　法人与个人都可管理信托财产的法律基础

8.3.3.2　美国信托立法（74）

“盎格鲁·撒克逊”文化及法律　传承与离经叛道　信托立法远远落后于信托实践

频频出现于19世纪初叶的法人信托　保险、信托兼营的公司和专营信托的公司

1887年美国纽约州发布的关于信托机构的法律　涉及信托机构的设立、组织及其他有关信托问题

美国信托立法的初步格局　1896年通用公司法（General Corporation Law）和有限公司法（Stock Corporation Law）

1913年《联邦储备银行法》的规定以商业银行兼营信托业务　《1933年银行法》及其以后形成的分业经营并未改变其格局　连通资本、资金两大市场的重要作用而得到不同程度的加强

由信托公司起家的金融巨无霸：摩根、汉华、欧文银行和财团

1940年《联邦投资公司法》　利用集合投资吸收社会闲散资金　利用信托工具保证投资者在较低风险的基础上享受投资收益

1965年美国纽约州修订公司法　股权资产与“表决权”的分离行使有了法律保障

商业银行兼营信托部形式　隔绝银行业务与信托业务的防火墙　四方、五项法律规定

信托业务、投资管理人和经纪人角色兼任

美联储、货币监理局、联邦存款保险公司等金融管理机构

月报季报制度　定期现场检查　现场检查六方面主要内容

8.3.3.3　日本信托立法（76）

最完备的日本信托法规体系　1922年《信托法》、《信托业法》

20世纪40~80年代立法潮　《关于普通银行兼营信托业务的法律》《关于普通银行兼营信托业务的法律施行规则》　《贷款信托法》

有关证券投资信托、不动产信托的法规　《公司债等的登记法》、《证券投资信托法》、《信托用地、建筑交易（行）业法》、《国土利用计划法》、《不动产鉴定评价法》和《股票等的保管及转账法》

孜孜不倦的立法和严格执法精神　信托丰厚的回报

日本经济飞速发展　信托功绩卓著　融集社会资源、提供中长期资金支持

日本起飞的跑道

信托财产的独立性（隔离性）　委托者　受托者　受益者

受托者的辞任承诺权　信托的解除权

最终决算承认权　受托者索酬权、索费权

信托的结束　正常结束　法律裁定结束　受益者信托停止权

民事信托的法院监督　选任检查委员会　五项权利

8.4 信托公司应该做什么（79）

信托公司业务范围　信托类业务、中介与投资银行业务、固有资产管理运用业务等三大分类：（1）资金信托等六大类信托业务；（2）作为投资基金或者基金管理公司的发起人从事投资基金业务；（3）投资银行业务：包括经营企业资产的重组、购并及项目融资、公司理财、财务顾问等业务；（4）受托经营国务院有关部门批准的证券承销业务；（5）中间业务：包括办理居间、咨询、资信调查等业务，代保管及保管箱业务；（6）自有资金的投资、贷款和担保等业务；（7）法律法规规定或中国银监会批准的其他业务

8.4.1　信托业务（80）

资金信托　动产信托　不动产信托　有价证券信托　其他财产信托　公益信托

8.4.1.1　资金信托（80）

货币信托　金钱信托　单一资金信托　集合资金信托（信托计划）

非公募性质　2007年版“新办法”的三项规定

数目有限的、有风险识别能力、能自我保护并有一定的风险承受能力的特定人群或机构为委托人，以签订信托合同的方式作为委托方式，由受托人

集合管理信托资金的业务

资金信托业务流程　多个委托人的资金"集合"管理处置　"单一"委托人的资金单独管理处置

"私募"针对"特定"的潜在对象而言的不公开募集　国际通行

融资性质、投资性质的资金信托　信托资金投向的目标、范围和无范围

特定目标的资金信托　特定货币信托

指定范围的资金信托　指定货币信托

非指定范围的资金信托　无指定货币信托

代定信托　非指定范围资金信托的范围　投向选择权

两项承诺禁止　信托资金不受损失　最低收益　预期收益　日本的例外

资金信托文件　《信托合同》　《信托资金管理、运用风险申明书》

信托合同的15要素　2007年版"新办法"及信托公司换发证书后的份数和地域突破　合格投资人　合格的自然人投资者的三选一标准　100万元　个人连续3年20万元年收入　家庭连续3年30万元年收入　50份数量限制　未换发单位

在过渡期的三项特别限制　200份与20万元　3年时限

认购风险申明书　责任义务及两种风险承担　四项内容

恪尽职守　履行诚实、信用、谨慎、有效管理义务　受托人免责

违背信托合同　处理信托事务不当　受托人赔偿

资金信托的运行规则

资金信托运行中的管理　人员、账户和机构分置原则　资金信托的财产保管

资金信托终止时的管理　信托财产归还　还前保管　终止时的报告　六项细则

资金信托的报告制度　知情权人　书面报告与报告责任

运行中和终止时　管理和运用及收益　四项细则与七项内容

信托业务资料管理　终止日后15年　资金信托业务的六项限定和禁忌

资金信托的受益人大会制度　由该信托的全体受益人组成　信托文件未约定的五大审议事项　现场与通讯表决方式　10天预先知会内容

受托人召集　受托人未履任时的解决办法及两项限定　10%受益人提议和中国银监会认可　50%以上受益人参会

表决权和委托表决　2/3 以上通过的规定　更换受托人、改变信托财产运用方式、提前终止信托合同三种特殊情况参会人全体通过的规定　受益人大会决定的事项及时通知相关当事人和向中国银监会报告

资金信托业务限定和禁止的五事项　不得承诺信托资金不受损失　不得承诺信托资金的最低收益

8.4.1.2　动产、不动产信托（95）

同属于财产信托　有形资产

财产管理信托　适当的管理性行为　保管、利用和改良

财产处置信托　实施处置性行为　改变现状、性质　对其权利加以改变出售

财产管理处置信托　财产管理处置行为　先管理再处置　出租加出售

动产信托与租赁　动产信托目的　积极管理处理动产　为生产和购买两方提供长期资金融通　动产信托的业务程序

不动产信托　土地、建筑物　住房金融凭证化和证券化

8.4.1.3　其他财产和财产权信托（99）

有价证券管理信托和运用信托　商务管理信托（表决权信托）目的、步骤与借鉴性　公司债信托（附抵押担保公司债信托）

财产权信托　有形资产与无形资产信托　无信托权财产

8.4.1.4　公益信托（103）

公益基金信托　促进社会公众利益为目的

信托关系人　受托人：资助人、赞助人和捐赠人　公益基金会代理履任非特定受益人　受托人由代理委托人选任　未经批准不得辞任

公益事业管理机构　公益信托监察人　监察人认可的年报制度

公益基金信托资金集合运用办法　有组织筹集　直接募集　永续运营或限期收回

8.4.2　投资基金业务（104）

基金　投资基金　共同基金投资信托

8.4.2.1　基金信托的运行与特点（105）

一种综合融资、投资、信托等项业务为一体的业务形式

有集合零散资金　提供专家理财、组合投资　流动性强等特点

能够有效地分散风险、提高收益　各国金融证券市场上非常重要的角色

运行方式　基金发起人　基金受益凭证　集中分散资金　基金托管人保管　基金管理人经营　基金受益凭证持有人分配收益

基金信托特点　集合投资　专家经营　组合投资　分散风险　流动性强

8.4.2.2　基金信托的分类（107）

契约型基金（单位信托基金）和公司型基金　开放式基金和封闭式基金　成长型基金、收入型基金及平衡型基金

8.4.3　投资银行业务（108）

8.4.3.1　企业兼并与收购（108）

企业资产的重新组合　可支配资源向高效企业的集中

兼并与收购动机　经营协同效应　财务协同的效应

兼并与收购方式　现金并购与股权交换　善意并购、敌意并购和中间并购

管理层收购　杠杆收购　信托参与的优势

8.4.3.2　融资类财务顾问业务（110）

企业融资　股票融资　债券业务

企业债券融资　私募和公募　短期、中期、长期和永久债券　附息债券和贴现债券　固定利率和浮动利率债券　信用债券和担保债券

项目融资　现金流为还款来源　项目的资产作为融资担保　间接融资　融资杠杆比率较高　援助或贷款　发行债券　融资租赁等形式　复杂融资活动　信托投资公司优势

8.4.4 其他中间业务（115）

8.4.4.1 咨询业务（115）

信用调查 经济咨询 信托投资公司的权威性、可靠性和独立性

资信调查 投资可行性咨询 财务管理咨询 市场信息咨询

8.4.4.2 居间业务（117）

中介的一种 联系同一商品或服务的买卖双方 促成交易取得合理佣金 报告居间（指示居间） 媒介居间 兼两者而有之的综合居间 居间活动是市场经济的润滑剂、催化剂和连通器 信托公司居间业务四特征

8.4.4.3 其他业务（120）

代保管和保管箱业务 我国古代"柜坊"行业与"僦柜" 西方国家现代保管箱业务100年史 20世纪40年代和80年代的我国现代保管箱业务

信托公司保管箱业务 理财管物相结合的金融保障服务

8.4.5 自有资金运用业务（122）

固有财产提供担保 出租、出售、贷款、投资、同业拆放和融资租赁等方式经营 自用固定资产和股权投资余额总和不得超过其净资产的80%

创新工具融资

自有资金（固有业务项下）存放同业、拆放同业、贷款、租赁、投资等业务 投资业务限定为金融类公司股权投资、金融产品投资和自用固定资产投资 对外担保余额不得超过净资产的50% 负债业务仅限于同业拆入且余额不得超过净资产的20%

8.5 信托机构导游（125）

8.5.1　信托机构的社会作用（125）

8.5.1.1　从信托机构的诞生发展说起（125）

信托制度产生的三个经济根源

信托出现的前提和基础条件　信托发展的动力对信托的客观需求

信托的受托人（资产的管理人）的专业性、稳定性、长期性要求

现代信托起始于英国　1918年初美国马萨诸塞州政府开法人信托的先河

8.5.1.2　过分依赖银行信用的机制缺陷（126）

间接信用的兴盛和弱点　由银行业通过储蓄等间接信用的方式包办甚至垄断全社会的资本供求　过分依赖银行信用的四大弊病

直接融资对间接信用体系弱点的作用　二战后直接融资的飞速发展

社会需要一支拥有强大金融能力和丰富的资本运作技巧的金融力量　行业现状距信托业应有的地位的巨大差距

现存传统金融体系的缺陷与缺失　大信托业概念

8.5.1.3　新的信托群体、新的历史作用（131）

对传统体制缺陷的战略性的四大功能补充　对国民经济的强化渗透能力的四大体现　引导社会财富流向而发挥最大效能的三个依据　我国所有金融行业中唯一一支可以涵盖和跨出证券、票据、外汇领域的直接投资团队

8.5.2　今天谁可以做信托（133）

作为我国金融业重要组成部分的专业信托机构，一般通称为信托公司

8.5.2.1 信托市场准入的必要条件（133）

第五次信托业整顿的基本原则和目标　信托投资公司保留与重新登记的主要标准　分业经营分业管理　清理资产核实损失　分类处置化解风险　清偿债务维护稳定

8.5.2.2 信托市场准入的充分条件（134）

《信托公司管理办法》的三项相关标准

59家经过中国人民银行和中国银监会批准和重新注册登记的信托投资公司

新管理办法　信托投资公司 vs 信托公司　变更名称及业务范围　3年过渡期　两种公司并存

8.5.2.3 信托公司运行规范（137）

信托公司的经营范围　信托业务　资金信托业务　动产与不动产信托　有价证券信托　其他财产或财产权信托　外汇信托业务　公益信托　基金业务　投行业务　中间业务　自有资金业务　其他业务

信托公司可以按照信托目的、信托财产的种类或者对信托财产管理方式的不同设置信托业务品种

信托公司在管理、运用信托财产时，可以依照信托文件的规定，采取投资、出售、存放同业、买入返售、租赁、贷款等方式进行

信托公司经营规则　受人之托、忠人之事　受益人利益最大化的信托宗旨与五项基本原则　五项信托业务禁止行为　三项固有业务禁止行为　四种关系人界定　五项其他业务的禁止和限制　六项运营规则　公司终止规则

8.5.3 信托公司的内部管理（142）

8.5.3.1 战略管理与机构设置（142）

《信托公司治理指引》　信托公司治理的基本原则　体现受益人利益最大化　股东（大）会　董事会　监事会　高级管理层等组织架构的建立和运作　公司、股东以及公司员工的利益与受益人利益发生冲突时优先保障受

益人利益

股东资格批准　三项承诺　九项禁止　变更报告制度

公司法等规定的“三会”权限之外　信托公司业股东（大）会特殊要求　累计投票制　会议资料保管及报备制度

信托公司业董事会四项特殊要求　监事会三项特殊要求　董事资格二项要求和独立董事四项特殊要求

适应外部激烈变化的内部机制　战略制定和机构设置两个方面

战略管理　企业的宗旨和发展目标　战略与计划的异同

企业战略由事先的总体计划和应付突发变化的措施组合而成

一系列的决策或行动方式

刻意安排（或计划性）的总体性战略和临时情况出现时（或非计划性）的策略组合

战略管理的三个层次　公司战略、业务战略和部门战略

战略实施与有效的组织结构　内部工作职责范围划分和决策权力的分配

信托投资公司机构设置及特点　信托为业务主旋律　信托营销专门化　重视投资银行业务　自有资产单设部门管理　委托业务专门设置　努力开发中间业务　职能部门设置规范化

8.5.3.2　日常管理（153）

基础管理　通过日常管理过程落实、贯彻企业管理原则和构筑企业管理的基础

管理循环中信息的收集、处理、分析和上报　业务资料的归纳建档

人力资源管理　高级管理人员资格管理　信托从业人员资格管理

业务管理　通过日常管理过程实现信托原则和经营规则的落实与贯彻　信托业务部门应当在业务上独立于公司的其他部门　不同的信托财产分别管理，并将信托财产与自有财产分别管理　信托资金运用限制　信托资料的留存

风险控制与内部监管　信托资金的业务比例限制　自有资金及有关兼营业务　比例限制　信托赔偿准备金及其比例

财务审计　内审部门　半年期审计报告

高管人员离任审计

8.5.4 财务管理（156）

8.5.4.1 出纳管理（156）

出纳管理　现金、银行存款、有价证券、贵金属等贵重品的收入、支出、登记、保管及报告等出纳事务　信托资产出纳员和自有资产出纳员两种岗位　出纳管理之五策四目标

8.5.4.2 资金管理（157）

资金管理　库存现金、银行存款以及随时可以变现的有价证券　五项目标

资金管理经管职责　计划财务部门计划统筹监督　自有资金高效统管及使用范围

信托资金的分别管理和受益人利益最大化原则　资金的分级授权管理

资金管理的两项比例指标　自用固定资产和股权投资余额总和不得超过净资产的80%　为他人提供担保或者拆入资金的余额不得超过注册资本

8.5.4.3 财产管理（158）

资产管理　自用固定资产的购置和用于投资目的动产、不动产或其他财产　购置、管理和处置三大阶段　无形资产类比有形资产的制度

8.5.5 会计管理（158）

8.5.5.1 信托业会计法律法规（159）

8.5.5.2 财务会计报告体系的管理（159）

8.5.5.3 内部报告体系管理（160）

使用数值和术语组成的财务信息表述的信托投资公司的财务健康和财务能力　企业落实计划、组织、监督和调控构成的管理循环的有力工具　为企业的不同利益方面提供检验、监测手段和决策依据

六大利益相关人　投资人　债权人　经理层　雇员　潜在相关利益人（可能的投资人、债权人和雇员）　政府及行业监管机构

《股份制企业会计制度》　《信托投资企业会计制度》　逐步靠拢国际会计体系

两大业务类型分别进行会计核算

内部报告体系的管理　管理会计范畴　预算工作　报告工作　项目评估

信托、委托及中间业务等服务的成本核算和价格制定

对于严格监督管理与自律做出了详细规定

8.6 如何使用信托（162）

8.6.1 资金信托与信托功能（163）

8.6.1.1 不要让资金信托一叶障目（163）

资金信托只是信托业的主要产品之一　信托业已经提供多样化、多层次、多方位的信托产品　随着经济发展社会还会不断向信托业提出新的数量和品种需求会有更多的金融创新产品

介绍资金信托之外的信托产品和及运用方式　探讨运用信托工具为不同经济主体服务的思路

8.6.1.2 今日信托之功能（163）

信托投资公司群体产品拓展的可能方向　拓展长期资金融通的渠道　处置运营巨大不良资产的有效方式　巨量社会积压商品盘活途径　WTO时代产业整合的工具　完善资本市场的利器　为市场提供金融产品的创新源泉

8.6.2 政府如何使用信托（166）

8.6.2.1 政府与信托业（166）

信托工具滥用与信托恐惧　信托投资公司的“冷与热”

信托业的功能与定位　经济发展与金融深化的相互促进和相互依赖　信托、银行产生的土壤　经济持续发展的动力

发达国家和地区金融业面临的问题往往是资金供应相对过剩　存差行与存差地区

地方财政的四大限制因素　银行资金过剩与地方财政乏力

“三种外资”概念　境外资金　区域外资金　体制外资金

金融制度及金融业的效率及能力　对国内或区域内积累和储蓄的动员能力　吸收外资的能力　组织、安排投资的效率

针对现存金融体系的不足与缺失　信托是古老而又有效的金融工具

8.6.2.2　政府使用信托的路径（169）

尊重信托和信托业发展规律　充分支持信托投资公司开拓业务

礼请信托专家作为政府财务顾问　共同研发设计新的资金融通方案

学习国外成功经验，充分利用信托的长期融资功能

树立诚信形象，改善投资环境，充分发挥信托对外资金的融入功能

端正政府在经济发展中的角色，强化支持和服务

使用委托管理办法，间接退出经营领域

有效调动各种经济因素，合理开发土地资源

8.6.3　企业如何使用信托（173）

8.6.3.1　工商企业与信托（174）

信托业已经和即将能为企业做些什么呢

多种多样的企业融资服务　公司债务信托业务　商务管理权信托　融资类企业财产信托　融物类企业财产信托　其他类企业财产信托　为产业整合助力的信托　推动专业化管理的信托　特定用途的资金委托业务　证券类信托业务　房地产投资信托（REITs）和准房地产投资信托

8.6.3.2　银行业、其他企业与信托（180）

经营货币业务和间接投资的特殊企业　银信合作实践　中国银行业三大业务难题　商业银行债权信托　债权资产或未来债权资产的准证券化　银行

业不良资产处置　银行理财产品的投资、管理

8.6.4　还有谁可以使用信托（184）

8.6.4.1　公益信托（184）

开办公益信托体现信托的社会福利职能　诺贝尔奖及其基金会的信托范例

他益信托　基金会作为委托人的代理人　受益人是章程规定的特定个人或人群

公益信托的基本前提　政府批准的机构和办法　资金及筹集管理办法合法　按章资助　有效的社会监督机制

资金筹集和开户管理　先筹资再移交　代筹代管

营运管理和支付要求　定期支付　期末支付

公益信托的信托财产及其收益，不得用于非公益目的

8.6.4.2　个人信托（187）

个人作为委托人请信托投资公司代为管理、经营、处置或打理财产，以实现其指定目的的信托

个人财产处置管理信托　个人财产监护管理信托　自由职业者退休金信托　其他个人信托

符合现阶段中国特色的个人信托　合格的自然人投资者　立法本意　合格自然人投资者的定义和三项标准

集合资金信托之外的个人信托业务

8.6.4.3　其他情况下使用的信托（190）

社保基金—银行—信托公司三合一的信托产品　社会主义新农村建设中信托的功能与定位　员工持股信托　利润分享信托　形成财产信托　储蓄计划信托

8.7 如何选择资金信托 (196)

8.7.2.1　现存信托公司的股本构成和管理体制（207）

超越分业限制的金融集团型　浓厚政府背景的传统模式型　大型企业集团隶属型　最接近现代企业制度的重大改制型

8.7.2.2　信托公司的经营现状和经营思路（208）

积极进取开拓类　蓄势待发类　背景坚实发展受限类　继续转型调整类　出现重大问题而停业类的信托投资公司

8.7.2.3　信托公司评判指标（211）

六类指标：　公司资产状况　公司现代企业制度改造及治理情况　股东/控股情况　公司所在区位　现有业务和发展规划　“新两规”下更名“信托公司”的六项条件

8.7.3　选品种重在选品质（213）

8.7.3.1　资金投放项目的收益及回报（213）

片面比较收益率不正确　应分析其项目收益的保障、项目收益及对投资人的回报是否具体、稳定，其回报期是每年、每半年还是直到信托期末等多方面的因素

即期收益/未来收益　具体收益/笼统收益　自身回报/其他回报

8.7.3.2　信托品种所涉信托种类（214）

贷款性质　投资性质　信托资金投放方向　信托资金投放形式

8.7.3.3　信托品种所涉行业及其发展（215）

基础设施行业　收益率平稳而不高，是典型的高抗风险性项目　优秀投资行业简析　好坏之间的转换　没有财富“永动机”

考察与评判　不仅判定所涉行业及其发展状况和发展潜力　还要考虑全国经济及全球经济“健康”程度的因素

8.7.3.4 信托文件是否清晰、规范（216）

信托计划说明书 正式信托文件（认购风险申明书和资金信托合同）

表述投资者和信托公司责任、权利、义务及风险关系的正式文本

2007 年版的《信托公司集合资金信托计划管理办法》 十五项信托合同必载内容：

依照法律法规和信托文件约定按时披露信息 保证所披露信息的真实性、准确性和完整性 受益人有权向信托公司查询与其信托财产相关的信息

不损害其他受益人合法权益的前提下，准确、及时、完整地提供相关信息

对信托存续基本条件有重大影响事项发生时的临时披露

信托关系是否表述清晰规范 信息披露是否充分

8.7.3.5 受益人大会制度（217）

受益人大会制度回顾 受益人大会实施的或缺性

8.7.3.6 风险程度及控制措施（217）

风险主要有政策性风险、经营性风险和管理性风险

以往业务记录的考察 年报公布制度几乎全面覆盖 公开性原则已经贯彻

8.7.4 品种地域说（219）

8.7.4.1 信托地缘何以厚此薄彼（219）

堪称中国信托业的滥觞之所的上海久为兵家必争之地 信托业乃至金融业会有这种地缘上的厚此薄彼现象

国内外金融业择地生存的普遍性 如何面对信托业的地缘不平衡发展

探索和研究的结论：发展上的地缘不平衡是普遍的和正常的 但是可以因势利导有所改变的 信托业本身也会在发展中改变地缘不平衡现象

8.7.4.2 如何从地缘角度评价信托产品（222）

品种地域的关系

地域或区位经济发展水平和近期发展潜力：　经济发展水平是影响信托品质的重要因素　近期经济发展潜力对信托产品影响巨大

当地财政经济实力及公信力

风险投资的投资地域半径限制

编后札记

今天的金融业包括信托业，早已成为大学生、硕士、博士和MBA们就业的大热门了。但与这多少人争相竞逐，又多少人望洋兴叹、无从得入的大背景不同的是，一如迈克尔·布隆伯格自述他1966年MBA毕业后的求职时节那样，1989年末回国的笔者同样带着早期MBA们的职业偏见，在国内经济最黯淡的时光无缘于制造业、咨询业的工作，走投无路之余也只好同样进入了金融业。当然布隆伯格就是布隆伯格，不同的是他的“暂时”屈就，变成了长达16年的证券业经历（之后开辟了众所周知的传媒伟业），而只好重循就读MBA时节与中创公司合作旧路的笔者，却从此正式进入了中国信托业，开始了对之孜孜矻矻又乐此不疲的职业生涯。至少，迄今没有改变的愿望。

笔者的同行、同事和同好杨林枫先生，曾经以饱蘸感情的笔墨描述了他在20世纪90年代初期的信托从业经历。的确，对于我们这些在以2002年的“一法两规”划界的新老信托业都曾经长期工作过的业者们来说，信托不仅仅是我们的职业和谋生手段，甚至是我们无法或缺的人生主体之一。回想起来，1976年因主编中国第一套MBA丛书请教同样受过国外现代管理教育的中创创始人劳元一、张晓彬先生，随后受命与后来被业界称为“赛特之父”的任宏杰先生搭档完成快餐连锁巨子“麦当劳”的可研与引进，算是笔者涉入信托的开始。其后，无论是运筹百多亿元的资金、证券迅猛获利的顺境，还是因为所在的信托公司停业而不断地颠沛流离，20多年来，作为一个信托业者，笔者已经把自己的职业生涯和生命锁定在了这一行，不折不扣地变成了一颗永不生“厌”的螺丝钉。像托尔斯泰笔下《战争与和平》大背景里的孑孓小民，我们的信托从业经历也记录着1979年中国重新引入信托制度以来的波澜起伏、高潮与跌宕、有为与无奈、悲欢与离合。2001年《中华人民共和国信托法》的颁布，以及中国人民银行《信托投资公司管理办法》（2002年6月5日）和《信托投资公司资金信托管理暂行办法》（2002年6月26日）的陆续颁布实施，使中国信托业的基本法律法规平台初具规模，结束了自1913年中国首次引入现代信托业至今近一个世纪无法可依的历史，开始了划时代的转折。这无疑彻底改变了信托行业20世纪末叶多年间因屡次被整顿而陷入沉寂落寞的境遇，所以业者们欢呼雀跃，许多论者们甚至称之为“新信托时代”。而我们这些老“螺丝钉”们在2002年的兴奋之余，也觉得应该为普及信托和信托法规做些什么，至少应该成为反映伟大时代背景和太阳光芒的微小水滴。于是，笔者向先后工作过的中泰信托、弘泰信托及兄弟单位的友人们发出了编撰适合最新法律法规体系的一套信托读物的倡议。

虽然历经五年的星移斗转、人事变迁，笔者与一批有志于此的同仁们，始终秉承在宣传、学习、研究、探讨信托中不断提高的初衷，本着以不变应万变的态度调整这套读物的整体结构与表述方式，终于迎来了被命名为“第一信托丛书”的出版发行。至于笔者本人，在参与编务工作之余，则选择和被选择了“不具备”高学术水准的第一本普及读物，希望能够以笔者从业20余年的实践和有限学养，把信托制度、信托产品、信托历史、信托法律和信托应用等等内容，用尽可能“去专业化”的语言和愉悦轻快的漫笔式描述，向业界外的朋友们和准备加入我们行列的入门者们作一展示和介绍。

哲人说得好：如果不能用最浅显的语言诠释你想阐述的内容，那就是你自己也没有弄懂。五年来这本小册子虽经四次大的调整和数不清多少次的局部改动，但对照“最浅显”标准的要求，笔者依旧只有汗颜。不过聊以自慰的是，许多被笔者有计划地“投放”草稿的预定读者类型的入门级友人们的反馈尚属理想，于是笔者诚挚地希望更多的读者们能够喜欢这本小册子，希望能够得到更多的反馈意见，以便有机会再次改写和提高。

可以算得上幸运的是，就在本书即将付梓的时候，中国银监会2007年版的新的信托业经营管理制度，业内习称的信托新政正式实施。虽然迫使笔者几乎是重写和重构了这本小册子，但从乐观角度看来，毕竟免去了出版即过时的厄运和困惑。面对这次五年来首次的最重大政策变动，笔者选择了将

“新两规”的变动融入各章的内容。虽然，新政的重大意义是一个存有广泛争议的问题，而新的操作办法和范围也已经成为对业者的严峻挑战，但无论如何，笔者对信托业的前途还是积极看好的：

愿信托业健康发展，一路走好。

此外，在本书编撰中，笔者通过信托、法律、新闻等各种媒介广泛采集了海量的历史典故、逸闻趣事、统计数据和各种研究探索的成果，鉴于这本小册子并非严肃学术著作的定位，力求简明轻快的行文风格和所采信息数量之特别巨大等原因，所以无法也没有将出处一一列举，敬请谅解。

2002 年—2004 年—2005 年—2007 年

上海——沈阳——青岛——北京